J. Christoph Bürkle
Wohnhäuser der klassischen Moderne

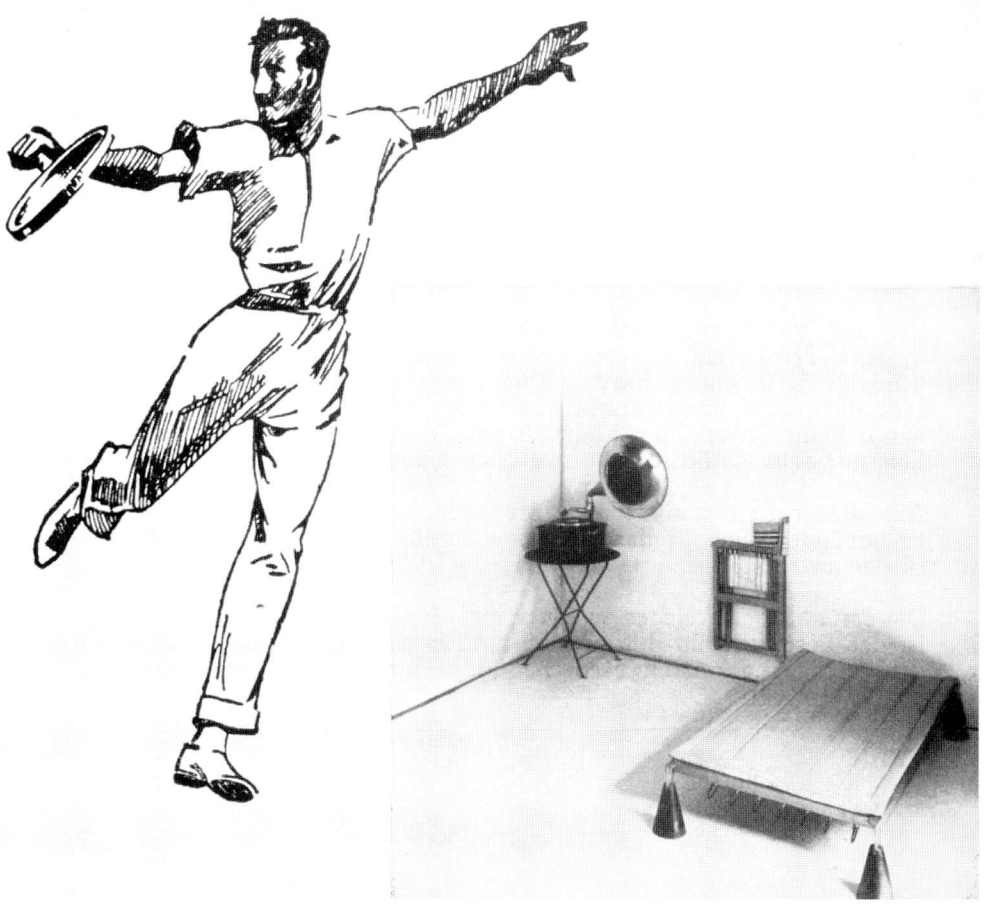

J. Christoph Bürkle

Wohnhäuser der klassischen Moderne

Deutsche Verlags-Anstalt · Stuttgart

Die Deutsche Bibliothek – CIP-Einheitsaufnahme

Bürkle, Johann Christoph:
Wohnhäuser der klassischen Moderne / J. Christoph Bürkle. –
Stuttgart : Dt. Verl.-Anst., 1994
  ISBN 3-421-03049-9

© 1994 Deutsche Verlags-Anstalt GmbH, Stuttgart
Alle Rechte vorbehalten
Schutzumschlagentwurf:
Brigitte und Hans Peter Willberg, Eppstein
Foto: J. C. Bürkle
Lektorat: Nora von Mühlendahl
Gesamtherstellung: Friedrich Pustet, Regensburg
Printed in Germany
ISBN 3-421-03049-9

Inhalt

7	Vorwort
9	Das Neue Bauen zwischen Modernität und Tradition
30	Frank Lloyd Wright, Robie House, Chicago. 1906–1909
34	Robert van't Hoff, Huis ter Heide, bei Utrecht. 1915
38	Arthur Korn, Haus Goldstein, Berlin. 1922/23
42	Karl Schneider, Haus Michaelsen, Hamburg. 1923
46	Le Carbusier, Villa La Roche, Paris. 1923
52	Otto Bartning, Haus am Wylerberg, bei Nijmegen. 1924
56	Gerrit Thomas Rietveld, Haus Schröder, Utrecht. 1924
60	Walter Gropius, Meisterhaus, Dessau. 1925
64	Bruno Taut, Wohnhaus Taut, Berlin-Dahlewitz. 1926
70	Eileen Gray, Maison en bord de mer, E-1027, Roquebrune. 1926
76	Ludwig Mies van der Rohe, Haus Lange, Krefeld. 1927
80	Konstantin Melnikov, Haus Melnikov, Moskau. 1927
84	Robert Mallet-Stevens, Maison Martel, Paris. 1927
88	Max Ernst Haefeli, Rotach-Häuser, Zürich. 1927
94	Adolf Loos, Haus Moller, Wien. 1928
98	Hans und Wassili Luckhardt, Haus am Rupenhorn, Berlin. 1928
102	Josef Frank, Haus in der Wenzgasse, Wien. 1929
108	Erich Mendelsohn, Haus Mendelsohn, Berlin. 1929
114	Otto Zollinger, Villa Streiff, Zürich-Küsnacht. 1929
120	Le Corbusier, Villa Savoye, Poissy. 1929
126	Alexander Ferenczy/Hermann Henselmann, Villa Kenwin, bei Vevey. 1929
132	Adolf Rading, Haus Rabe, Zwenkau. 1930
140	Ludwig Mies van der Rohe, Haus Tugendhat, Brno (Brünn). 1930
146	Hans Scharoun, Haus Schminke, Löbau. 1930
150	Heinrich Lauterbach, Haus Hasek, bei Jablonec (Gablonz). 1930/31
154	Louis H. De Koninck, Haus Dotremont, Brüssel. 1931
158	Peter Behrens, Haus Ganz, Kronberg. 1931
164	Egon Eiermann, Haus Hesse, Berlin. 1931
168	Marcel Breuer, Haus Harnischmacher, Wiesbaden. 1932
174	Anhang

Vorwort

Die Idee zu diesem Buch ging aus einer Artikelserie über »Klassiker der Moderne« hervor. Damals waren einige Wohnhäuser aus der Zeit des Neuen Bauens erschienen und hatten heftige Reaktionen ausgelöst. Es war die Zeit, als die sogenannte Postmoderne sich in Deutschland gerade zu etablieren begann, die manifesthafte Biennale in Venedig 1980 war noch nicht lange vorbei, mit Aldo Rossis Teatro del mondo und Philip Johnsons provozierendem gesprengten Giebel des A. T. & T. Building. Die damals einsetzende Polemik ist bekannt. Sie wurde angeregt durch Charles Jencks »The Language of Post-Modern Architecture«, die gerade ins Deutsche übersetzt worden war. Fachleute und sogar Architekturmuseen gaben unumwunden Glaubensbekennntnisse zur »Revision der Moderne« ab. Folgerichtig wurde die damals als ahistorisch empfundene Beschäftigung mit Häusern aus der Zeit der Moderne heftig kritisiert und in Leserreaktionen als »ewig gestrig« abgetan.

Andererseits stellte sich heraus, daß eine differenziertere Kenntnis über das Phänomen der Moderne kaum vorhanden war; nur die »weißen Klassiker« waren hinreichend bekannt, die Publikation unbekannter Häuser aus der Zeit löste wiederum großes Interesse und weitere Nachfragen nach einem Kompendium aus, die schließlich zu dieser Publikation führten.

Der Diskurs zwischen Moderne und Postmoderne ist mittlerweile obsolet. Es wird weniger mit Schlagworten operiert und in den letzten Jahren erschienen unzählige Forschungsarbeiten und Monographien, so daß sich heute auch Literatur zu Architekten wie Adolf Rading oder den Gebrüdern Luckhardt findet, was seinerzeit kaum möglich war. Die Bauhaus-Moderne wird nicht mehr als die moralisch bessere Architektur apostrophiert, wodurch im Nachkriegsdeutschland eine nüchterne Aufarbeitung zunächst verhindert worden war. Ebenso läßt sich die Traditionsfeindlichkeit der Modernisten und deren vielzitierter Bruch mit der Geschichte unisono nicht aufrecht erhalten. Auf Kontinuitäten, sowohl ideologischer als auch architektonischer Art, wurde gerade in jüngsten Publikationen zahlreich hingewiesen.

Die Zeit schien also reif, sich den Artefakten selbst wieder zuzuwenden. Der Begriff des Funktionalismus, der in der Rezeption der Moderne immer nur objektbezogen und rein zweckmäßig interpretiert worden war, sollte endlich erweitert werden, um das Phänomen des Neuen Bauens zu erfassen. Wer das Haus in Dahlewitz von Bruno Taut einmal gesehen hat, wird zugeben, daß es mit seiner vielschichtigen Polychromie und seiner Suche nach einer neuen Typologie über einen utilitären Funktionsbegriff weit hinaus geht, auch wenn Taut sich bemühte, den Viertelkreis des Grundrisses fast zwanghaft mit praktischen Bewegungsabläufen zu legitimieren. Viele der Wohnhäuser waren seinerzeit völlig unbekannt, vom Abriß bedroht, kaum mehr zu nutzen, verfallen, bis zur Unkenntlichkeit verbaut und teilweise nicht einmal für die Denkmalpflege von Interesse. Für das große Haus am Wylerberg von Otto Bartning ließ sich kaum eine Nutzung finden; auf das Haus Michaelsen von Karl Schneider, eine der interessantesten Villen des Neuen Bauens in ihrer Region, mußte die Denkmalpflege erst aufmerksam gemacht werden, die Abrißgenehmigung war schon erteilt worden. Das alles hat sich erfreulicherweise grundlegend geändert. Immer mehr Häuser werden behutsam saniert, ihr kultureller Wert und damit auch ihr Prestigewert wird auf immer breiterer Basis anerkannt. Daß Eigentümer aus Furcht vor denkmalpflegendem Zugriff ihre Häuser erst einmal niederlegen, wie bei dem einzigen Haus von Heinrich Tessenow in der Schweiz (St. Moritz) und einem der wenigen Häuser von Hellmuth Lubowski, in Hamburg-Blankenese geschehen, wird immer seltener.

Die vorliegende Auswahl der Häuser will versuchen, die ganze Bandbreite des Phänomens Neues Bauen in ihrer historischen Chronologie in jener Baugattung zu erfassen. Dabei konnte eine Vollzähligkeit nicht angestrebt werden, vielmehr steht jedes Haus für einen spezifischen Beitrag, für eine bemerkenswerte architektonische Auffassung. Weder wurde auf einige der bekannten Manifeste wie die Villa Savoye von Le Corbusier verzichtet, noch auf lokal und bautechnisch interessante Beiträge wie das Zylinderhaus von Konstantin Melnikov. Wichtig war dabei, daß die Häuser noch existieren und in ihrer Anpassung, ihrem veränderten Zustand von der eigenen zeitlichen Dimension Zeugnis ablegen können. Einige wenige Beispiele weichen von dieser Regel ab. Sie wurden nicht zuletzt deshalb mit aufgenommen, weil ihre historische Bedeutung wichtiger ist als die physische Präsenz. Gedankt sei an dieser Stelle den Institutionen, die Bildmaterial zur Verfügung stellten, dem Verlag, der das Buch über einen langen Zeitraum betreute, und den Personen, die hilfreich mitgewirkt haben.

J. Christoph Bürkle, September 1994

Das Neue Bauen zwischen Modernität und Tradition

Einfamilienhäuser und Villen zählen für manche Architekten gar nicht zum Bereich der eigentlichen Architektur; sie fängt für viele erst im Siedlungsbau oder gar bei der Stadtplanung an. Für andere hingegen ist der Entwurf eines Einfamilienhauses die elementare Architektur schlechthin. Den Architekten der Moderne wurde immer vorgeworfen, sie hätten eher Villen für die Reichen gebaut als ihr Credo vom sozialen Wohnungsbau einzulösen. Aus der Sicht der historischen Distanz ist diese Frage obsolet geworden; zum einen konnten viele Architekten dieses Jahrhunderts überhaupt nur durch das indirekte Mäzenatentum betuchter Auftraggeber ihren Lebensunterhalt besonders in der krisengeschüttelten Zeit des zweiten und dritten Jahrzehnts sichern, zum anderen wird der immanente Anspruch sozialer Utopien und gesellschaftlicher Reformen durch die Überzeugungskraft und den Charakter des Prototyps im Sinne des »Pars pro toto« eines Einzelhauses durchaus nicht desavouiert. Ausgerechnet einer der größten Siedlungsbauer der zwanziger Jahre, Bruno Taut, schrieb 1927: »Das Einzelhaus ist heute eine schwierigere Aufgabe als die der zusammenhängenden Siedlungen und Baublöcke.«[1] Beide Einschätzungen finden sich von Anbeginn in der Historiographie der modernen Architektur. Gerade weil die Aufgabe des Einzelhauses nicht gelöst erschien, kam in den zwanziger Jahren eine Fülle von Publikationen heraus, die Ordnungssysteme für die allenthalben konstatierte Richtungslosigkeit der modernen Architektur anboten. In seinem grundlegenden Handbuch der Architektur stellte Herman Sörgel 1927 fest, daß das moderne Wohnhaus Ausdruck des Chaos in der gegenwärtigen Kulturwelt sei.[2] In Anlehnung an

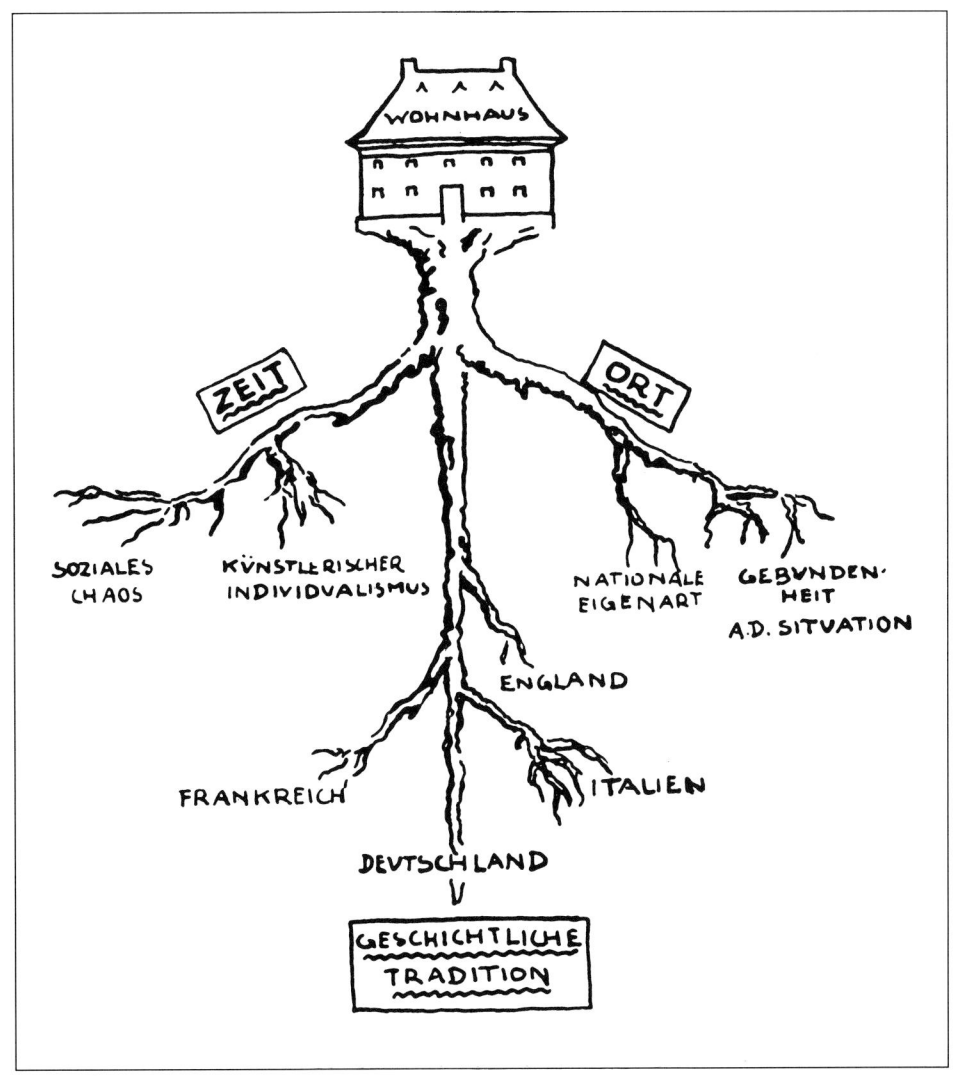

Hermann Sörgel, Wohnhäuser, Handbuch der Architektur, Vierter Teil, 1. Heft, Leipzig 1927, Abb. 1.

Sempers Bekleidungstheorie erklärte Sörgel, daß das gegenwärtige Fehlen eines »einheitlichen Kleides« auf mangelnde Werkeinheit zurückginge und damit die Zeit noch nicht reif sei für einen autonomen Typus als Ausdrucksform der Zeit. Ausdrücklich wies Sörgel darauf hin, daß gerade das Wohnhaus von der Tradition ab-

Marc Antoine Laugier, Essai sur L'Architecure, 1755, Frontispiz; Rohbau des Hauses Farnsworth von Ludwig Mies van der Rohe.

hängig sei, und als gleichsam historisch abgesicherte Beweisführung fügte er eine Typologie der Entwicklung des Wohnhauses an, die mit dem Bürgerhaus des ausgehenden 18. Jahrhunderts endete. Diese Form der deterministischen Geschichtsschreibung, die in erster Linie in Bildern denkt, war kennzeichnend für jene Zeit. Sie setzte gerade die Architektur des Neuen Bauens und im theoretischen Diskurs insbesondere die sich zunächst schneller reproduzierenden Wohnhäuser in einen ständigen Legitimierungszwang.

Kein geringerer als Vitruv maß bereits dem Bau von Privathäusern große Bedeutung bei und beschrieb ausführlich, daß jeder Teil des Hauses sorgsam geplant werden sollte. Der erste Punkt, den Vitruv anführt, ist die Ausrichtung des Hauses nach den klimatischen Verhältnissen. Es sollte nicht nur, den jeweiligen Breitengraden entsprechend, unterschiedlich gestaltet sein, um dem Wetter Rechnung zu tragen, vielmehr sollte auch die Lage zur Sonne ausschlaggebend für die Zuordnung der Räume sein.[3] Als zweiten Punkt gibt Vitruv an, »daß bei Privatgebäuden die Berechnung genau nach den Proportionen eines berechneten Teils (modulus) ausgeführt wird«.[4] Die einzelnen Räume schließlich sollten genau nach der vorgesehenen Himmelsrichtung ausgerichtet sein. Winterspeisezimmer und Bäder nach Süden und Südwesten, weil diese am Abend erwärmt werden müssen. Schlafzimmer und Bibliotheken hingegen sollten im Osten liegen, schon deshalb, weil Sonne und Feuchtigkeit der Südräume die Vermehrung der Bücherwürmer begünstigten.[5] Räumen für Künstler und Handwerker weist Vitruv bereits Belichtung von Norden zu, damit die Arbeit möglichst immer unter gleichen Lichtverhältnissen verrichtet werden kann. Als letzten Punkt führt Vitruv die Angemessenheit der Räumlichkeiten an, die sich nach dem jeweiligen Stand des Besitzers richtet: »Daher sind für Leute, die nur durchschnittliches Vermögen besitzen, prächtige Vorhallen, Empfangssäle, Atrien nicht notwendig, weil diese Leute anderen durch ihren Besuch ihre Aufwartung machen, aber nicht von anderen besucht werden. [...] Ferner muß man für Geldverleiher und Steuerpächter den Verhältnissen angemessene, ansehnliche und gegen Diebstahl gesicherte Wohnhäuser bauen, für Rechtsanwälte und Redner elegantere und geräumigere, damit in ihnen Zusammenkünfte stattfinden können. Für hochstehende Personen aber, die, weil sie Ehrenstellen und Staatsämter bekleiden, den Bürgern gegenüber Verpflichtungen erfüllen müssen, müssen fürstliche, hohe Vorhallen, sehr weiträumige Atrien und Peristyle gebaut werden, Gartenanlagen und geräumige Spazierwege, die der Würde angemessen angelegt sind; außerdem Bibliotheken, Räume für Gemäldesammlungen und basilikaähnliche Hallen, die in ähnlicher Weise prunkvoll ausgestattet sind wie die staatlichen Gebäude, weil in den Häusern

Francesco Milizia, Le vite de più celebri architetti d' ogni nazione..., Rom 1768, Frontispiz.

Hermann Muthesius, Das englische Haus, Berlin 1908, Frontispiz. (Erstauflage 1904).

Philip Webb, »Red House«, für William Morris in Bexley Heath, 1859.

»Red House«, Innenansicht.

dieser Männer öfter politische Beratungen abgehalten und Urteile und Entscheidungen in privaten Angelegenheiten gefällt werden.«[6] Die Angaben Vitruvs sind auch nach fast zweitausend Jahren noch erstaunlich aktuell; als generelle Entwurfsanleitung für den Bau eines Hauses scheint sich kaum etwas geändert zu haben.

Arts and Crafts und das englische Haus

Von nicht zu unterschätzender Bedeutung für die Entwicklung des Einfamilienhauses im 20. Jahrhundert ist das Buch von Hermann Muthesius mit dem Titel »Das englische Haus«, von dem 1908, zwei Jahre nach seinem Erscheinen, wegen des großen Erfolgs bereits eine zweite Auflage gedruckt wurde. Angeregt durch seinen Aufenthalt in London, schrieb Muthesius jene Anthologie des englischen Hauses, in welchem er die wichtigste Quelle des modernen Wohnhauses sah. Dem sogenannten »Red House«, das Philip Webb 1859 für William Morris in Bexley Heath errichtete, wies Muthesius eine Schlüsselstellung zu und bezeichnete es als »kunstgeschichtlich von großer Bedeutung. Es ist das erste individuelle Haus der neuen künstlerischen Kultur, das erste Haus, das innen und außen als Ganzes gedacht und ausgeführt war, das erste Beispiel in der Geschichte des modernen Hauses überhaupt. Es war nicht nur im Inneren revolutionär, sondern stand auch mit seiner äußeren Gestaltung in seiner Zeit vollkommen einzig da«.[7] Muthesius meinte damit die freie Durchgestaltung des Hauses nach den Entwürfen von Morris, die sich nicht nach einem überlieferten Stilkanon richteten, sondern den Anfang eines »neuen Kunsthandwerkes« markierten. Morris entwarf die Möbel, die Wandbehänge, die Deckenmalereien und bestimmte die Materialien. Hier bahnte sich bereits die Aufhebung der verschiedenen Berufsdisziplinen an, wie es sie sonst nur an den Adelshäusern gegeben hatte: War es bis dahin der Architekt, der sich nur um den Entwurf kümmerte und einen »Dekorateur« für die Ausstattung beauftragte, so deutete sich nun eine neue Bewertung im Sinne eines Gesamtwerks an.

Ein weiterer wichtiger Punkt resultierte für Muthesius aus dem Antagonismus

C. F. A. Voysey, Haus Broadleys, 1898.

Ch. R. Mackintosh, Haus Windyhill 1899/01.

Haus Windyhill, Eingangshalle.

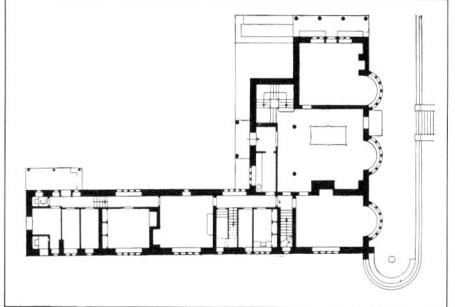

Haus Broadleys, Grundriß.

der Stile, wie er in England schon vor dem 19. Jahrhundert erkennbar war. Neben der klassischen Linie der palladianischen Häuser gab es in England auch gotische Häuser, die später, ideologisch aufgeladen durch Pugin und Ruskin, neogotische Umsetzungen erfuhren und hitzige Debatten erzeugten, in denen Anhänger und Gegner jeweils vehement für den vermeintlich richtigen Stil eintraten. Muthesius erkannte hier bereits »im innersten Kern den Durchbruch einer nordisch-germanischen Kunstauffassung im Gegensatz zu der italienisch-klassizistischen«.[8] Auf diesen Dualismus wies später auch Hendrik Berlage hin, und Hugo Häring machte ihn zu einem wesentlichen Teil seiner Architekturtheorie, wobei sein Begriffspaar Geometrie und Organik darauf aufbaute. Der neuen kunstgewerblichen Bewegung des Handwerks, der Arts and Crafts, und besonders William Morris kommt also das Verdienst zu, durch die verstärkte Aufnahme der ländlichen und handwerklichen Tradition die Verbindung der beiden Pole auf der Grundlage eines neuen, eher auf abstrahierten Naturformen basierenden Formenrepertoires angeregt zu haben. Daraus entwickelten sich unterschiedliche Tendenzen, wie das fast sektiererische Verfolgen der künstlerisch hochwertigen Einzelform als Ablehnung der Industrieform, aber auch die ersten puristischen Häuser, die zunächst künstlerische Enthaltsamkeit propagierten, um das werkmäßige Material und die ländliche Architektur wiederzufinden. Erst mit den Entwürfen von C. F. A. Voysey und auch von Charles Rennie Mackintosh war die neue Einheit von innerer und äußerer Form erreicht.

Muthesius war als Kulturattaché, speziell für das Bauwesen, zwischen 1896 und 1903 an die deutsche Botschaft nach London geschickt worden, um das englische Bauen zu erforschen. Er wurde nicht nur zum wichtigsten Historiographen der englischen Architektur seiner Zeit, sondern brachte auch durch die Umsetzung des englischen Hauses in seinen berühmten Berliner Landvillen englische Kultur und englischen Lebensstil nach Deutschland. Was Muthesius an den englischen Häusern begeisterte, war zunächst die Arbeit am freien Grundriß, die Zuordnung der Räume nach den funktionalen Bedürfnissen der Bewohner. Die Fähigkeit, daraus dennoch ein übergeordnetes Prinzip abzuleiten, zeigt

H. Muthesius, Haus Freudenberg, Berlin-Nikolassee 1907/08.

Friedrich Ostendorf, Sechs Bücher vom Bauen, 3. Auflage, Berlin 1918, Frontispiz.

Edward Priors Entwurf des Hauses »Barn« in Exmouth, 1896. Die Räume des Hauses sind zwar auf den ersten Blick symmetrisch angeordnet, aber dennoch entsprechen die genauen Raumgrößen und -einteilungen in beiden Flügeln genau der unterschiedlichen Nutzung. So ist das Haus mit vielen Raumbezügen doch sehr kompakt; verglichen mit Grundrissen von Scott oder Voysey wirkt es nahezu »zusammengeschoben« und benötigt deshalb wenig Erschließungsflächen. Während die eine Seite einen Eingangshof umschließt, dem Typus des Landhauses entsprechend, öffnet sich die andere Seite frei zur Landschaft und bietet den Räumen zugleich optimale Belichtung. Muthesius setzte diesen Entwurf, der wohl exemplarisch die »Free English Architecture« vermittelte, später in seinem Haus Freudenberg in Berlin um.[9] Nicht nur in Berlin hatten die »englischen Häuser« einen großen Erfolg, auch im Ausland, namentlich bei Henry van de Velde, Josef Hofmann und vielen anderen läßt sich der Einfluß der freien Grundrisse und Fassaden erkennen. Aber trotz des Erfolgs – oder gerade deswegen – gab es auch eine Gegenrichtung, eine Reaktion, die auf der Grundlage der klassischen Stile eine Weiterentwicklung des Haustypus propagierte, ähnlich wie diese Linie auch in England bestanden hatte. Muthesius selbst hatte eine Polemik heraufbeschworen, indem er in seinem 1907 erschienenen Buch »Landhaus und Garten« die Produkte der Stilkopisten als »künstlerische Aftergebilde« bezeichnete und den Hochschulen jegliche Kompetenz zur Ausbildung von künstlerischen Architekten absprach.[10] Das mußte Friedrich Ostendorf auf den Plan rufen, der nicht nur Baurat in Karlsruhe war, sondern auch an der Großherzoglichen Technischen Hochschule daselbst lehrte. 1908 war die erste Auflage seiner überaus erfolgreichen Baulehre erschienen, die aufgrund seines frühen Todes auf drei Bände beschränkt blieb. Da es laut Ostendorf keine Bautradition mehr gab und »ein Urteil über architektonische Dinge heute nicht mehr vorhanden ist«, wollte er eine Anleitung zum richtigen Bauen liefern, wie er sie auch in der Lehre vertrat und die zur Bildung der sogenannten Ostendorf-Schule führte. Ostendorf entwickelte eine Entwurfstheorie auf der Grundlage einer »gemeinsamen Grundanschauung«, die seiner Meinung nach ebenso wie eine Baukultur seit langem abhanden gekommen war.[11] Ein wirkliches Verstehen des Entwerfens könne man nicht in der gegenwärtigen Architektur finden, sondern nur in den alten Bauwerken. Dabei meinte er in Abgrenzung zu Sempers Bekleidungstheorie ausdrücklich nicht nur die äußere Form eines Bauwerks, vielmehr galt es, »die einfachste Erscheinungsform für ein Bauprogramm zu finden, die sich auf den gesamten »Organismus« bezieht.[12] Dieses Leitbild fand Ostendorf jedoch nur in der Architektur des 18. Jahrhunderts und nicht in der zeitgenössischen. Etwas widersprüchlich präferierte er eindeutig auch die Architektur des späten Barock, wobei er die Grenze zog zum Klassizismus Schinkels, der für ihn das Ende einer baumeisterlichen, einer von innerer und äußerer Klarheit getragenen Architektur markierte. Ostendorf führte dann seine Entwurfsmethode an den Beispielen zeitgenössischer Architektur vor und kritisierte als einen der ersten Bauten das Haus Stave, das 1909 in Lübeck von Muthesius errichtet worden war. Er hielt den Grundriß für nicht entworfen, sondern für gezeichnet und stellte dem insgesamt »unkünstlerischen Gebilde« seinen eigenen, korrigierten Entwurf gegenüber, der sich allein durch seine »architektonische Haltung empfiehlt«.[13]

Ostendorfs etwas später erschienenes Buch »Haus und Garten« erschien fast wie die Antwort auf Muthesius' Buch

H. Muthesius, Haus Stave 1909.
Muthesius, Haus Schweitzer, 1908.

F. Ostendorf, Haus Stave, Korrektur.
Ostendorf, Haus Schweitzer, Korrektur.

Paul Mebes, Um 1800, München 1918, Frontispiz (Erstauflage 1908).

»Landhaus und Garten«. Und auch hier fuhr der Autor fort, die Entwürfe von Muthesius zu kritisieren und umzuzeichnen, ohne den Autor direkt namentlich zu nennen. Das Haus Schweitzer, von Muthesius 1908 in Berlin-Wannsee errichtet, war für Ostendorf »ein Gebäude von jener pseudo-englischen-mittelalterlichen Art, von der schon genugsam gesprochen wurde«.[14] Dennoch bildete Ostendorf es großformatig ab und korrigierte in seinem Gegenentwurf die Erkerzimmer und die asymmetrische Raumzuordnung zu einem begradigten, axialsymmetrischen klassischen Grundriß. Auf der Perspektive wurde aus dem steilen Satteldach mit großen Schleppgauben ein spätbarockes Mansardwalmdach mit einer eher klassizistischen Fassadenordnung. Wie groß der Erfolg dieser Richtung war, zeigte auch das Buch »Um 1800« von Paul Mebes, das noch zehn Jahre nach der ersten Auflage, durch den Krieg um drei Jahre verzögert, 1918 in zweiter Auflage erschien und mit einer Fülle von Bildbeispielen aller Gattungen zu einem Handbuch des frühen Klassizismus wurde. Geprägt vom zeittypischen Kulturpessimismus, beklagte Mebes, daß nach der letzten historischen Epoche der Baukunst ein Durchhetzen der Baustile eingesetzt hätte, »ohne daß man auch nur im entferntesten in den künstlerischen Geist der einzelnen Stilarten eingedrungen wäre«.[15] Nach dem völligen Bruch mit der überlieferten Bauweise des beginnenden 19. Jahrhunderts sei es kein Rückschritt, so Mebes, »wenn wir an die Bauweise des 18. Jahrhun-

Aus: Paul Mebes, Um 1800, Bildbeispiele.

derts wieder anknüpfen«. Differenzierter äußerte sich im selben Buch Walter Curt Behrendt, der nahelegte, sich bei dem Anschluß an alte Vorbilder nicht die äußere Form, sondern eher die verwandte Gesinnung anzueignen: »Andernfalls müßte eine solche Aufnahme geschichtlicher Vorbilder gefährlich werden: sie führt unweigerlich zu einer unfruchtbaren, schematischen Nachahmung, zu schwächlicher Heimatkünstelei oder zu einer wertlosen Empire-Mode.«[16] Die Debatte ist noch immer die Auswirkung des Diskurses um die richtige Architektur, wie sie schon einige Jahre zuvor zur Gründung des Deutschen Werkbundes geführt worden war, und sie ist gleichzeitig Ausdruck der grundlegenden Unsicherheit, die allenthalben diagnostiziert wurde. Als Konsequenz der zweiten Hälfte des 19. Jahrhunderts mit seinen eklektizistischen Stilreproduktionen sah Muthesius die Zersetzung und den Niedergang der Architektur: »Die Entwicklung der Zeit brachte es so mit sich, daß wir in Jahrzehnte eines völligen Versagens des geschmacklichen Urteils der Menschen gelangten, wie es in der Geschichte noch nicht beobachtet worden war.«[17] Das führte bereits im ersten Jahrbuch des Werkbunds von 1912 zu der Debatte zwischen Typus und Individuum in der Kunst- und Architekturproduktion, wie sie dann auf der Werkbundtagung in Köln zwei Jahre später offen ausbrach.

Peter Behrens und eine neue Klassik

Die Auseinandersetzung um die richtige Form des Hauses, der Kampf des klassischen Inventariums gegen die freie, malerische Form mit dem additiv entwickelten Grundriß, der letztlich nichts anderes war als der Kampf zwischen der Tradition, der anerkannten und damit hinlänglich legitimierten Architektur und der Moderne, die ihre Legitimation lediglich im Fortschrittsgedanken sah, darin, daß das Neue immer besser sei als das Alte – diese Auseinandersetzung wurde auch in anderen Ländern diskursiv geführt. Gleichsam als Mittelweg zwischen dem biedermeierlichen Idyll eines Ostendorf und der großbürgerlichen Landhausästhetik von Muthesius kann

Peter Behrens, Haus auf der Mathildenhöhe, 1901.

die Entwicklung der architektonischen Typologien von Peter Behrens betrachtet werden. Weniger als die Funktion Behrens' als Architekt und Designer der AEG ist bisher die Entwicklung des Architekten in der Zeit vor der AEG, also in den Jahren von 1900 bis 1907, untersucht worden. Gerade in dieser Zeit entwickelte er jedoch die wichtigsten Kriterien, die später zu dem typischen Behrens-Stil führten, der wiederum seinen Schülern Walter Gropius und Mies van der Rohe zur Folie ihrer eigenen Arbeit diente. Peter Behrens besaß nicht die Ausbildung eines Architekten, sondern war Maler. Um so bemerkenswerter ist es, daß, ähnlich wie bei Henry van de Velde und später auch Le Corbusier, wichtige Impulse in der Architektur des 20. Jahrhunderts von sogenannten gelegentlich etwas geringschätzig bezeichneten »Malerarchitekten« ausgingen. Wahrscheinlich war es gerade der eher unbefangene Umgang mit den Sachzwängen des Bauens und den akademischen Stilvorgaben, über die sich ein nicht technisch Ausgebildeter leichter hinwegsetzen konnte. Zudem war die Erneuerung in der Kunst am Ende des 19. Jahrhunderts, die Abwendung von den starren Regeln der Akademie, zunächst von der Malerei ausgegangen. Bis in das Jahr 1900 hatte sich Behrens ausschließlich mit Malerei beschäftigt, erst durch das Mäzenatentum des Großherzogs von Hessen bot sich für ihn die Möglichkeit, eigene architektonische Ideen umzusetzen, indem er sein Haus in der Darmstädter Künstlerkolonie auf der Mathildenhöhe selbst entwarf. Es war zwar noch von eklektizistischen Vorgaben des 19. Jahrhunderts geprägt, mit gotisierenden Lisenen, Giebeln in der Form des Eselrückens und durchbrochenen Gebälkzonen, aber die gediegene Jugendstileinrichtung in Mackintoshs kubischer Manier, die klare räumliche Disposition der Fassaden und der im Ansatz quadratische Grundriß verwiesen auf etwas Neues. Und obwohl Behrens sich in den folgenden Jahren fast ausschließlich mit kunstgewerblichen Entwürfen beschäftigte, hatte das Haus schon so viel Aufsehen erregt, daß der Kunsthistoriker Julius Meier-Graefe 1903 euphorisch schrieb: »Ich kenne kaum einen, von dem heute mehr zu erwarten ist, und diese Erwartung ist mehr wert als das Werk, das bisher von ihm vorliegt.«[18] Eine Möglichkeit, seine architektonische Tätigkeit zu konsolidieren, bot sich Behrens erst mit der Berufung an die Düsseldorfer Kunstakademie, nicht zuletzt auch dank der wohlwollenden Begutachtung von Hermann Muthesius. Zunächst versuchte Behrens, die stark handwerklich und kunstgewerblich orientierte Schule umzugestalten und das künstlerische Moment ebenso wie die Bedürfnisse der Industrie stärker in den Entwurfsprozeß zu integrieren. Über das präzise Studium der Natur, der Materialien und Techniken sollte der Student schließlich zu prinzipiellen Gesetzmäßigkeiten der Form und der Proportion gelangen, somit als Abschluß und übergeordnete Gattung der Architektur.[19] Behrens formulierte hier schon Prinzipien der Ausbildung, wie sie erst sehr viel später am Bauhaus propagiert und umgesetzt wurden.[20] Auch in den zahlreichen Gebrauchsgegenständen, die er in jenen Jahren entwarf, vom Besteck und Mö-

P. Behrens, alkoholfreies Restaurant auf der Düsseldorfer Gartenbau-Ausstellung 1904.

P. Behrens, Pavillons der Nordwestdeutschen Kunstausstellung in Oldenburg, 1905.

belstück bis zu Wandfliesen, änderte sich seine eher ornamentale Gestaltung zu einer immer stärker geometrisierten, flächenhaften Auffassung einer eindeutigen Form, die schon die Suche nach einem Typus andeutete. So bewegte sich Behrens bereits sehr früh von der individualistischen Formbildung seiner Zeit zu einer idealistischen Kunstauffassung, der sich jedes Detail unterordnen mußte. Es ist kein Zufall, daß Behrens den holländischen Architekten J. L. Mathieu Lauweriks nach Düsseldorf holte, der bereits seit 1895 an diesem Thema arbeitete, aus geometrischen Grundformen wie Kreis und Quadrat einen symbolisch geometrischen Körper entwickeln wollte und schließlich zu »Systemzellen« kam, die nach klassischen mathematischen Proportionen entwickelt waren.[21] Behrens arbeitete ebenfalls an diesem Problem, aber zusätzlich bediente er sich in seinen architektonischen Entwürfen, in denen er zu immer abstrakteren Formen kam, fast zwangsläufig eines klassizistischen Vokabulars. Es ging ihm also nicht nur um die bloße geometrische Grundform, sondern gleichzeitig um das Anknüpfen an die Zeichensprache und semantische Ebene des Klassizismus eines Schinkel oder Klenze. Damit war für ihn wiederum nicht die bloße Nachahmung eines Stils gemeint, wie es Ostendorf mit seiner Aufnahme des 18. Jahrhunderts letztlich intendierte, sondern vielmehr die Übernahme einer bekannten und leicht verständlichen Rhetorik, um sie als Bedeutungsträger für einen neuen, allgemeinverbindlichen Typus zu formulieren. In seinen folgenden Arbeiten – vornehmlich Ausstellungsbauten – läßt sich der Versuch dieser Synthese deutlich ablesen. Für die Düsseldorfer Gartenbau-Ausstellung 1904 entwarf Behrens ein alkoholfreies Restaurant, dessen Baukörper in mehreren Kuben asymmetrisch aufgelöst ist und so die Volumen wirken läßt und nicht nur einzelne Fassaden. Darüber hinaus hat der Bau ein äußeres Dekorationsschema, das gleichsam eine Verbindung zwischen Jugendstil und symmetrisierenden Pilastern und Gesimsen herstellt. In den Pavillons der Nordwestdeutschen Kunstausstellung in Oldenburg, 1905, ist dieses System noch weiterentwickelt. Dem geometrischen System von Lauweriks entsprechend, haben die Bauten ein einheitliches Proportionsschema, alle Maße sind in einem Diagonalraster konstruiert. Die geneigten Dächer stoßen ohne Dachüberstand an die Wände, um die Volumetrie zu

P. Behrens, Wohnhaus Gustav Obenauer, Saarbrücken 1905.

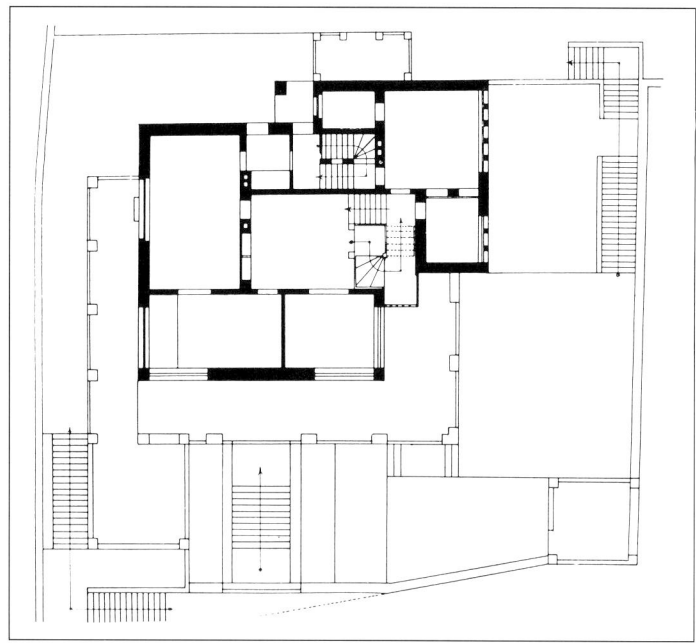
P. Behrens, Wohnhaus G. Obenauer, Grundriß.

P. Behrens, Wohnhaus G. Obenauer, Innenraum.

betonen, ein Detail, das sich bei den frühen Bauten von Gropius und Mies van der Rohe ebenso findet. Die flächenhafte Aufteilung der Wände zeigt jetzt nur noch die Umsetzung oder Andeutung eines klassizistischen Vokabulars, ein Pilaster erscheint als farblich abgesetzte Rahmung, ebenso die Andeutung eines Gesimses.

Es sind viele Deutungsversuche unternommen worden, um Behrens' Vorliebe für klassische Architekturen in jenen Jahren zu erklären – seien es die archaischen Monumente der Antike, die klaren Formen Schinkels, romanische Anklänge oder die Quadratur des Kreises von Lauweriks. Allein daraus lassen sich seine Entwürfe nicht erklären. Nicht zu unterschätzen ist das innovative Moment des Entwurfsprinzips; hier zeigen sich bereits alle Elemente der späteren Moderne, wie sie seine Schüler dann umsetzen und weiterentwickeln. Die Auflösung der traditionellen Form kurz nach der Jahrhundertwende hat außer Behrens so früh nur Frank Lloyd Wright vollzogen, dessen Arbeiten in Europa noch nicht bekannt waren.

Am konsequentesten in diese Richtung bewegte sich Behrens mit dem Entwurf des Wohnhauses für Gustav Obenauer in Saarbrücken, 1905. Hier wird das zuvor gefundene Prinzip verdichtet, verschiedene Kuben durchdringen und verbinden sich zu einem Körper, der das Raumganze sichtbar macht und gleichzeitig versucht, symmetrische und asymmetrische Strukturen miteinander zu kombinieren. Während die zur Straße liegende Seite noch klassizistische Elemente aufweist, mit einer Symmetrieachse, einem Giebel in der Mitte und einem Zahnschnittfries, ist die hintere Seite schon fast in ein freies Spiel der Volumen aufgelöst, wie es erst sehr viel später zum Paradigma der Moderne wurde. Es ging Peter Behrens ohne Zweifel um die Suche nach einer verbindlichen, starken Architektur, die Ausdruck der deutschen Kultur und des Zeitgeistes und auch als deutscher Architekturstil über die Grenzen hinaus als solcher kenntlich sein sollte. Das entsprach genau den Gedanken des Deutschen Werkbunds, dessen Mitglied Behrens war, und es traf zudem die Existenz einer Sehnsucht nach kultureller Einheit, wie er es 1909 formulierte.[22] Allerdings scheint sich seine Architektur auf dieser Suche in einer anderen Richtung zu konsolidieren, als er 1907 den Ruf zum künstlerischen Beirat der Allgemeinen Elektrizitätsgesellschaft (AEG) in Berlin bekam. Erst jetzt erhielt Behrens die Gelegenheit, Architektur in großem Umfang zu entwerfen, was bis dahin der geringere Anteil seiner Tätigkeit gewesen war; den Auftrag der AEG hatte er denn auch eher seinen zahlreichen kunstgewerblichen Entwürfen zu verdanken. Nun galt es, Gebäuden der Technik einen sinngemäßen und zugleich künstlerischen Ausdruck zu verleihen, ohne überlieferte, historische Zierformen. Dabei vollzieht sich bei Behrens langsam eine Trennung von innerem Raum und äußerer Form zugunsten einer monumentalen Aussage, zugunsten einer eigenständigen Fassade. Es ist nicht mehr der stereometrische Körper mit einheitlichem Proportionssystem wie beim Haus Obenauer, sondern die Verbindung einer technisch industriellen Lösung mit einer vorgeblendeten klassischen

P. Behrens, AEG-Turbinenhalle, Berlin 1909.

Sprache, die etwas anderes kolportiert als bisher. Zwar zeigt Behrens in der berühmten Turbinenhalle gekonnt das reduzierte Raster des Dreigelenkbogens, gleichzeitig erhält das Gebäude aber eine monumentale Front mit eingehängtem Tympanon und starken Eckpylonen, die nur noch ihre Form tragen, aber eine imponierende Fassade darstellen. »Die monumentale Kunst ist der höchste und eigentliche Ausdruck der Kultur einer Zeit«, argumentiert Behrens 1908, »sie findet naturgemäß ihren Ausdruck an der Stelle, die einem Volk am höchsten steht, die es am tiefsten ergreift, von der aus es bewegt wird.«[23] Zwar meint Behrens mit Monumentalität nicht räumliche Größe, worauf er ausdrücklich hinweist; und es klingt fast wie eine vorweggenommene Rechtfertigung, denn seine folgenden Bauten sind auf große Flächenwirkung projiziert mit mächtig dimensionierten Dekorationsschemata. Treffend hatte Karl Scheffler schon früh dieses Dilemma bei Behrens ausgemacht und sah einerseits dessen Suche nach der reinen architektonischen Form, warnte aber andererseits vor der etwas spekulativen Universalidee.[24] Ob in dem Verwaltungsgebäude der Mannesmann-Werke in Düsseldorf, der Kleinmotorenfabrik für die AEG oder dem Gebäude der deutschen Botschaft in Petersburg: Mal ist es ein mächtiges, martialisch geböschtes Sockelgeschoß, mal ein überdimensionales Triumphbogenmotiv, mal sind es nur noch Kolossalsäulen, welche die Fassade beherrschen. Zwar bleibt Behrens auch hier noch »modern«, seine klassischen Zitate sind nicht wörtlich übernommen, sie bleiben reduziert; nur in ihrer Wirkung sind sie eindeutig, wie die Reaktion der russischen Bevölkerung auf die Deutsche Botschaft in Petersburg unmißverständlich zeigt. Sie wurde nur zwei Jahre nach ihrer Errichtung, zu Beginn des Ersten Weltkriegs, gestürmt und geplündert, nicht zuletzt, weil sie auch architektonisch eine klare Aussage hat: die einer signifikanten nationalen Machtarchitektur. Noch heute kann man leicht feststellen, daß die ehemalige Botschaft sich nur maßstäblich in die vorhandene Bebauung einpaßt, gleichzeitig dominiert sie mit ihrer mächtigen Säulenfassade den weiten Platz unmißverständlich. Diese große Geste wird jedoch nur außen vollzogen. Im Innern entspricht die Botschaft den frühen Entwürfen, sie ist beinahe spartanisch ausgestattet und nicht repräsentativ, wie es sonst üblich war. Auch hierin läßt sich die bereits erwähnte Trennung zwischen innen und außen ablesen.

Behrens hatte also eigentlich erreicht, was er wollte, er hatte den Universaltypus einer Architektur geschaffen, wie es ihm schon 1904 vorgeschwebt hatte, allerdings nun über ein anderes formales und konnotatives Bezugssystem, eine andere Art des Klassizismus als zu jener Zeit. Zwar muß Schinkel noch heute als Legitimation für jedwede Klassikrezeption herhalten, der Schinkel der Bauakademie oder des subtil gegliederten Charlottenburger Pavillons spricht aber nun einmal eine andere Sprache als derjenige, der für die preußische Staats- und zugleich Machtarchitektur steht. Und genau hierin sah Behrens nun die Qualität der neuen Architektur, in bester Absicht vielleicht, allemal geprägt von dem Geist seiner Zeit am Vorabend des Ersten Weltkrieges. Zwar war der deutsche Kaiser von der Botschaft nicht sehr überzeugt[25], aber in künstlerischen Fragen hatte auch schon Scheffler den Kaiser für einen Tölpel gehalten, der eher Schaden anrichtete und keine zeitgemäße Entwicklung der Kunst zuließ.[26] Behrens war sich der Wirkung seiner Architektur bewußt, wenn er auch seinem Kaiser und seiner Zeit weit voraus war. Wie weit, das zeigt die Rezeption seines Gebäudes in den späten dreißiger Jahren, sowohl in der Sowjetunion als auch im Westen. Es ist bekannt und sicherlich kein Zufall, daß Hitler von der Botschaft angetan war. Ebenso augenfällig sind formale Analogien zwischen Behrens' Arbeiten und der deutschen Architektur ab 1934, wenn auch mehr in der Maßstäblichkeit und nicht so sehr im Detail. Behrens hatte sich in ein

P. Behrens, Deutsche Botschaft, St. Petersburg, 1911

P. Behrens, ehemalige Botschaft St. Petersburg, heutiger Zustand.

Fahrwasser begeben – ob bewußt oder unbewußt –, in dem der architektonische Bedeutungsgehalt nun einmal festgelegt ist, ganz gleich, welches politische System sich dessen bedient. Daß sich seine Bauten politisch verselbständigten, architektonisch auf jeden Fall ins Abseits führten, hatten seine wichtigsten Schüler schon längst erkannt und sich in kritische Distanz zum Meister begeben, wie es unter anderem bereits die stilistische und inhaltliche Auseinandersetzung mit Behrens in den Fagus-Werken von Walter Gropius veranschaulicht. Und auch 1914 auf der Werkbund-Ausstellung in Köln wurde seine allzu direkte Aufnahme von Schinkelzitaten an seinem Festgebäude mit einigem Befremden zur Kenntnis genommen. Dennoch waren es gerade die Behrens-Schüler Le Corbusier, Ludwig Mies van der Rohe und Walter Gropius, die alle im Babelsberger Atelier von Peter Behrens entscheidende Anregungen erhalten hatten und später den Schritt vom Werkbund-Gedanken der »Durchgeistigung der Arbeit« zur Internationalität und Modernität vollzogen.[27]

Kunstwollen am Bauhaus und die Tradition

Die während der frühen Phase im Werkbund umfassend diskutierten Fragen, welche sich um das Verhältnis von Modernität und Tradition, die Zusammenarbeit des Künstlers mit der Industrie und den zukünftigen Stil drehten, wurden erst in den zwanziger Jahren eindeutiger beantwortet. Es war der unbestimmte, aber doch allgemein auszumachende Kulturpessimismus, durch den jene Fragen zunächst aufgeworfen wurden und dessen Auswirkungen nicht zu unterschätzen sind. Oswald Spengler hielt ihn gar für »*die*, gewissermaßen natürliche, von allen dunkel vorgefühlte Philosophie der Zeit«.[28] Sein Versuch, den »Untergang des Abendlandes« auf eine wissenschaftlich-philosophische Grundlage zu stellen, verdeutlichte eine teleologische Geschichtsauffassung, die sich viele Künstler und Architekten aneigneten; zugleich bot sie aber auch – und das mag zunächst widersprüchlich erscheinen – die Legitimation für einen kulturellen Neuanfang, der sich nicht auf die Tradition berief. Dieser Ansatz und das Bewußtsein, die zukünftige Geschichte gestalten und steuern zu können, war ein entscheidender Impuls des Modernitäts-Verständnisses der Avantgarde der zwanziger Jahre. Die Sehnsucht nach einer einheitlichen Kultur, wie sie Julius Langbehn in seinem kontroversen Buch vom sogenannten »Rembrandtdeutschen« ausdrückte, und die zeittypische Betonung des Kunstwollens, wie es Alois Riegl formulierte und damit auch Architekten beeinflußte, begann sich erst in den zwanziger Jahren nun in einer eindeutigen und programmatischen Architektur- und Formensprache zu manifestieren.

Wie in anderen Disziplinen auch, so kam der Kulturpessimismus jener Jahre in den Architekturbüchern unverhohlen zum Ausdruck. Noch vor dem Ersten Weltkrieg schrieb Walter Curt Behrendt in seinem Buch mit dem beziehungsreichen Titel, »Der Kampf um den Stil im Kunstgewerbe und in der Architektur«: »Das 19. Jahrhundert, das vielgerühmte Zeitalter der wissenschaftlichen Entdeckungen und technischen Fortschritte, bietet das seltsame und bis dahin ungesehene Beispiel einer Kunst, die, völlig entwurzelt und jeder natürlichen Überlieferung beraubt, mit überzeugtem Ernst die Lösung des Problems unternimmt, schöpferische Kraft durch Bildung, Anschauung durch Nachdenken, Sinnlichkeit durch Gesetz und Theorie zu ersetzen.«[29] Behrendt bezeichnete, wie zahlreiche andere Autoren auch, das 19. Jahrhundert als Bruch mit der Geschichte. Zwar wurden gerade die historischen Stile im 19. Jahrhundert reproduziert, der Unterschied ist aber, daß der Künstler nun »nicht mehr naiv aus der Anschauung und aus vollendeter Übung und Kenntnis des Handwerks heraus arbeitet, sondern er sucht vielmehr, mit Hilfe einer umfassenden, historischen und philosophischen Bildung und meistens unbekümmert um die Lehren der technisch-handwerklichen Überlieferung, eine Stimmung zu geben, die im Sinne jenes akademisch-theoretischen Schönheitsbegriffes als Kunst genommen wird«.[30] Das heißt die Kunst entstand nicht mehr organisch aus dem Handwerklichen heraus, sondern wurde zu einem synthetischen Produkt aus Wissen, Philosophie und Geschichte. Durch den Bruch mit der natürlichen Überlieferung war die Selbstverständlichkeit der jeweils zeitgenössischen Modernität nicht mehr vorhanden, sie war durch eine veränderte abgelöst, die aus der Verfügbarkeit und Reproduktion der Tradition bestand.

Nicht nur in den Publikationen des Werkbunds taucht die Sehnsucht nach Einheitlichkeit, nach einem neuen Stil immer wieder auf; zugleich war man sich bewußt, daß man noch weit davon entfernt war. Auch die Reform des Kunstgewerbes, die zu dem »Dekorationsstil« des Art Nouveau und der Secession geführt hatte, konnte keine Lösung bieten. »Der neue Stil! Kommt es denn überhaupt noch auf einen ›Stil‹ an?«, fragte Erich Haenel bereits 1907 in seinem Buch »Das Einzelwohnhaus der Neuzeit«. »Denn was ist denn ›Stil‹

Walter Curt Behrendt, Der Kampf um den Stil im Kunstgewerbe und in der Architektur, Stuttgart und Berlin 1920, Frontispiz.

P. Behrens, Vierteiliges Eßbesteck, 1900.

P. Behrens, Entwürfe aus der Düsseldorfer Zeit.

anderes als die Durchbildung eines Kunstwerkes nach seinem Zweck und nach seinem Material?«[31] Der Rationalismus als neuer Stil war hier zwar schon angesprochen, er konnte aber erst nach dem Ersten Weltkrieg in eine konsensfähige Architektursprache umgesetzt werden. Erst mit dem Generationswechsel im Werkbund traten an die Stelle von Muthesius und van de Velde Gropius und Taut, wobei der Wechsel nicht institutionell gebunden war, sondern eher inhaltlich zu verstehen war. Gropius erkannte sehr schnell, daß der immer schwerfälliger werdende Werkbund mit seinen endlosen Debatten und Positionskämpfen nicht das geeignete Gefäß sein konnte zur Umsetzung künstlerischer und gesellschaftspolitischer Erneuerungen, und konzentrierte seine Arbeit auf die Gründung des Bauhauses, und auch Bruno Taut konnte seine Tätigkeit ab 1920 vermehrt auf die praktische Umsetzung verlegen. War es zuvor zunächst der Industriebau gewesen, in dem sich die moderne Architektur verstärkt ausdrücken konnte, so war es nun das Einzelwohnhaus, an dem sich der Diskurs des Neuen Bauens entzündete, wie es auch Bruno Taut 1927 in dem eingangs angeführten Zitat formuliert hatte. Einerseits waren es die Möglichkeiten der einfacheren Umsetzung, nicht zuletzt durch private Auftraggeber, andererseits wurde aber auch programmatisch formuliert: »Wir kehren nur wieder zu dem gesunden und natürlichen Gesetz jeder Kultur zurück, wenn wir die Schaffung der Heimstätte selbst in die Hand nehmen.«[32]

So ist es nicht verwunderlich, daß sich der Diskurs über das Neue Bauen explizit an der Gattung des Wohnhauses, insbesondere des »deutschen« Wohnhauses, entzündete und gerade in den zwanziger Jahren zu einer noch nie dagewesenen publizistischen Polemik führte, welche die Historiographie der Moderne bis in die heutige Zeit perpetuiert.

Das Haus am Horn und Goethes Gartenhaus in Weimar

Für die Aufbruchstimmung nach dem Ersten Weltkrieg steht keine Institution symbolischer als das Bauhaus, gleichwohl war es von Anbeginn an heftigster Kritik ausgesetzt. Das galt zwar auch für andere Kunstschulen und Akademien wie Düsseldorf oder Breslau, aber es gibt wohl keinen ver-

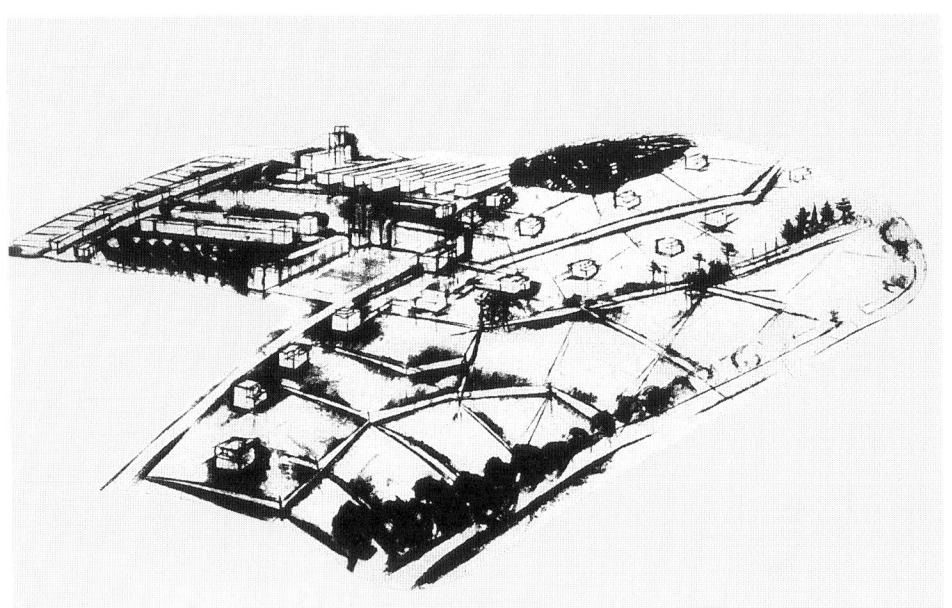

Fred Forbat zugeschrieben, Projekt Siedlung am Horn, 1922.

Walter Gropius, Laszlo Moholy-Nagy, A. Meyer, Ein Versuchshaus des Bauhauses in Weimar, München 1925, Frontispiz.

gleichbaren Fall, in dem eine Schule vom Beginn ihrer Gründung an sich einer formierten politischen Gegnerschaft gegenübersah. Bereits im Dezember 1919 sprach Gropius von einer »altdeutschen reaktionären Clique«, die dem Bauhaus den finanziellen Boden entziehen wollte, obwohl noch gar keine Ergebnisse der Schule vorlagen, die sachlich oder künstlerisch hätten kritisiert werden können.[33] Unter dem zunehmenden Druck der Öffentlichkeit bereitete das Bauhaus ab 1922 eine Ausstellung vor, um seine Produkte zu präsentieren. Es gab aber auch Druck von innen; die Studenten forderten den Aufbau einer bis dahin noch nicht existierenden Architekturabteilung am Bauhaus. So wurde eine erste Versuchssiedlung »Am Horn« in Weimar geplant, um beiden Forderungen zu entsprechen, aber auch, um die von Gropius intendierte und wiederholt geforderte Einheit von »Kunst und Technik« in der Architektur an ersten Prototypen zu erproben. Ausgeführt wurde von der Siedlung, die bereits Planungsgrundsätze der Weißenhofsiedlung von 1927 vorwegnahm, nur das sogenannte »Musterhaus« oder »Versuchshaus«, auch »Haus am Horn« genannt. Es war das erste gesamtheitlich vom Bauhaus konzipierte Haus, als Experiment geplant, von Georg Muche entworfen, von Adolf Meyer als technischem Leiter realisiert und von den Werkstätten des Bauhauses eingerichtet. Das Haus nimmt die Typologie der klassischen Villa auf, obwohl Muche programmatisch dazu schrieb: »Das Ideal des Wohnhauses liegt in der Zukunft und nicht in irgend-

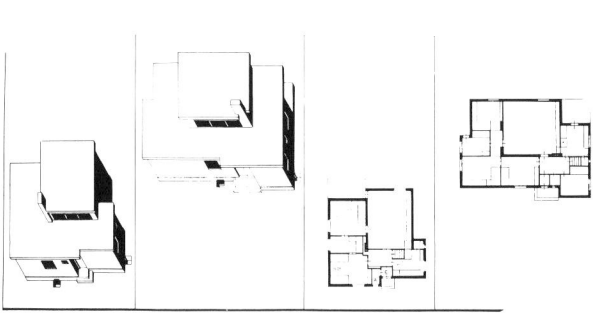

Adolf Meyer, Marcel Breuer, verschiedene Typen des Versuchshauses am Horn, Weimar 1923

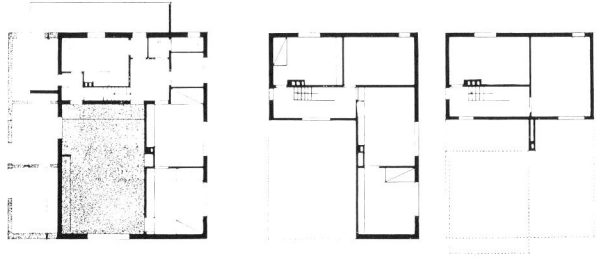

Walter Gropius, variabler Grundriß zum Typenserienhaus, Weimar 1923.

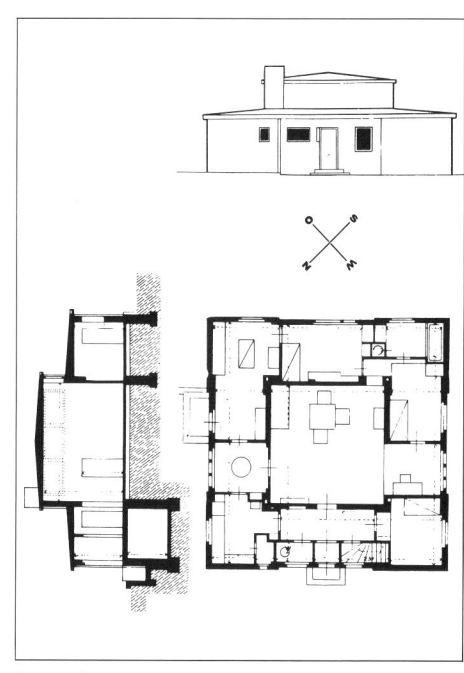

G. Muche, Haus am Horn, Weimar 1922, Grundriß.

Haus am Horn, Wohnzimmer mit Arbeitsnische.

welchen vergangenen Kulturepochen.«[34] Dennoch läßt schon die quadratische Grundform des Hauses (ca. 12 × 12 Meter) mit einem in der Mitte liegenden quadratischen Wohnraum (ca. 6 × 6 Meter) Assoziationen an palladianische Grundrisse zu. Auch die Proportionen der Grundflächenmaße von 1:2:3:4, die Raumform des Eingangsflurs entsprechend einem quergelegten Vestibül und die Risalite an den Ecken des Hauses verweisen auf vielfältige Geschichtsbezüge. Die schematische Aufteilung des Grundrisses legitimierte Muche jedoch nur aus der funktionalen Zuordnung, die kürzere Wege und damit geringere Grundfläche ermöglicht.[35] Die Schlaf- und Wirtschaftsräume sind in der Tat nur nach den Primärbedürfnissen bemessen, Aufenthaltsraum ist der relativ große, hauptsächlich von oben belichtete Wohnraum.[36]

Das starre Konzept des Hauses am Horn läßt sich nur vor dem Hintergrund der geplanten Versuchssiedlung verstehen, mit der Gropius die »fabrikmäßige Herstellung von Wohnhäusern im Großbetrieb auf Vorrat, die nicht mehr an der Baustelle, sondern in Spezialfabriken in montagefähigen Einzelteilen erzeugt werden müssen«, erproben wollte.[37] Folgerichtig stellt das Haus ein Basis-Modul dar, das dem Prinzip des »Baukasten im großen« von Gropius entsprach, mit unterschiedlichen Kombinationen von sechs festgelegten Raumkörpern. Das Haus am Horn ist auch eine Weiterentwicklung eines Vorentwurfs von Fred Forbat[38], der bereits einen quadratischen Wohnraum mit variablen Annexen vorsah. Weitere Entwürfe von Adolf Meyer, Marcel Breuer und ein »Reihenwohnhaus mit überhöhtem Wohnraum« von Farkas Molnár zeigen Varianten des gleichen Typus, die alle in dem dritten Bauhausbuch über das Versuchshaus am Horn publiziert wurden. Es ging also um die Normierung, nicht nur von Türen und Fenstern, Wand- und Deckenteilen, auch Treppen und Dachelemente sollten serienweise hergestellt werden, um mit aussagefähigen Typen den Übergang vom handwerklichen zum industriellen Bauen einzuleiten und damit die finanziell fürs Bauhaus dringend benötigte Verbindung zur Industrie herzustellen. Auch vom künstlerischen Standpunkt aus seien neue Typen und Bauverfahren zu legitimieren, meinte Gropius: »Die Annahme, eine Industrialisierung des Hausbaus würde eine Verhäßlichung der Bauformen nach sich ziehen, ist ganz und gar irrig. Im Gegenteil wird eine Vereinheitlichung der Bauelemente die heilsame Folge haben, daß die neuen Wohnhäuser und Stadtteile gemeinsamen Charakter tragen.«[39]

Aus historischer Sicht zeigt das Haus eindeutig das Bestreben, nach den Jahren einer eher subjektiven und expressionistischen Gestaltungsweise, wie sie auch am Bauhaus umgesetzt wurde, wieder zu den Grundelementen der objektivierbaren und primärgeometrischen Formen des abstrakten Kubismus zurückzukehren. Es drückt auch den »Willen zur Architektur« generell aus, wie es Ludwig Hilberseimer[40] im selben Jahr formulierte, der Wille, wie er nach den Krisenjahren erst neu umgesetzt werden und sich auch am Bauhaus erst konstituieren mußte. Jener Wille, oder jenes Rieglsche »Wollen« läßt das Haus am Horn unmittelbar spüren, allerdings trat für das Bauhaus das Gegenteil des intendierten Zwecks ein: Das Haus wurde nicht als »Zwischenbericht« der Bauhausarbeit betrachtet, auch die offensichtlichen historischen Bezugspunkte seiner Architektursprache halfen nicht; das Gebäude erntete durchweg vernichtende Kritiken. Es setzte geradezu eine Propaganda im bodenständigen Thüringen ein, die letztlich zur Vertreibung des Bauhauses aus Weimar führte. An jenem gebauten Resultat konnte die Kritik nun explizit werden, was auch weidlich genutzt wurde.

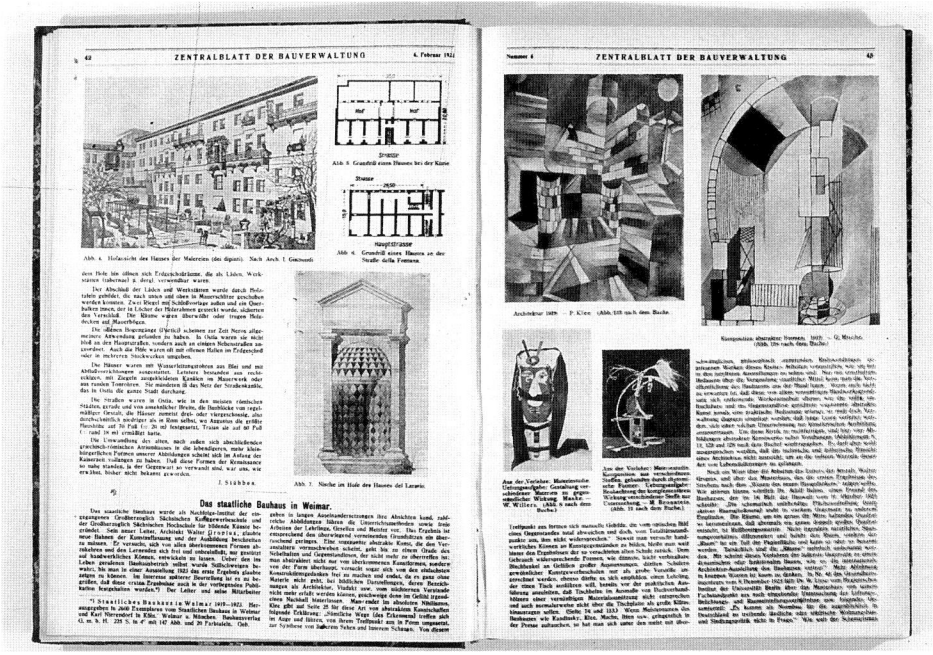

K. Nonn, Das staatliche Bauhaus in Weimar, Zentralblatt der Bauverwaltung, 44. Jg., Berlin 6. 2. 1924.

Einer der Wortführer einer generellen Bauhauskritik wurde der Schriftleiter des »Zentralblatts der Bauverwaltung«, Ministerialrat Dr.-Ing. Nonn, der sich noch 1941 damit brüstete, seit 1921 systematisch den Kampf gegen das Bauhaus aufgenommen zu haben.[41] In seiner Besprechung der Weimarer Ausstellung kritisiert er besonders das Nebelhafte und Gegenstandslose der abstrakten Kunst. Seine generelle Ablehnung moderner Kunst wird zu einer Kriegserklärung gegen das Bauhaus und durch seine Person zu einer Institutionalisierung der Kritik, in einer Diktion, an der sich zugleich eine frühe Folie der späteren Argumentation der Entartung ablesen läßt: »Nur mit ernsthaftem Bedauern über die Vergeudung staatlicher Mittel kann man die Veröffentlichung des Bauhauses aus der Hand legen. Wenn auch nicht zu erwarten ist, daß diese von allem vernünftigen Handwerksgrundsatz sich entfernende Werkstattarbeit ebenso wie die völlig unfruchtbare und ins Gegenstandslose gerichtete sogenannte abstrakte Kunst jemals eine praktische Bedeutung erlangt, so muß doch Verwahrung dagegen eingelegt werden, daß junge Leute verleitet werden, sich einer solchen Unternehmung zur künstlerischen Ausbildung anzuvertrauen.«[42] Das Haus am Horn bleibt nicht verschont: »Auch der verrufenste Akademiker« könne, so Nonn, eine Bauaufgabe kaum lebloser anfassen. Bewußt wird in dem Artikel Adolf Behnes Kritik an dem Haus angeführt, um zu beweisen, »daß selbst die Freunde des Bauhauses nicht umhin können, die neuen Gedanken nicht nur mit dem Verstand, sondern auch mit dem Gefühl abzulehnen«.[43] Und kurz zuvor stand in der »Deutschen Zeitung«: »Das Bauhausschaffen trägt die Zeichen tiefster geistiger Entrücktheit und Zersetzung an sich. [...] Die dünne Schicht von Interessenten, welche auch zum wichtigsten Teil Ausländer sind, darf nicht wie das Petroleum auf dem Wasser die gesunde Masse der deutschen Kunstjünger unter sich ersticken.«[44]

Zwar gibt es auch sachliche Kritiker, wie Paul Westheim, der die Schwächen des Hauses analysiert und die »Raumzelle« als »platonischen Begriff«, als »Würfelspiel« entlarvt.[45] Aber während Westheim noch das »Für und Wider« gegeneinanderstellt, spitzt sich die Kritik immer mehr zu und konkretisiert sich von den Einzelprodukten wie dem Haus am Horn gegen das Bauhaus und die Person Gropius. Nun geht es »Gegen die überhandnehmende Bauhausreklame«[46], und es wird »Ein verzweifeltes Spiel um die bauliche Führung in Deutschland«[47] konstatiert, wie es in Zeitschriftentiteln zum Ausdruck kommt. Tatsächlich geht es nun um die Institution des Bauhauses, um den Führungsanspruch der Moderne und generell um den Anspruch, zu anstehenden Fragen wie der Typisierung im Wohnungsbau Stellung und damit auch öffentliche Gelder in Anspruch nehmen zu können. All dies stellt Nonn in seinem resümierenden Artikel »Zusammenfassendes über das Weimarer und Dessauer Bauhaus« 1927 in Frage. Er stellt hier die gesamte Arbeit der nunmehr acht Jahre alten Schule zur Disposition, von der Architektur über die Möbelwerkstätten bis hin zum Film. Obwohl es für Nonn klar ist, daß in Fachkreisen der Unterricht am Bauhaus schon lange nicht mehr ernst genommen werde, die Öffentlichkeit und Laien aber der Suggestivkraft und Reklame des Bauhauses verfallen, »ist es noch einmal erforderlich geworden, über die Gropiusschen Abwegigkeiten öffentlich zusammenfassend zu referieren«.[48]

Es handelte sich 1927, in dem Jahr der Errichtung der Weißenhofsiedlung, gleichsam um den Höhepunkt der Polemik, die fünf Jahre zuvor eingesetzt hatte. In der Tat hatten Gropius, das Bauhaus und auch andere in der Zwischenzeit mit nicht minder geschickter Polemik geantwortet, flankiert von der Berliner »Ring-Gruppe«, die sich 1926 etabliert hatte. Mit der »Internationalen Architektur«, dem ersten Bauhausbuch, legitimierte Gropius schon 1925 den länderübergreifenden Anspruch der modernen Architektur, der ein »einheitliches Weltbild« zugrunde liege, so Gropius, um die »geistigen

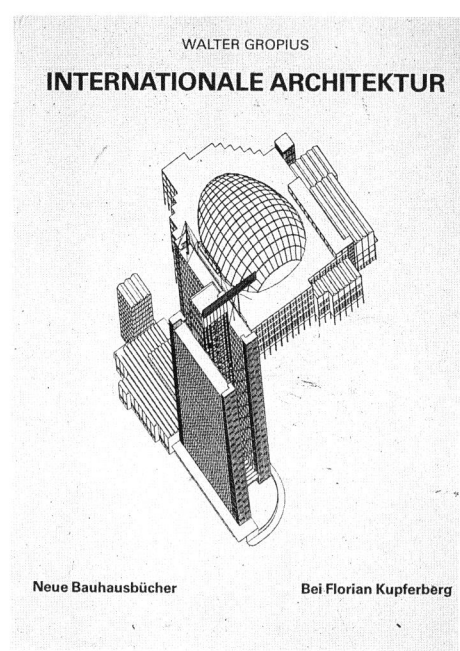

W. Gropius, Internationale Architektur, 1925, Frontispiz, (Reprint).

Werte aus ihrer individuellen Beschränkung zu befreien und sie zu objektiver Geltung emporzuheben«.[49] Der Beweis wurde dann allerdings durch eine völlig subjektive Bild- und Objektauswahl vorgenommen, die lediglich ästhetischen und modernistischen Kriterien entsprach. Der Wechsel der Vorgehensweise, gleichsam die Reaktion auf die Angriffe, läßt sich auch an der veränderten Tendenz der »unabhängigen« Publikationen ablesen. Hieß es bei Walter Curt Behrendt 1920 (bei kriegsbedingtem verzögertem Erscheinen) noch »Der Kampf um den Stil im Kunstgewerbe und in der Architektur«, und zeigten Heinrich de Fries' »Moderne Villen und Landhäuser« 1924 noch einen Querschnitt von Muthesius' Landhausstil über Otto Bartnings Expressionismus bis zu J. J. P. Ouds kubistischen Entwürfen, so sah es kurze Zeit später ganz anders aus. 1926 publizierte de Fries die »Junge Baukunst in Deutschland«, nun fast ausschließlich mit Beispielen des Neuen Bauens, die »gemeinsame Überzeugung einer unerläßlichen Wandlung« war hier für ihn das Entscheidende. Mit dem »modernen Zweckbau« konsolidierte Adolf Behne nun die Zielrichtung im gleichen Jahr und lieferte im Ansatz bereits eine Historiographie der modernen Entwick-

W. C. Behrendt, Der Sieg des neuen Baustils, 1927, Frontispiz.

Paul Schmitthenner, Baukunst im neuen Reich, 1934, Frontispiz.

lung. 1927 schließlich war der »Sieg des neuen Baustils« scheinbar erreicht, wie Walter Curt Behrendt seine Publikation suggestiv überschrieb. Hier wurde nun ebenfalls von gewichtiger Stimme – Behrendt war Ministerialrat in Berlin – eindeutig Stellung bezogen. Behrendt hielt fest, daß es sich bei der »Stilbewegung« »um eine geistige Bewegung, nicht um eine flüchtige Kunstmode oder irgendeinen Ismus handelt«.[50] Nun wurden auch von dieser Seite die Fronten klar benannt; ein Kapitel überschrieb Behrendt mit »Die Gegner«. Darin unterschied er zwischen den Mitläufern, den gutartigen und den Gegnern aus Überzeugung, die sich prinzipiell dem Neuen entgegenstemmten: »Sie sehen die überkommenen Regeln ihrer akademischen Lehre und die Gesetze ihrer Fachvernunft durch die Werke des neuen Baustils über den Haufen geworfen und rufen daher zur Abwehr gegen die Ausbreitung eines so umstürzlerischen Radikalismus. Mit diesen Gegnern ist nicht zu streiten. Ihr Fall ist hoffnungslos: sie verkennen den Begriff der Tradition, sie sehen nicht, daß dieser Begriff, wenn er Bewahrung des vererbten Besitzes bedeutet, auch die Masse der überlieferten und noch ungelösten Probleme in sich schließt, die es gilt weiterzuführen

und, wenn möglich, einer Lösung näher zu bringen.«[51]

Was letztlich die Fronten verhärtete, war der klar formulierte Anspruch, eine moderne Typologie der Architektur zu entwickeln, aber nicht auf der Grundlage einer baumeisterlichen und handwerklichen Tradition, sondern verbunden mit der künstlerischen Intention einer allumfassenden Modernität[52] – die Fortsetzung dessen also, was in der Werkbundarbeit zwischen 1907 und 1914 diskursiv entstanden war, allerdings unter anderen Vorzeichen, als es Muthesius 1914 mit seinen Thesen zur Typisierung intendiert hatte. Ganz gezielt wurde von Anbeginn auf die Verkennung der traditionellen Werte in der neuen Architektur verwiesen, ohne zu definieren, wie diese zeitgemäß umgesetzt werden könnten. Auch Nonn war sich dieses Defizits bewußt, und so zitierte er in seiner Kritik des Hauses am Horn 1924 Prof. Dr.-Ing. Paul Klopfer, der selbst an der Hochschule in Weimar gelehrt hatte, bevor das Bauhaus sich dort etabliert hatte. 1919 hatte Klopfer eine Anthologie über das »Wesen der Baukunst« geschrieben, in der er, basierend auf Rieglschem Kunstwollen und Schefflers Dichotomie des nordischen und des klassischen Geistes,

in eher kontemplativer Weise den Schöpfer eines künstlerischen Bauwerkes als einen unter dem Einfluß der Phantasie Handelnden definiert, der im Zwange urewiger Gesetze steht.[53] Zudem war Klopfer dem Bauhaus zunächst gewogen gesonnen[54], wodurch die Argumentation Nonns objektiviert werden sollte. Zum Haus am Horn schreibt Klopfer definitorisch: »Es gibt zwei Wege, um zur Form eines Wohnhauses zu gelangen: den Weg der Tradition und den Weg kritischer Überlegung. Bei seinem Haus, das in nuce die Absicht des Bauhauses, nämlich die Einheitlichkeit von Raum und Gerät, darstellen sollte, wählte Gropius[55] den zweiten Weg. Er erlaubte sich, einen Typ Mensch als Symbol der Gegenwart sich zu denken, und für den schuf er die Räume. [...] Mein Heimweg führte mich an Goethes Gartenhäuschen vorbei. Wie innig wuchs es heraus, aus dem Wiesenplan im Verein mit den hohen Bäumen und dem Berghang dahinter. In einer Frühlingsnacht schlug dort die Nachtigall, und ihr Sang und das grüne Mondlicht auf der Wand und dem alten Schindeldach und das Blitzen der kleinen Fensterscheiben ergaben eine rührende menschliche Sinfonie. All dies urwüchsige, heimliche, heimatliche Kulturhafte fehlte dem Gropiushaus – in der Kühle seiner inneren und äußeren Erscheinung hat es nichts mit Nachtigallen zu tun.«[56] Der Bezug zu Goethe lag in Weimar nahe, 1922 bereits wurde diese Verbindung in der »Deutschen Bauzeitung« hergestellt.[57] Zum einen hatte Klopfer unmißverständlich klargestellt, daß es zwischen Tradition und kritischer Überlegung (Modernität) keine Verbindung gäbe, zum anderen war der konnotative Bezug zwischen Tradition und deutscher Geisteswelt von nun an festgelegt. Zwar wurde die Aufwertung des Gartenhauses von Goethe noch nicht einmal von Paul Mebes in seinem 1908 erschienenen retroaktiven Buch »Um 1800« vorgenommen, dennoch war die bildhafte Polarität zwischen Goethe und der modernen Architektur so schlagend, daß sie in den folgenden Jahren immer wieder aufgenommen wurde, ungeachtet der Tatsache, daß Goethe in seiner Zeit, abgesehen von seinem Spätwerk, für Modernität schlechthin stand. Die populärste Wiederaufnahme wurde von Paul Schmitthenner vorgenommen, der noch 1932, ein Jahr vor der Schließung des Bauhauses, begeistert an die Polemik anknüpfte und das Haus der Weißenhofsiedlung von Hans Scharoun Goethes Gartenhaus gegenüberstellte: »Von Goethes Haus zur Wohnmaschine klafft ein Abgrund, der unüberbrückbar.«[58] Während in den zuvor genannten Publikationen die Internationalität der Moderne betont wurde, ist in Schmitthenners Buch »deutsch« beinahe das häufigste Adjektiv, der Fremde ist nun häufig der »Zerstörer der Tradition«: »So gesehen, ist Tradition schlechthin Grundlage jeder nationalen Kultur, die immer nur aus dem mütterlichen Schoße eines Volkes geboren wird.«[59] Bei Schmitthenner geht die Identifikation so weit, daß er das äußere Bild des Gartenhauses in seine Entwurfslehre aufnimmt und es zum Mittelpunkt einer neuen Typologie des deutschen Hauses macht.

Die Terminologie beginnt sich zu verwischen; die Modernisten hatten eine Internationalität beschworen, die eher der Legitimierung diente und allenfalls formal auszumachen war, weshalb Philip Johnson und Henry-Russell Hitchcock folgerichtig von einem »International Style« sprachen. Ihr berühmt gewordenes Buch erschien bezeichnenderweise im selben Jahr wie Schmitthenners »Deutsches Wohnhaus«. Er und andere mit ihm konstruierten einen diffusen, eher vom politischen Zeitgeist geprägten Begriff der Tradition, der eine geistige Tradition im Sinne Goethes geradezu pervertierte. Ähnlich bildhafte architektonische Muster zeigen sich schon in der Siedlung Staaken, die Schmitthenner im Ersten Weltkrieg am Rande Berlins gebaut hatte. Auch hier finden sich Erker, holländische Giebel und andere idyllische Reminiszenzen, die nur indirekt etwas mit der lokalen Tradition zu tun haben, dafür vermitteln sie eine kodierte Vorstellung von Heimat, die bis heute viel internationaler verbreitet ist, als es der Internationale Stil je war. Andererseits ist es mittlerweile hinlänglich bekannt, daß sich nicht nur die Protagonisten der Moderne mit der Industrialisierung und Typisierung des Bauens beschäftigt haben. Ebenso wie Gropius hat sich auch Schmitthenner mit der Präfabrikation befaßt, einem Haustyp mit vorfabriziertem Fachwerk[60] – Erfolg hatten allerdings beide nicht mit ihren Versuchen. Die Polarisierung war vollzogen; wie wichtig das Thema allerdings war, zeigen Publikationen wie »Nationales und Internationales im Neuen Bauen«, in der Adolf Behne 1931 versucht, vermittelnd einzugreifen und den Begriff der Tradition zu relativieren. Behne räumt ein, daß die moderne Architektur internationale Züge trägt, die je-

P. Schmitthenner, Baugestaltung erste Folge: Das deutsche Wohnhaus, 1932; Bildvergleich Hans Scharouns Haus auf der Weißenhofsiedlung in Stuttgart und Goethes Gartenhaus in Weimar.

P. Schmitthenner, Baukunst im neuen Reich; 1934, Bildvergleich zwischen Le Corbusiers Doppelhaus auf der Weißenhofsiedlung in Stuttgart und einem Entwurf von Schmitthenner.

doch in erster Linie auf formaler Konvention beruhen. Gleichzeitig bezweifelt er, daß die Internationalität der neuen Baukunst wirksamer ist als in der Gotik oder Renaissance.[61] Für ihn sind die ersten modernen Bauten von Auguste Perret, Theodor Fischer, Peter Behrens, Otto Wagner, die Amsterdamer Börse von Berlage eindeutig an die Tradition und den Ort gebunden. Ebenso seien die wichtigsten Strömungen der modernen Malerei wie Futurismus, Kubismus, Expressionismus und Konstruktivismus trotz Wechselbeziehungen untereinander aus der jeweiligen Region entstanden. Das gilt bei Behne auch für moderne Konstruktionen, denen gemeinhin das nationale Moment am wenigsten innewohnt. Aber gerade in der Konstruktion sieht Behne gleichsam die »Tiefenschicht« gegenüber der »Bewußtseinsschicht« der Form. Und in der konstruktiven, elementaren Schicht steckt das national Charakteristische sehr viel stärker, wie man es an Beispielen wie den Luftschiffhallen in Orly von Freyssinet ablesen kann. Nachdrücklich versucht Behne in jenem Aufsatz, die nationalen Bindungen der modernen Architektur nachzuweisen: »Die Bejahung der Tradition in früherer Zeit war nur scheinbar stärker. Sie schien nur stärker, weil die formale Beziehung, die Mimikry der

Ein Ehepaar aus Weimar mit seinem Goethe vor dem Bauhaus Dessau.

Zeitungs-Karikatur, Ende 1926 oder 1927.

Front sichtbarer ist. Die Bindung der neuen Baukunst ist zwar weniger sichtbar, weil sie nicht mehr auf einer Formangleichung beruht, aber sie ist für unser Gefühl stärker, weil sie die Beziehungen in einer mehr elementaren Schicht herstellt, die dem ursprünglich Tektonischen näher ist.«[62]

Aufgrund der Konfrontationen, die sich im zweiten Jahrzehnt des Jahrhunderts herausgebildet hatten, schien eine diskursive Umsetzung des Neuen Bauens, wie sie in den frühen Werkbundtagen noch existierte, nicht mehr möglich zu sein. Mittlerweile hat sich herausgestellt, daß die moderne Architektur sehr viel widersprüchlicher und vielfältiger war, als es Hitchcock und Johnson oder Sigfried Giedion und andere darzustellen versuchten. Weder beschränkte sie sich auf einen weißen oder kubischen Stil mit den berühmten fünf Corbusierschen Punkten, und ebensowenig läßt sich Heimatgefühl und Tradition durch Walmdach und Symmetrie erzeugen oder wiederbeleben.

Über kulturellen Wert und architektonische Tradition kann nur die Geschichte entscheiden ...

Henry-Russel Hitchcock, Philip Johnson, The International Style: Architecture since 1922, New York 1932, Frontispiz.

Anmerkungen

1 Bruno Taut, Ein Wohnhaus, Stuttgart 1927, S. 109.
2 Herman Sörgel, Wohnhäuser, Handbuch der Architektur, Vierter Teil, 1. Heft, Leipzig 1927. S. 13.
3 Vitruv, Zehn Bücher über Architektur, Buch 6, Kap. 1–3, zitiert nach: Curt Fensterbusch, Darmstadt 1964, S. 263f.
4 Ibid., S. 271.
5 Ibid., S. 281.
6 Ibid., S. 283.
7 Hermann Muthesius, Das englische Haus, Berlin 1908, S. 106.
8 Ibid., S. 148.
9 Auf diese Beziehung wurde bereits mehrfach verwiesen, z. B. von Julius Posener, Vorlesungen zur Geschichte der Neuen Architektur 3, in: Arch+, Nr. 59, Okt. 1981, S. 43.
10 Vgl. Hermann Muthesius, Landhaus und Garten, München 1907, S. 13: »Dieser Kunstunterricht, der nicht im Kopieren und Anwenden vorhandener architektonischer Formen bestehen kann, sondern sich vielmehr mit den Grundproblemen der Komposition und den einfachsten Vorstellungen in der Raumgestaltung beschäftigen muß, fehlt an unseren heutigen Architekturschulen noch. Solange dies der Fall ist, werden die Künstler unter den Architekten nicht durch die Schule, sondern trotz der Schule entstehen. Dagegen werden die Schulen fortfahren, jenes Heer von subalternen Zünftlern auf den Schauplatz des Lebens zu senden, das unser Land seit zwanzig Jahren mit geschmacklosen Maskeradenhäusern und mißverstandenen Formenzusammenstellungen verunziert.«
11 Friedrich Ostendorf, Sechs Bücher vom Bauen, 3. Auflage, Berlin 1918, 1. Bd., S. 1f.
12 Ibid., S. 3.
13 Ibid., S. 34–37.
14 F. Ostendorf, Haus und Garten, 2. Auflage, Berlin 1919, S. 261: »Der Autor des Entwurfes – und mit ihm viele andere Architekten – ist der Ansicht, daß diese Art in die ländliche Umgebung besonders gut ›sich einpasse‹. Wir sind es nicht. Auch dann würde uns, abgesehen von den Häßlichkeiten, die dem besonderen Beispiel anhängen, das Haus in solcher Bildung nicht zu der Umgebung passend erscheinen, wenn es wirklich, was ja gar nicht der Fall ist, in der ungeformten Natur stände wie so oft das Bauernhaus. Auch dann würden wir, soweit es ein Kunstwerk sein soll, das Gebild der Menschenhand, wie es ja beim Bauernhaus [...] doch auch der Fall ist, nicht in einer willkürlichen Unförmlichkeit, sondern in einer klaren Form, ja gerade dann in einer möglichst einfachen Form, allerdings in besonderer und unstädtischer Art zu sehen wünschen.«
15 Paul Mebes, Um 1800, München 1918, S. 1 (Erstauflage 1908).
16 Ibid., S. 10.
17 H. Muthesius, Wo stehen wir?, in: Die Durchgeistigung der deutschen Arbeit, Jahrbuch des Deutschen Werkbundes, Jena 1912, S. 14.
18 Julius Meier-Graefe, Peter Behrens – Düsseldorf, in: Dekorative Kunst, VIII. 10. Juli 1905, S. 386.
19 Peter Behrens, in: Kunst und Künstler, V. Jahrg., H. 5., Februar 1907, S. 207; in: Fritz Hoeber, Peter Behrens, München 1913, S. 224.
20 Vgl. dazu auch: Karl Scheffler, Moderne Baukunst, Berlin 1907, S. 178–179. Bereits für Scheffler ist Peter Behrens die Zukunftshoffnung in der Reorganisation des Unterrichts. Er sieht einen Kunst-Universalismus über das Kunstgewerbe entstehen, der in der Baukunst als höchstem Ziel endet.
21 Vgl. Gisela Moeller, Peter Behrens in Düsseldorf, Weinheim 1991, S. 103f.
22 Vgl. Peter Behrens, Die Zukunft unserer Kultur, in: Frankfurter Zeitung, 14. April 1909, 53. Jahrgang, Nr. 103.
23 Peter Behrens, Was ist monumentale Kunst? in: Neue Hamburger Zeitung vom 9. März 1908, zitiert nach: Fritz Hoeber, op. cit., S. 225.
24 Karl Scheffler, op. cit., S. 166–167.
25 Vgl. Tilmann Buddensieg, Die Kaiserlich Deutsche Botschaft in Petersburg von Peter Behrens, in: Martin Warnke (Hrsg.), Politische Architektur in Europa, Köln 1984, S. 382.
26 »Und da bei ihm [dem Kaiser, Anm. d. Verf.] alles instinktiv ist, da seine Erwägungen nicht umfassenden Erkenntnissen entspringen, wird es verständlich, daß ihm die Kunstgattung, die seinen Anschauungen entspricht, als die erstrebenswerte Kunst überhaupt erscheint. Mit heiligem Eifer und voller Überzeugung vollbringt er darum Dinge, die nicht nur verderblich für unsere Kunst sind, sondern mittelbar auch für die Volksethik.« Vgl. Karl Scheffler, op. cit., S. 140.
27 Von 1909 bis 1910 arbeiteten unter anderem Adolf Meyer, Walter Gropius und Mies van der Rohe bei Behrens. Im Sommer 1910 war Le Corbusier im Atelier von Behrens.
28 Oswald Spengler, Der Untergang des Abendlandes, München 1923 (Nachdruck München 1969), Vorwort zur ersten Ausgabe des ersten Bandes, 1917, S. 10.
29 Walter Curt Behrendt, Der Kampf um den Stil im Kunstgewerbe und in der Architektur, Stuttgart und Berlin 1920, erstes Kapitel, Die Kunst des 19. Jahrhunderts, S. 23. Das Buch erschien durch den Krieg verzögert erst 1920, wurde von Behrendt hauptsächlich 1912 verfaßt.
30 Ibid.
31 Erich Haenel, Heinrich Tscharmann (Hrsg.), Das Einzelwohnhaus der Neuzeit, Leipzig 1907, S. 14.
32 Ibid., S. 20.
33 Vgl. Karl-Heinz Hüter, Das Bauhaus in Weimar, Berlin 1976, S. 23.
34 Georg Muche, Das Versuchshaus des Bauhauses, in: W. Gropius, L. Moholy-Nagy (Schriftleitung), A. Meyer (Zusammenstellung), Ein Versuchshaus des Bauhauses in Weimar, München 1925, S. 15.
35 Ibid., S. 17.
36 »Das Speisezimmer soll nur Speiseraum und nicht gleichzeitig Arbeits- und Wohnzimmer sein. Es ist nur für verhältnismäßig kurzen Aufenthalt eingerichtet und braucht deshalb nur so groß zu sein, daß sechs bis acht Personen am Tisch bequem Platz nehmen können.« Ibid., S. 19.
37 Ibid., Walter Gropius, Wohnhaus-Industrie, S. 5.
38 Vgl. Winfried Nerdinger, Walter Gropius, München, Berlin 1985, S. 58–59.
39 Walter Gropius, Wohnhaus-Industrie, op. cit., S. 13.
40 Vgl. Ludwig Hilberseimer, Der Wille zur Architektur, in: Das Kunstblatt, 7. Jg., 1923, Heft 6, S. 133f.
41 Vgl. Karl-Heinz Hüter, Das Bauhaus in Weimar, Berlin 1976, S. 183, Anm. 54. Nonn wies in einem Schreiben an den nationalsozialistischen Ministerpräsidenten Marschner auf die Bedeutung Schultze-Naumburgs hin als Direktor der wiedergegründeten Hochschule für bildende Kunst in Weimar, die als Folge der Kontroversen um das Bauhaus gegründet worden war: »Ich habe selbst seit 1921 öffentlich an dem Kampf gegen den Bauhaus-Schwindel teilgenommen und bin darin schließlich durch meinen persönlichen Prozeß gegen Gropius führend gewesen, was Ihnen Schultze-Naumburg bestätigen kann [...].«
42 Dr.-Ing. Nonn, Das staatliche Bauhaus in Weimar, in: Zentralblatt der Bauverwaltung, 44. Jg., Berlin 6. 2. 1924, H. 6, S. 43.
43 Ibid., S. 44.
44 Dr.-Ing. Nonn, Staatliche Müllzufuhr. Das staatliche Bauhaus in Weimar, in: Deutsche Zeitung, Berlin, 24. 4. 1924, Nr. 178.
45 Paul Westheim, Die Ausstellung des Staatlichen Bauhauses in Weimar, in: Das Kunstblatt, 7. Jg., 1923, H. 11, S. 309f. Paul Westheim, Für und Wider. Architek-

turbetrachtungen, in: Das Kunstblatt, 9. Jg., 1925, H. 12, S. 368 f.
46 O. Verf., Gegen die überhandnehmende Bauhausreklame, in: Deutsche Bauhütte, 31. Jg., 23. 3. 1927, Nr. 7.
47 O. Verf., Ein verzweifeltes Spiel um die bauliche Führung in Deutschland, in: Deutsche Bauhütte, 31. Jg., 4. 5. 1927, Nr. 10.
48 Dr.-Ing. Nonn, Zusammenfassendes über das Weimarer und Dessauer »Bauhaus«, in: Zentralblatt der Bauverwaltung, 47. Jg., Berlin, 9. 3. 1927, H. 10, S. 105 f.
49 Walter Gropius, Internationale Architektur, München 1925, S. 7.
50 Walter Curt Behrendt, Der Sieg des neuen Baustils, Stuttgart 1927, S. 15.
51 Ibid., S. 11.
52 Vgl. unter anderem: Paul Westheim, Für und Wider. Architekturbetrachtungen, 1925, op. cit.; Adolf Behne, Der moderne Zweckbau, München 1926.
53 Paul Klopfer, Das Wesen der Baukunst, Leipzig 1919, S. 1 f.
54 Vgl. Karl-Heinz Hüter, op. cit., S. 24.
55 Mit der Definition war das Bauhaus und damit Gropius gemeint, irrtümlicherweise hielt Klopfer hier Gropius anstatt Muche für den Architekten des Hauses am Horn.
56 Dr.-Ing. Nonn, Das staatliche Bauhaus in Weimar, op. cit., S. 44.
57 A. Buschmann, Die Bauhaussiedlung von Walter Gropius in Weimar, in: Deutsche Bauzeitung, 56. Jg., 1922, H. 64, S. 392. »Gott behüte Weimar vor einer solchen Bauhaus-Siedlung, die sich vielleicht ganz gut in den maurischen Landen, in Ägypten, Italien usw. einfügen mag, nicht aber in eine Gegend, die den Geist der Klassik ausstrahlt. Goethe und die alten Meister würden sonderbare Augen machen beim Anblick dieser Bauhaus-Siedlung, und mit Recht dürfte Altmeister Goethe ausrufen: ›Habt ihr es noch nicht weiter gebracht?‹«
58 Paul Schmitthenner, Baugestaltung, Das deutsche Wohnhaus, Stuttgart 1932, S. 8.
59 Ibid., S. 3.
60 Vgl. Paul Schmitthenner, Das fabrizierte Fachwerkhaus, in: Wasmuths Monatshefte für Baukunst, 1929, S. 376 f.
61 Adolf Behne, Nationales und Internationales im Neuen Bauen, in: Moderne Bauformen, H. 5, Mai 1931, S. 209.
62 Ibid., S. 211.

Frank Lloyd Wright

Robie House, Chicago
1906-1909

Frank Lloyd Wright (1867–1959) gehörte zu der ersten Generation der modernen Architekten und war zwanzig Jahre älter als diejenigen Architekten, welche die Moderne und das Neue Bauen vollzogen und umsetzten. Er gehört ebenso wie Peter Behrens, Hans Poelzig oder Henry van de Velde zu den großen Anregern der jüngeren Generation. Daß das Robie House von Wright hier am Anfang steht, hat aber zwei ganz direkte Gründe: Wohl kaum ein anderer Architekt hat über den Bau von Einfamilienhäusern die Architektur des 20. Jahrhunderts nachhaltiger geprägt, und zudem wurden gerade seine Bauten bereits sehr früh in Europa gewürdigt und begeistert aufgenommen, viel mehr, als es lange Zeit in Amerika der Fall war.

Wright war beinahe 40 Jahre alt, als er dem zehn Jahre jüngeren Chicagoer Fahrradfabrikanten Frederick C. Robie begegnete. Er hatte bereits unzäh-

lige Häuser besonders in Chicago und Oak Park gebaut und war mit seinen bis dahin größten und bekanntesten Bauten, dem Larkin Building und der Unity Church, beschäftigt. Robie hatte konkrete Vorstellungen, wie sein Haus aussehen sollte, und sich schon einige Zeit nach einem Architekten umgesehen. Aber immer, wenn er über seine Pläne verhandelte, bekam er zu hören: »Ich weiß, was Sie wollen – eines dieser verrückten Wright-Häuser.« Ende 1906 trafen sich beide, und Wright fertigte die ersten Pläne für das neue Haus. Es sollte, so wie sich Frederick C. Robie fast fünfzig Jahre später erinnerte, zunächst einmal feuersicher sein, auf keinen Fall so wie die meisten Häuser in jener Zeit: kein Durcheinander der Stile im Äußeren und keine repräsentativen Räume mit großen Treppen im Innern. Vielmehr sollten die Räume sehr hell sein, mit reduzierten Materialien und Inneneinrichtungen. Auch in der Raumeinteilung hatte Robie bereits eigene Ideen: Die Schlafräume für die Kinder sollten von dem Hauptschlafzimmer mit Kamin klar getrennt sein, ein großes Spielzimmer wollte er im Erdgeschoß mit Verbindung nach draußen, während im ersten Geschoß die Wohnräume möglichst offen zueinander liegen sollten, mit dem Kamin in der Mitte.

Es läßt sich nicht rekonstruieren, wie genau die Vorgaben waren; zumindest ließ sich Wright sehr viel Zeit mit dem Entwurf, so daß erst 1909 mit dem Bau begonnen werden konnte. Dem schmalen Grundstück entsprechend, entwarf Wright einen schmalen, langgestreckten Baukörper mit drei Stockwerken und flach geneigten Satteldächern, die weit vorgezogen sind. Im unteren Geschoß liegen neben dem

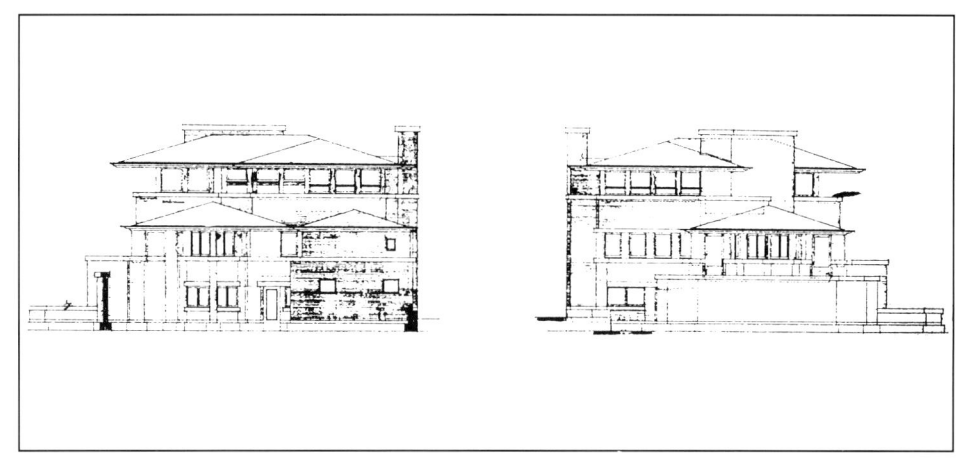

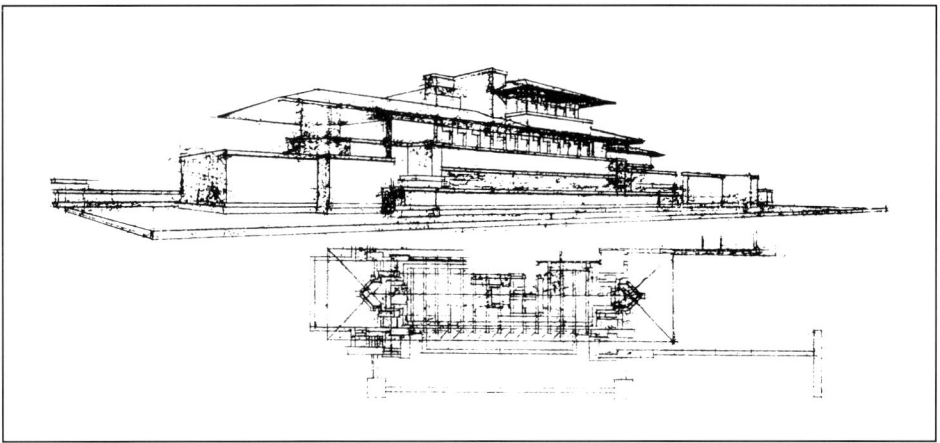

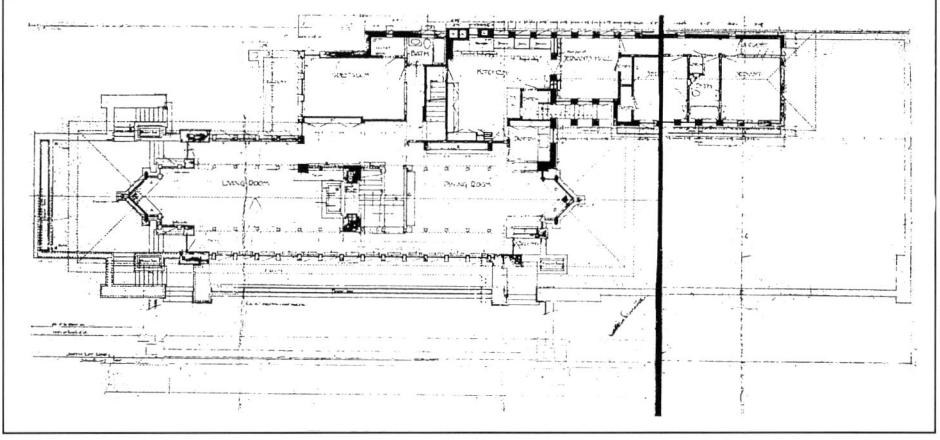

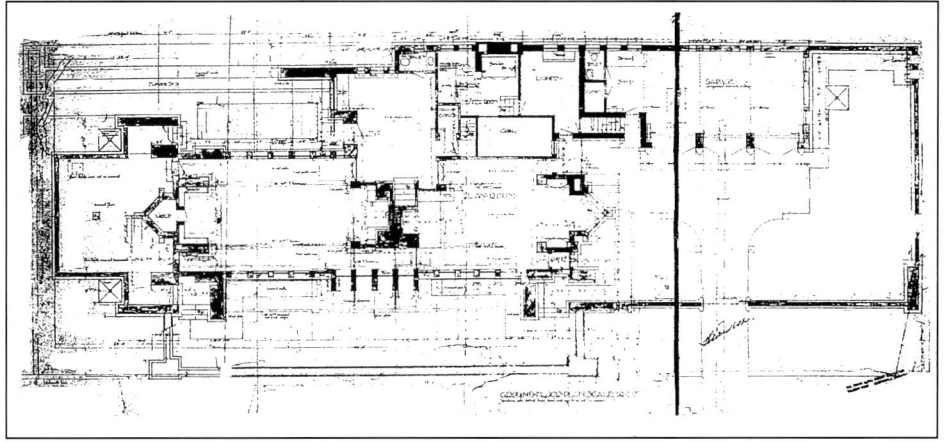

Südwestansicht.

Zeichnungen der Ostansicht (links) und Westansicht (rechts)

Perspektive der Südwestansicht.

Grundriß des ersten Geschosses mit den Wohnräumen.

Grundriß des Erdgeschosses mit Billard- und Spielzimmer.

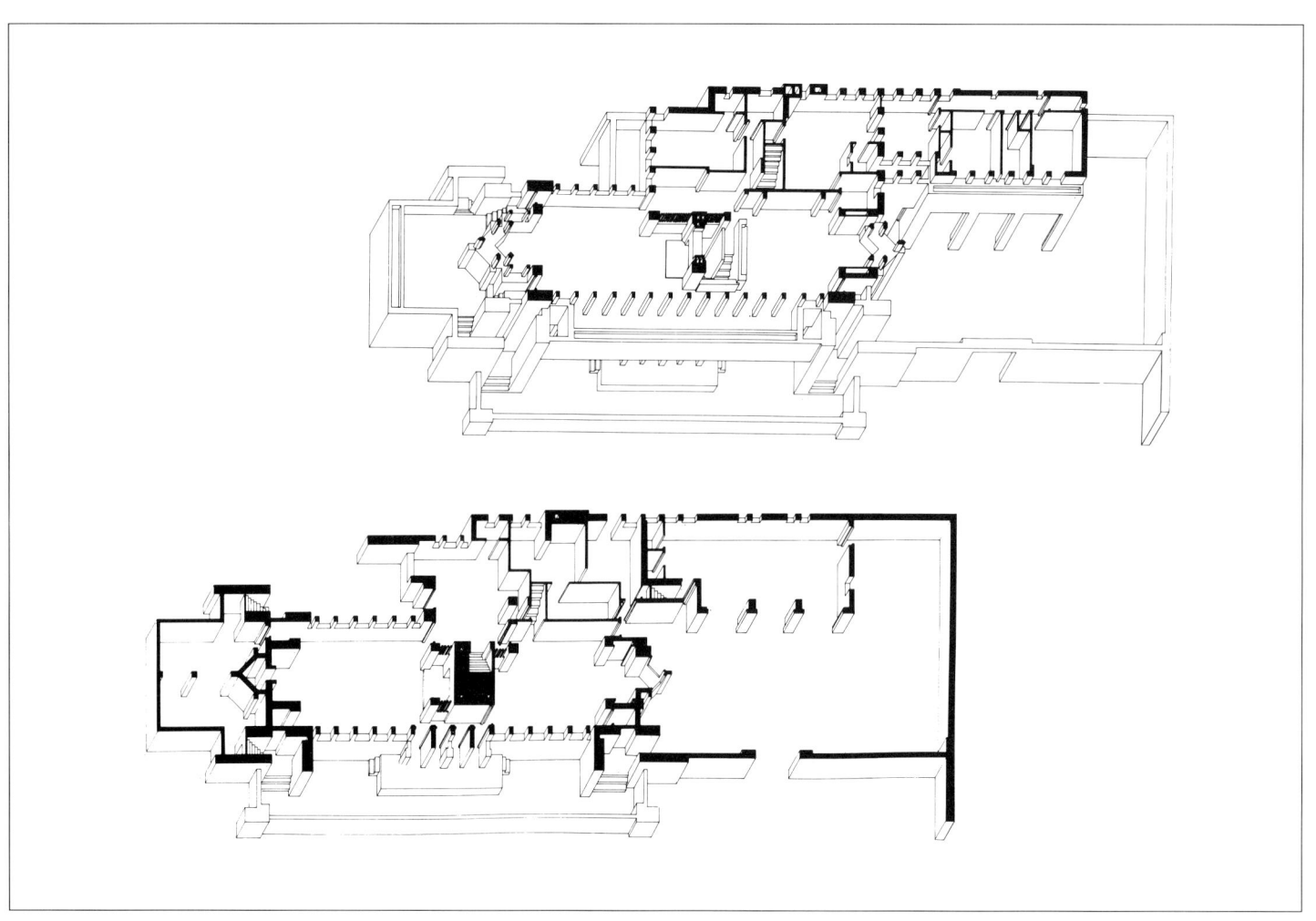

Axonometrien vom Erdgeschoß und ersten Obergeschoß.

Billard- und dem Kinderzimmer Wirtschaftsräume mit anschließender Garage. Die weitgehend offenen Wohnräume im ersten Geschoß, wie Wright sie hier erstmals konsequent realisieren konnte, nur durch den Kamin und die Treppe unterteilt, wurden fortan zu einem Symbol des Wrightschen Entwurfsprinzips. Neben der Küche, über der Garage liegen die Räume für die Angestellten in einem separaten Flügel. Das Haus wurde aus Backstein errichtet, mit Doppel-T-Trägern aus Stahl als horizontalen Bauelementen. So scheint der Bau aus massiven, sich durchdringenden Blöcken zu bestehen, jedoch setzte Wright sehr geschickt kalkulierte Gegenakzente, die diesen Eindruck teils wieder aufheben und teils raffiniert ergänzen. Die langen Wände sind durch Vor- und Rücksprünge stark gegliedert, die horizontalen Gesimsbänder und die länglichen, eigens angefertigten Ziegelsteine betonen zusätzlich die Horizontalität des Gebäudes. Das Haus wurde sehr aufwendig ausgestattet, obwohl Frederick C. Robie betonte, daß es eigentlich ein preiswertes Objekt gewesen sei. Die Inneneinrichtung wurde vollständig von Wright entworfen: die geometrisierenden Ornamente der Fenster, das Eßzimmer mit den aufragenden Stühlen, die an Entwürfe von Mackintosh erinnern, und dem vorkragenden langen Seitenbord, das die Grundform des Hauses aufnimmt; darüber hinaus die Lampen, die hölzernen Paneele, welche die Decke mit den Wänden verbinden, bis hin zu den Teppichen. Alles zusammen ergab ein japanisch anmutendes, einzigartiges Raumerlebnis von höchster künstlerischer und handwerklicher Qualität.
Sowohl für den Auftraggeber als auch für Frank Lloyd Wright markierte das Haus einen wichtigen Abschnitt. Obwohl es bis heute nach seinem ersten Bewohner heißt, hat Frederick Robie nur wenige Jahre dort gelebt. Seine Ehe scheiterte, und die Firma ging sehr schlecht, so daß er das Haus verkaufen mußte. Noch während der Bauzeit des Hauses Robie war Wright eine Liaison mit der Frau eines früheren Klienten eingegangen, mit der er später zusammenlebte. Zunächst aber führte die Affäre zu einer gänzlichen Neuorientierung seines Lebens, er verlor neben seiner Reputation auch weitere Aufträge. Noch im Herbst 1909 übertrug er die restliche Bauausführung des Hauses Robie seinem Mitarbeiter und brach zu einer einjährigen Reise nach Florenz auf, wo er die Publikation seiner Werke für den Berliner Verleger Ernst Wasmuth vorbereitete. Mit jener legendären Wasmuth-Publikation, die 1910 erschien und in der mit Zeichnungen und Plänen seine »Ausgeführten Bauten« aufwendig abgebildet waren, erregte Wright viel Aufsehen unter den jungen Architekten in Europa. Das Robie House mit seinen flach geneigten Dächern, der kubischen, horizontal und asymme-

Fensterdetail im Speisezimmer.

trisch angelegten Form und seinen organisch entwickelten Raumfolgen schien die Formel schlechthin zu sein für eine neue Architektur, frei von historisierenden Dekorationen und frei von überkommenen Lebensvorstellungen. »A highly developed working out of organic relation between exterior and interior – clean, sweeping lines and low proportions preserving openness and airiness of feature and arrangement throughout«, so lautete denn auch Wrights einfache Beschreibung des Hauses in jenem Buch von 1910.

Das Robie House hat mehr als 80 Jahre überstanden, obwohl es mehrmals abgerissen werden sollte. Zwar hatte sich Wright nachdrücklich für den Erhalt des Hauses eingesetzt, nicht zuletzt, weil er es bis ins hohe Alter für eine seiner besten Arbeiten hielt, aber auch er konnte die weitgehende Zerstörung des Inventars und des Originalzustands nicht verhindern. Als der Makler William Zeckendorf es 1958 kaufte, war die Gefahr des Abrisses zumindest gebannt; er vermachte das Haus 1963 der Universität von Chicago. So ist das Robie House heute zugänglich und vermittelt noch immer den eigenwilligen Glanz einer Architektur, die dieses Jahrhundert entscheidend geprägt hat.

Speisesaal

Robert van't Hoff

Huis ter Heide, bei Utrecht
1915

Mit einem einzigen Projekt – diesem Landhaus aus Beton – ist der holländische Architekt Robert van't Hoff (1887–1979) in die Architekturgeschichte eingegangen. Es war das erste Beispiel moderner Architektur, das weit über die Grenzen Hollands gewirkt hat, und bis heute markiert das Haus Henny bei Utrecht den Übergang von der Tradition zur Moderne. Ein Buch, das der Vater dem 26jährigen Robert van't Hoff geschenkt hatte, wurde für ihn zur Offenbarung: Es zeigte die damals recht ungewöhnlichen modernen Präriehäuser des nordamerikanischen Architekten Frank Lloyd Wright. Van't Hoff hatte gerade sein Architekturstudium in England beendet und beschloß kurze Zeit später, nach Amerika zu fahren, um den großen Meister

Die im Süden gelegene Gartenseite der Villa Henny. Rob van't Hoff betonte die Fassade durch weit überstehende Dächer.

Moderne Kücheneinbauten mit noch teilweise originalen Holzdetails.

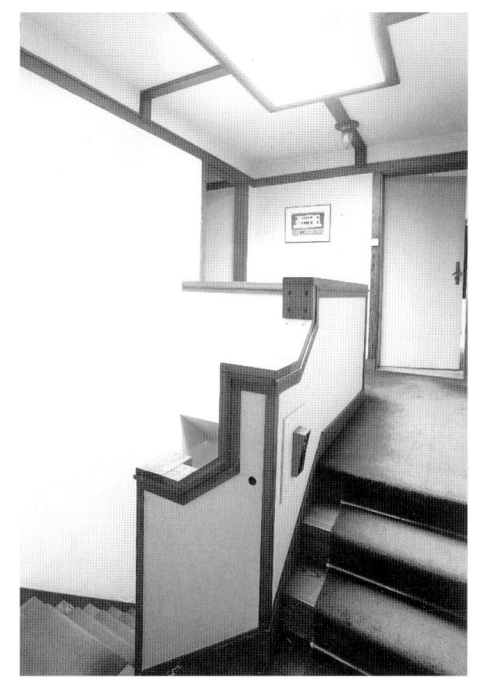

Lineare Details des Treppenhauses, die Handläufe und Tür- und Oberlichtfassungen aus Holz.

Blick auf die Eingangstür.

selbst aufzusuchen. Als van't Hoff nach zwei Monaten zurückkehrte, machte er sich sogleich daran, das Landhaus für A. B. Henny zu entwerfen und seine Eindrücke von den Häusern Frank Lloyd Wrights umzusetzen. Die ersten Veröffentlichungen über Wright hatten in Europa eine Katalysatorwirkung, wie sie sich auch bei Mies van der Rohe, Erich Mendelsohn und vielen anderen ablesen läßt. Rob van't Hoff hatte das Glück, auch einen Auftraggeber zu finden, und so wurde das Haus zu einer der ersten modernen Villen Europas.

Zwar konnte noch 1915 mit den Bauarbeiten begonnen werden; als aber der Bauunternehmer zum Kriegsdienst eingezogen wurde, stockte das Unternehmen, so daß das Haus erst 1919 fertiggestellt werden konnte. Vielleicht ist es deshalb besonders solide geworden; zumindest hat es die nächsten 65 Jahre gut überstanden und ist heute – ein äußerst seltener Fall unter den Häusern der Moderne – fast noch im Originalzustand erhalten. Van't Hoff entwarf einen geschlossenen kubischen Baukörper, der formal von dem Kontrast horizontaler und vertikaler Elemente bestimmt wird und die technischen Momente des Hauses unterstreicht. Immerhin hatte es schon eine Stahlbetonkonstruktion, und die Betonplatten der Stockwerke wollte van't Hoff mit weiten Dachüberständen, Fenster- und Türsimsen auch betonen. Die farbliche Gestaltung verstärkt diese Wirkung; neben der weißen Grundfarbe sind alle horizontalen Linien als kontrastierende dunkelgraue Gesimsbänder hervorgehoben und geben dem Bau beinahe eine graphische Note. Innen und außen ist das Haus über beide Stockwerke achsensymmetrisch aufgebaut. Beide Seitenfassaden entsprechen sich genau, ebenso Eingangs- und Gartenseite; an der Südseite befindet sich noch ein Wintergarten mit Schwimmbassin. Im Obergeschoß liegen die Schlafräume, ein Wirtschaftsraum und die Gästezimmer. An den Eckpunkten gibt es jeweils vier kleine Terrassen und vier Blumenkästen, die ein interessantes technisches Detail bergen: Die Blumenkästen decken vom Keller bis nach oben durchlaufende Versorgungsschächte ab, in denen Wasserleitungen und Regenrinnen untergebracht sind und sich früher auch das zentrale Heizsystem befand. Dadurch konnten Leitungen in den Wänden vermieden werden, und unter den Blumenkästen waren die Schächte für Reparaturen ideal zugänglich.

Ebenso sorgfältig plante van't Hoff die Belichtung des Hauses. Der Terrassenraum an der Südseite besitzt ein sehr breites Panoramafenster, das jedoch durch einen weiten Dachüberstand vor zu großem Lichteinfall geschützt wird. Die Decke hat ein Oberlicht und macht aus dem Zimmer eher einen Wintergarten. Oberlichter setzte van't Hoff auch in das Treppenhaus und über die Waschbecken in den großen Schlafzimmern. Diese kleinen Oberlichter erzeugen nicht lediglich optische Effekte; tatsächlich geben sie hier einen genau plazierten Tageslichteinfall. Die Raumfolge im unteren Stockwerk wurde ganz für die Bedürfnisse einer Landvilla konzipiert. Das Treppenhaus in der Mitte trennt Eingang und Küchenräume von dem durchgehenden Wohn- und Eßzimmer, das die Hälfte der Etage einnimmt. Besonders gelungen ist hier die Raumfolge Wohnzimmer, Wintergarten, Terrasse, Wasserbecken und schließlich der weite Garten. Das Haus öffnet sich also sukzessive, optisch wie auch räumlich, zum Außenraum. Auch innen ist das Haus mit horizontalen und vertikalen Linien dekorativ gefaßt. Besonders deutlich sieht man im Treppenhaus eine bandartige Täfelung aus Holz, von der die weißen

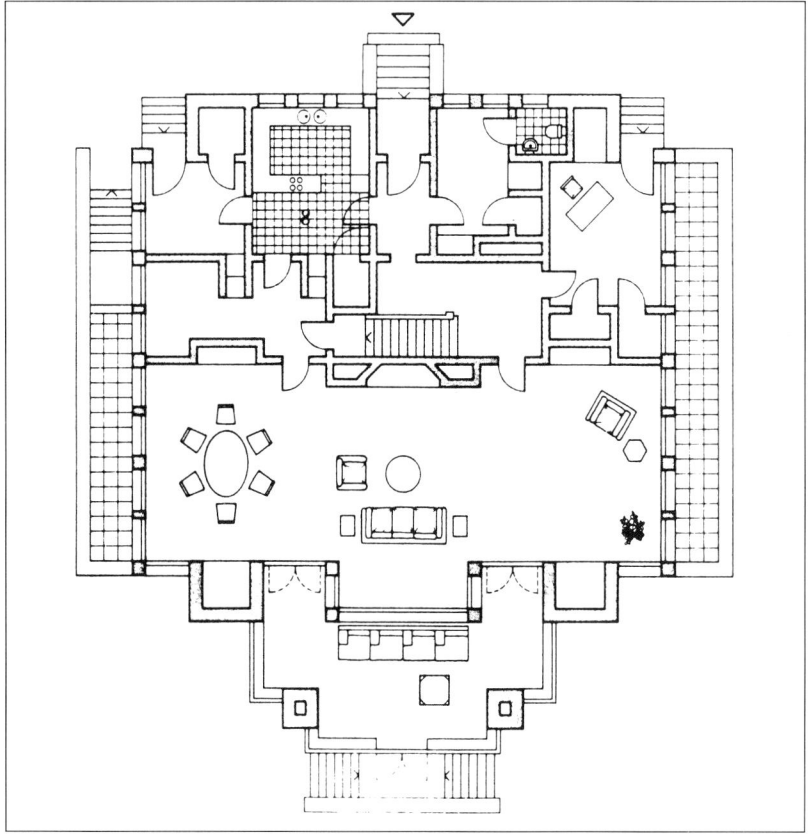

Sicht auf das Wohn- und Speisezimmer, das die gesamte Breite der Gartenseite einnimmt.

Zum Grundriß: Das Erdgeschoß wurde in zwei Hälften aufgeteilt. Die Südhälfte gehört dem Wohn- und Speiseraum. Darunter die Terrasse. In der anderen Hälfte findet man ein Arbeitszimmer, die Halle, einen Abstellraum, ein Bad, die Diele, eine Küche und ein kleines Wohnzimmer.

Wandflächen eingerahmt werden. An der Decke des Wohnraumes ist diese rechtwinklige Ornamentierung in Eisenstreifen fortgesetzt. Zweifellos hatte Rob van't Hoff diese Musterung in den Häusern Frank Lloyd Wrights in Amerika gesehen. Sind es bei Wright aber noch Jugendstilformen, so deutet sich bei van't Hoff im Haus Henny bereits eine geometrisierende Flächenaufteilung an, wie sie dann einige Jahre später von den Architekten der De-Stijl-Gruppe weiterentwickelt wurde. Während der Bauarbeiten des Hauses Henny lernte van't Hoff den wichtigsten Vertreter des »Stijl«, Theo van Doesburg, kennen, beteiligte sich an den Aktivitäten der Gruppe und unterstützte die gleichnamige Zeitschrift. Bald darauf begann van't Hoff sich politisch zu betätigen, und baute immer weniger. Als überzeugter Kommunist lehnte er es schließlich ganz ab, Privathäuser zu bauen, und war außerdem der Meinung, daß eine neue, zeitgemäße Architektur erst noch formuliert werden müßte. So ist van't Hoff als der Architekt mit dem kleinsten Œuvre in die Geschichte eingegangen, der dennoch das erste moderne Einzelhaus in Europa gebaut hat.

Auch die Eingangsseite zeigt deutlich, daß dieses Haus achsensymmetrisch angelegt wurde.

Der Wintergarten mit Oberlicht, Übergangsbereich vom Wohnraum zum Garten.

Arthur Korn

Haus Goldstein, Berlin
1922/23

Arthur Korn (1891–1978) gehört zu den modernen Architekten, die bis heute weitgehend unbekannt geblieben sind. Das lag mit daran, daß Korn, der jüdischer Herkunft war, ebenso wie Erich Mendelsohn nach sehr erfolgreicher Tätigkeit bis 1933 in Berlin zur Emigration gezwungen wurde und nach dem Krieg nicht mehr an frühere Erfolge anknüpfen konnte. Dabei war das Büro Korn & Weitzmann ein vielbeschäftigtes Büro im Berlin der zwanziger Jahre gewesen. Korn stammte aus Breslau, war noch vor dem Ersten Weltkrieg nach Berlin gekommen und hatte nach einer Tischlerlehre an der Kunstgewerbeschule bei Bruno Paul studiert. 1922 arbeitete er mit Erich Mendelsohn zusammen, allerdings nur für einige Monate, aber dennoch läßt sich an den Arbeiten von Korn die Verbindung zu Mendelsohnschem Formenrepertoire deutlich ablesen. Erst als Arthur Korn von dem Präsiden-

Die Straßenseite der Villa Goldstein von Arthur Korn und Siegfried Weitzmann.

ten der Österreichischen Länderbank, Goldstein, den Auftrag für den Bau einer größeren Villa bekam, riskierte er es, sich in der inflationsgeschüttelten Zeit mit dem Ingenieur Siegfried Weitzmann selbständig zu machen. Nahezu alle Gebäude, die Arthur Korn vor dem Zweiten Weltkrieg errichten konnte, sind nicht mehr erhalten, und auch die Villa Goldstein wurde 1957 abgerissen. Sie ist fast das einzige hier vorgestellte Beispiel der Klassiker der Moderne, das nicht mehr steht; es handelt sich also um eine Ausnahme, die sich durch die Bedeutung des Hauses und des Architekten hinlänglich erklärt. Nachdem das Grundstück an der heutigen Arysallee in Charlottenburg gefunden war, reichte Korn einen Plan für eine großzügige, herrschaftliche Villa ein, der nach einigen Änderungen auch genehmigt wurde. Das Haus zeigt einen fast traditionellen, axialsymmetrischen Grundriß: In der Mitte liegt der Eingang mit einem quergestellten Raum in der Form eines klassischen Vestibüls, daran schließt sich in der Achse das große quadratische Treppenhaus an. Dahinter folgt wieder ein quergestellter Empfangsraum und als Abschluß der dreiseitig umschlossene Hof, der sich

Westansicht

Obergeschoß

Grundriß, Rekonstruktion. Die Anlage umfaßte neben der axial angelegten Villa im Westen einen Trakt mit Bedienstetenwohnung, Werkstatt und Stall (nur teilweise abgebildet), östlich schloß sich ein Tennisplatz an. Im Erdgeschoß lagen um den »Cour d'Honneur« Repräsentationsräume wie Empfangssaal, Musikzimmer, Billardraum und Wohnräume.

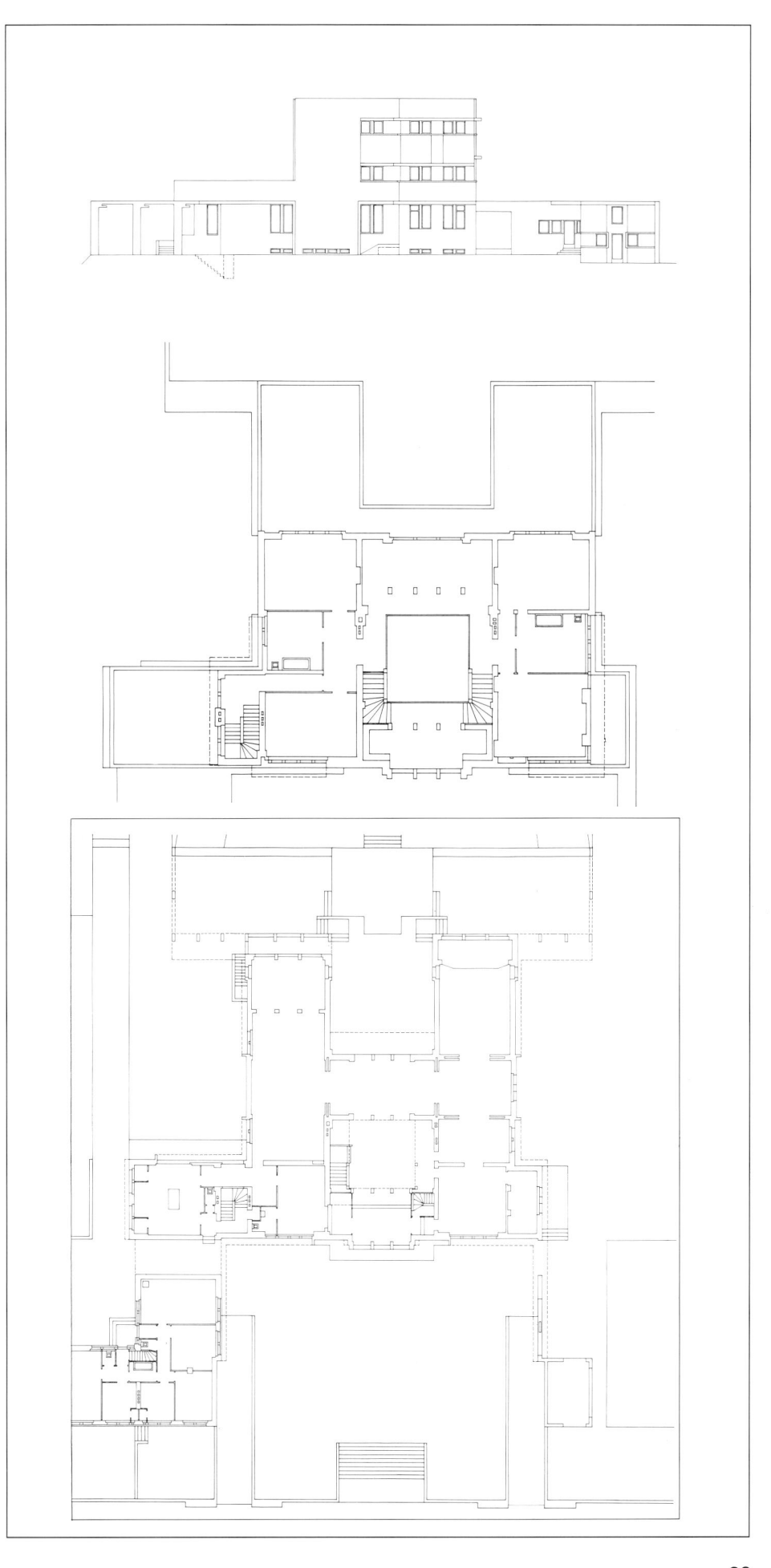

Das Badehaus und Schwimmbad der Villa Goldstein, die Gartengestaltung stammt von Richard Neutra.

Die kinetische Brunnenplastik von Rudolf Belling im Zentrum der Gartenfassade, im Hintergrund das Badehaus.

zum Garten öffnet, gleichsam in Anlehnung an ein Atrium. Um jenen mittleren Raumteil schließen sich zwei gleichseitige Flügel an, in denen auf der westlichen Seite die Garderobe, ein großer Speisesaal und der Wintergarten lagen, während auf der östlichen Seite mehrere Wohnräume untergebracht waren. Neben mehreren Schlafzimmern, Gästezimmern und einem eigenen Frühstücksraum im oberen Geschoß gab es noch einen separaten Flügel an der Straßenseite mit einer Wohnung für Bedienstete, Werkstätten und Garagen. Das Haus zeigt einerseits noch klassische Motive einer Villa, zugleich aber besteht es aus einem durchdachten System von kubischen Blöcken, und die Fassaden gehören mit horizontalen, um die Ecke gezogenen Fenstern und Brüstungen, mit kompositorisch eingesetzten Wandflächen zu den modernsten im Berlin jener Jahre. So wurde der verputzte Ziegelbau damals häufig publiziert, und der Verleger des »Kunstblattes«, Paul Westheim, bemerkte schon 1923, daß man sich den Namen des jungen Architekten werde merken müssen. Korn selbst schrieb im gleichen Jahr in seiner programmatischen Schrift »Analytische und utopische Architektur«, daß sich die Architektur zunächst nur aus der Analyse der Materie, der Konstruktion, der Zellorganisation und des Verkehrs ergeben müsse. Dann aber sei es die Aufgabe der Kunst, ein völlig ursprüngliches Gesamtwerk zu schaffen: »Es bleibt das unfaßbare Geheimnis, daß sich die messerscharfe analytische Konstruktion und die im Reich des Unbewußten geborene Utopie in einem Punkte schneiden, gleichsam als wiederhole der unbewußte Genius in uns auf einer höheren, uns unbekannten Stufe den Schaffensprozeß noch einmal zum gleichen Ende« (Kunstblatt, 1923, S. 338). Hier scheint noch die Zeit des Berliner Expressionismus anzuklingen, und gleichzeitig zeigt gerade das Haus Goldstein exemplarisch den Schnittpunkt jener Zeit, das Bemühen, die Architektur zu versachlichen und wieder in eine konstruktive und tektonische Sprache zu überführen. Korn ging es aber auch um die Verwirklichung eines »Gesamtkunstwerks«, im Sinne der Vereinheitlichung und Zusammenführung verschiedener Disziplinen. Dazu bot ihm der lukrative Auftrag für die Villa Goldstein erstmals die Möglichkeit, und sie wäre noch heute eines der eindrücklichsten Beispiele jenes Bestrebens.

Während seiner Zeit bei Erich Mendelsohn hatte Korn den damals noch unbekannten Architekten Richard Neutra kennengelernt, den er aufforderte, die Gartengestaltung zu übernehmen. Die Gartenansicht des Hauses zeigt eine zum Hang hin dreifach abgestufte Anlage, die mit organischen Bepflanzungen und Mauern aus Bruchsteinen im Kontrast zu der geschlossenen Flächigkeit des Gebäudes steht. Gleichzeitig nimmt die symmetrische Einteilung die Axialität des Hauses wieder auf und betont den herrschaftlichen Charakter bis hin zu Assoziationen an die Schloßanlage von Sanssouci. Als Abschluß des Gartens und des Schwimmbads entwarf Korn ein zweigeschossiges Badehaus, das mit seiner zweiläufigen Treppenanlage und mit seiner ebenfalls genau in die Achse gestellten Position das klassische Motiv einer Exedra aufnimmt. Allerdings war in höchst moderner Form – im Gegensatz zur Villa – das Badehaus ganz aus den konstruktiven Elementen heraus entwickelt. So wie Korn mit dem Badehaus die plastischen Möglichkeiten der Architektur auszuschöpfen suchte, war es beinahe logisch, auch der »Architektonik des Plastischen« einen gebührenden Raum zu geben. Korn war zu jener Zeit begeistert von dem Bildhauer Rudolf Belling und dessen konstruktiver Kunst, so daß er ihm den Auftrag einer großen Brunnenplastik für die Goldstein-Villa vermittelte. Für den dreiseitigen Hof, der wie geschaffen schien für eine große Plastik, entwickelte Belling einen aus mehreren asymmetrisch verschränkten Betonplatten aufgebauten Brunnen mit Spiralen aus Eisen, die zum Teil beweglich waren. Die an Elemente des russischen Konstruktivismus erinnernde Hauptspirale war mit feinen Düsen versehen, aus denen das Wasser sprühte und die Plastik mit einer diffusen und bewegten Hülle versah.

Auch dieses wohl einzigartige Bauensemble stand unter keinem guten Stern. Bereits 1926 verkaufte der Besitzer die Villa, und da sich kein privater Käufer fand, zog die deutsche Turnerschaft e.V., Berlin-Charlottenburg, in das Haus. Die Ausstattung wurde stark verändert und auch der Brunnen von Belling, der aufgrund der schlechten Ausführungsmöglichkeiten nur kurze Zeit funktioniert hatte, abgebrochen.

Zwar blieb das Haus auch nach dem Zweiten Weltkrieg im Besitz des Turnerbundes, wie er nun hieß, in den fünfziger Jahren wurde es jedoch verkauft, was schließlich zum Abriß führte.

Die wenigen erhaltenen Abbildungen der Innenräume zeigen die Halle des Hauses.

Karl Schneider

Haus Michaelsen, Hamburg
1923

In Hamburg war Karl Schneider (1892–1945) einer der führenden Architekten des Neuen Bauens. Ob in Backstein oder mit weißen, prismatischen Wänden, Flach- oder Steildach, Schneider prägte in der Verbindung von modernen und traditionellen Elementen seinen ganz persönlichen Stil. Das Haus Michaelsen, hoch über dem Elbufer gelegen, ist einer seiner bedeutendsten Entwürfe in Hamburg. Vor einigen Jahren ist die Villa aufwendig restauriert worden und gehört nun zu den anschaulichsten Häusern der Moderne in Hamburg.

Die merkwürdigen Dachformen des Hauses Michaelsen bereiteten den eher betulichen Hamburgern aus den Elbvororten von Anfang an große Schwierigkeiten. Ein Walmdach, verbunden mit einem kubischen Turm, noch dazu ohne Traufe, mit langgezogenen Terrassen davor: Das war 1923

Das Haus in den zwanziger Jahren, es wird dynamisiert durch die zweiflügelige Anlage. Im Osten handelt es sich allerdings nur um Stützmauern, die das Erdreich terrassieren. In der Mitte ein viergeschossiger Turm für den Ausblick in die weite Elblandschaft.

Die Eingangsseite im Norden, nach der Renovierung.

Eine Originalaufnahme aus der Vogelperspektive, die Gartenanlage ist heute nur teilweise wiederhergestellt.

für ein Landhaus an der Elbe mehr als ungewöhnlich. So stand die Gemeindeverwaltung dem Baugesuch zunächst skeptisch gegenüber, und erst ein Gutachten des renommierten Architekten Erich Elingius überzeugte. Schließlich hatte man 1923 vom Bauhaus noch nicht viel gehört, und auch der typische »Bauhausstil« war gerade erst im Entstehen begriffen. Bevor Karl Schneider nach Hamburg zu Fritz Höger kam, hatte er schon bei Peter Behrens gearbeitet und war im Bauatelier von Walter Gropius, als die berühmten Fagus-Werke entstanden. Und so finden sich einige typische Details des Neuen Bauens, wie das traufenlose Dach und die »aufgelösten Ecken«, hier am Haus Michaelsen wieder. Eine der gelungensten Varianten ist die Verbindung von Flach- und Steildach allerdings bis heute geblieben. Eine Anregung könnte von den gewalmten Reetdächern der alten Landhäuser stammen oder auf den Wunsch der Bauherrin Ute Michaelsen zurückgehen. Provozieren sollte das neue Anwesen durchaus. Selbst Künstlerin, wollte Frau Michaelsen mit dem Haus ihren modernen Lebensstil demonstrieren und es zum Mittelpunkt künstlerischen Schaffens in Hamburg machen. So arbeitete sie aktiv mit Schneider zusammen, und zwischen 1921 und 1922 entstanden zahlreiche Varianten und sogar Modelle, die, den neuen Ideen der Bauherrin entsprechend, immer wieder verworfen wurden. Unter geschickter Ausnutzung des Geländes entwarf Karl Schneider schließlich einen rechtwinkligen Zweiflügelbau, wobei die weißen Mauern des einen Flügels lediglich terrassiert das Erdreich abstützen. Die reduzierte Ästhetik des Hauses erreichte Schneider in erster Linie durch die Verbindung der Volumen, aber auch durch die weiß gekalkten Klinkerwände und die kontrastierenden, naturfarbenen Eichenfenster. Verbindungspunkt in der Mitte ist der viergeschossige Turm, der mit seiner Dachterrasse den herrlichen Blick weit über die Elbe freigibt. Im zweiten Flügel liegen die Wohnräume, und obwohl das Haus sehr weiträumig aussieht, war der Wohnraum eher knapp bemessen, so daß Frau Michaelsen bereits 1925 die Küche in die Garage verlegte und einen weiteren kleinen Flügel anbauen ließ. Erstaunlich gering ist der Bezug der Zimmer zum Außenraum, obwohl das Haus sich mit der Staffelung der Baukörper und den terrassierten Mauern sehr differenziert mit der Natur verbindet. Die Fenster sind sehr klein, lediglich das Rundfenster und die Terrassen stellen den Bezug zwischen Innen- und Außenraum her, es gibt keine ebenerdige Terrasse oder einen Wintergarten. Die weißen Wände, welche die Rasenfläche rechtwinklig eingrenzen,

Die Südwestansicht des Hauses Michaelsen nach der Renovierung im Jahre 1986, mit dem Blick auf das signifikante Rundfenster.

bilden zudem eher einen bewußten Kontrast zur Natur.
Für Karl Schneider war der Auftrag für das Haus Michaelsen der Durchbruch in Hamburg. Endlich konnte er sich selbständig machen, er wurde der Architekt des Neuen Bauens schlechthin, realisierte bis zu Beginn der dreißiger Jahre mehr als 40 Aufträge und beschäftigte in seinem Büro zeitweilig über 30 Mitarbeiter. Auch an mehreren Siedlungsvorhaben in Hamburg wurde Schneider beteiligt. Noch 1929 hatte Heinrich de Fries emphatisch geschrieben: »Hier ist eine zweifellos große schöpferische Kraft unterwegs, die achtgeben muß, daß sie sich nicht zersplittert und die streng in den Grenzen ihres eigenen Könnens sich behüten muß.« Allerdings endete Schneiders Karriere schneller, als sie begonnen hatte. Nicht zuletzt wegen seiner

44

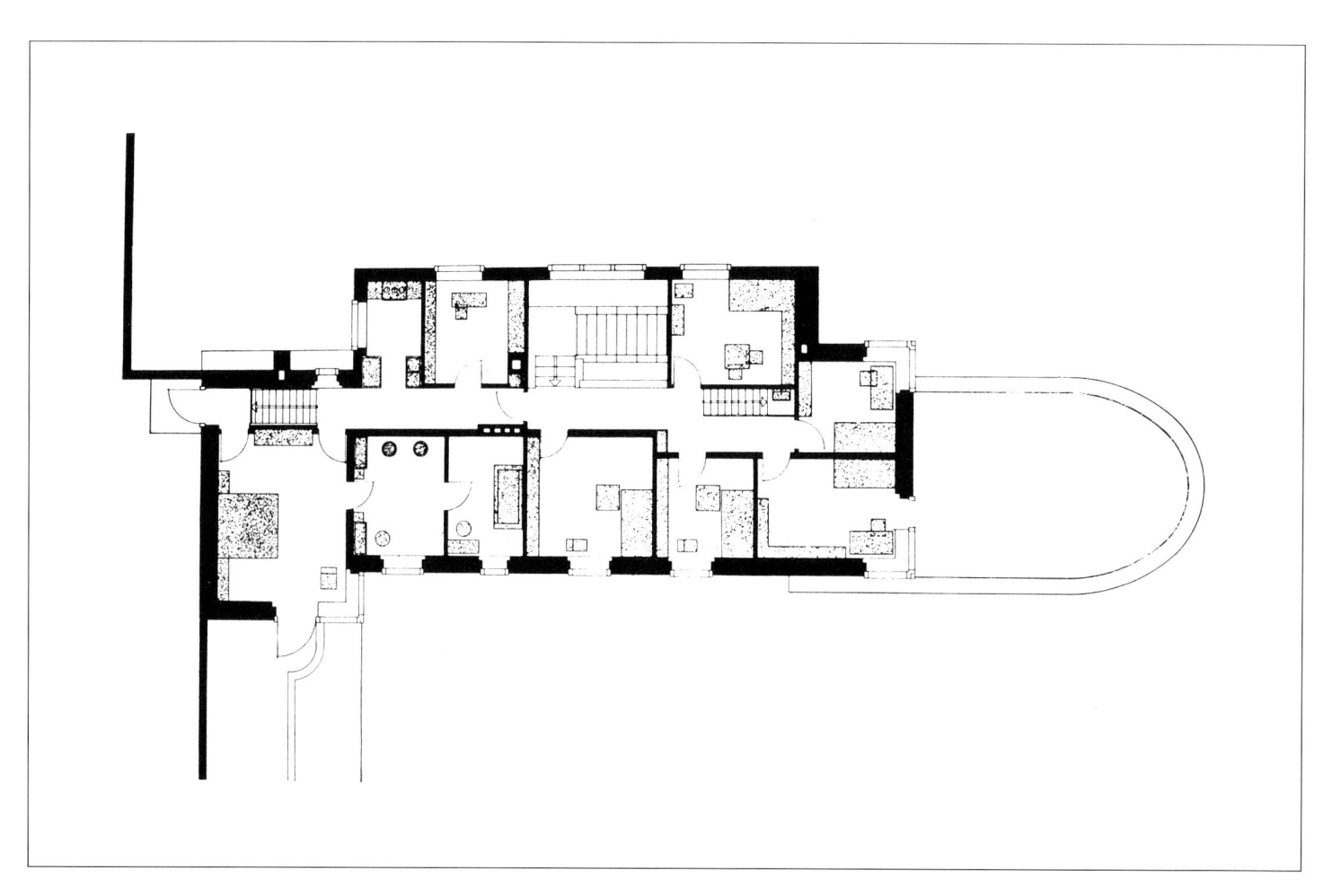

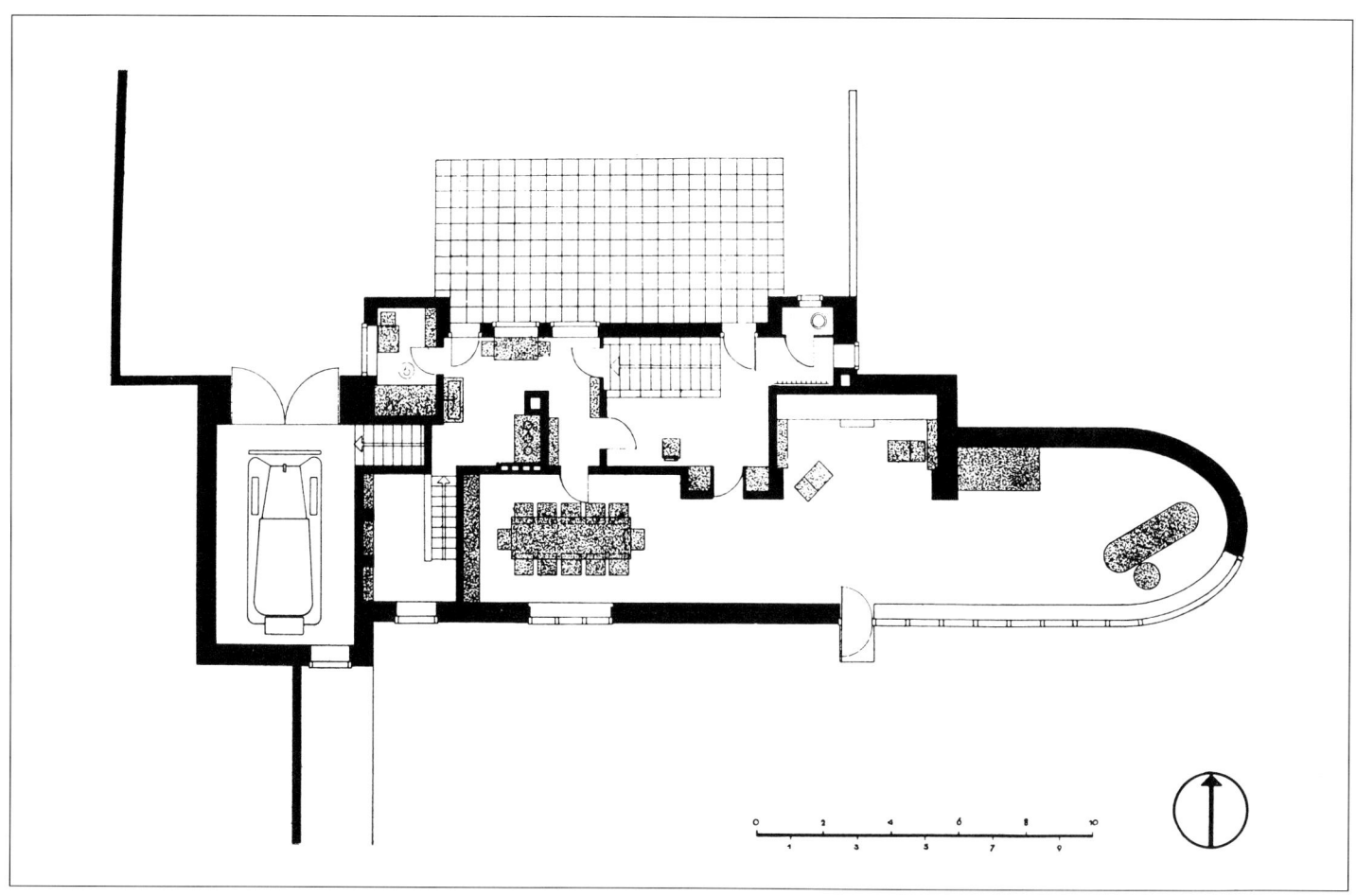

»künstlerischen Einstellung« wurden ihm 1933 seine Professorenstelle an der Landeskunstschule entzogen, bestehende Aufträge annulliert und ihm nahezu jede Arbeitsmöglichkeit genommen. Als dann noch die Denunziation aufgrund der Beziehung zu einer jüdischen Fotografin folgte, tauchte Schneider in Berlin unter, bevor er nach Chicago emigrierte. Es gelang ihm nicht, wie einigen seiner prominenteren Kollegen, in Amerika beruflich wieder Fuß zu fassen. Bereits 1945 starb Karl Schneider, und so blieb die Villa Michaelsen sein schönster realisierter Entwurf.

1955 kaufte der Verleger Axel Springer das Anwesen, ließ es aber schon in den sechziger Jahren verfallen, wohl in der Absicht, ein neues Haus zu bauen. 1970 stellte er einen Abbruchantrag, und nur dem Umstand, daß Springer das Haus nicht sofort abreißen ließ, ist es zu verdanken, daß es noch steht. Der Denkmalpflege schien das bedeutende Zeugnis des Neuen Bauens in Norddeutschland lange nicht bekannt gewesen zu sein, erst auf Hinweise aus der Nachbarschaft und als sich Landstreicher und Plünderer über das Haus hergemacht hatten, wurde der Verleger aufgefordert, das Haus endlich zu renovieren. Das hätte aber mehrere Millionen Mark gekostet, und so entschloß sich Springer zur großzügigen Schenkung des Hauses mit umliegendem Park an die Stadt Hamburg. Mit der Auflage, Haus und Park der Öffentlichkeit zugänglich zu machen, fiel es der neuen Besitzerin lange Zeit schwer, eine geeignete Nutzung für das Haus fernab der Innenstadt zu finden. Mit großem privatem finanziellem Einsatz wurde das Haus schließlich zumindest in einigen Bereichen originalgetreu restauriert, so daß es 1986 als Puppenmuseum eröffnet wurde und nun teilweise zu besichtigen ist.

Der Grundriß des ersten Geschosses, Zustand 1923.

Der Grundriß des Erdgeschosses, Zustand 1923.

Innen wird das großzügige Haus jetzt zum Teil als Galerie und Museum benutzt.

Der Einbau einer kleinen Bibliothek im Turm.

Detail aus den heutigen Wohnräumen.

Le Corbusier

Villa La Roche, Paris
1923

Le Corbusier (1887–1965) begann sich als Architekt in den zwanziger Jahren, neben seinen architektonischen Schriften, mit der Errichtung zahlreicher Einfamilienhäuser in Paris zu etablieren. Zum einen bildeten die Aufträge in jenen Jahren seine Haupteinnahmequelle, zum anderen dienten sie dazu, ihn bekannt zu machen, und waren Vorstufen für größere Projekte und die Teilnahme an Wettbewerben.

Die Villen waren immer spektakulär, teilweise mangelhaft ausgeführt, was zu großen Verstimmungen mit den Bauherren führte, und sie wurden von Scharen Architekturbegeisterter besucht, so daß mancher Besitzer Le Corbusier ausdrücklich darum bat, keine weiteren Besucher mehr zu schicken. In der Tat hatte Le Corbusier die traditionelle Architektur buchstäblich auf den Kopf gestellt: Der Garten sollte fortan auf dem Dach des Hauses sein, das Haus sich auf Stützen vom Boden

Die Villa La Roche, Galerietrakt.

Die Villa La Roche von der Rückseite.

Die doppelgeschossige Halle kurz nach Fertigstellung des Hauses.

erheben, der freie Grundriß aus ineinanderfließenden Räumen bestehen und anstatt repräsentativer Fassaden entstanden Häuser mit langen, horizontalen Fensterbändern, schmucklos und weiß – eher wie Industriebauten. Ästhetische Formalisierung und architektonischer Purismus schienen den totalen Bruch mit der Geschichte zu vollziehen, wie er den Modernisten zu Recht angelastet wurde. Das Feindbild war aber eher das ausgehende 19. Jahrhundert; als Legitimation einer neuen abstrakten klassischen Architektur hat sich gerade Le Corbusier in seinen Schriften ausführlich mit der Historiographie der Architektur be-

Die Halle im ursprünglichen Zustand als Wohnraum.

Die Halle heute als öffentlicher Raum.

Die Passarelle im ersten Geschoß verbindet die Wohnräume direkt mit dem Galerietrakt, das Foto zeigt den heutigen Zustand des Hauses, als Sitz der Fondation Le Corbusier.

Der Kamin mit einer Holzplastik, beides von Le Corbusier entworfen.

schäftigt. Gerade er ging wieder zurück zu den geometrischen Primärkörpern, wie vor ihm schon die französischen Architekten des ausgehenden 18. Jahrhunderts und andere. Ebenso knüpfte er an die Proportionslehren der frühen Neuzeit an, indem er versuchte, zunächst mit den Tracés Régulateurs und später mit seinem Modulor ein allumfassendes Proportionssystem zu schaffen.

Als eine seiner ersten Villen in Paris baute Le Corbusier 1923 für seinen Freund Raoul La Roche und seinen Bruder Albert Jeanneret ein Doppelhaus am Square du Docteur Blanche in Paris. Es gelang ihm hier zum ersten Mal, die Prinzipien seiner Architektur präzise zu formulieren, obwohl das Grundstück ungünstig schmal geschnitten war und nach Norden lag. Nach einer langen Planungsphase mit vielen Varianten für teilweise vier Häuser für unterschiedliche Bauherren wurde schließlich das Doppelhaus realisiert. Hinter dem einheitlich durchlaufenden Fensterband vermutet man zunächst keine getrennten Wohneinheiten, zwischen den Garagen verläuft die Trennlinie der zwei Häuser. Während sich der Hauptteil aus der Raumkomposition von Kuben und Quadern zusammensetzt, ist im rechten Winkel ein für Le Corbusier ungewöhnlicher Bauteil am Grundstücksende angeschlossen: die geschwungene, auf Pfeilern stehende Galerie. Hinter der gebogenen Wand befindet sich der Prototyp des vielzitierten Corbusierschen Rampenmotivs. Hier erstmals erprobt, wurde die Rampe für den Architekten zum wichtigen Prinzip seiner Architektur, um verschiedene Niveaus zu verbinden und die räumliche Kontinuität zwischen den Stockwerken zu betonen. Einst gelangte man hier zur Bibliothek, mit dem Blick auf Werke von Picasso, Braque und Leger. Heute ist der Raum mit Bildern und Plastiken von Le Corbusier vollständig dem Werk des Meisters gewidmet. Mittelpunkt des Hauses ist jedoch die dreigeschossige, quadratische Halle. Um sie gruppieren sich die übrigen Räume: auf der einen Seite der ehemalige Wohnteil mit Schlaf-

49

und Wirtschaftsräumen, auf der anderen Seite die Galerie und oben die Bibliothek. Immer kehrt man wieder in die Halle zurück, ständig wechseln die Durchblicke. Überschneidungen, Podeste und kleine Galerien lassen Wände, Raum, Fläche und Volumen sich durchdringen und verschmelzen so zu begehbarer Plastizität. Mit Rampe und Brücke manifestiert sich hier erstmals Le Corbusiers Vision der »promenade architecturale«.

So eindrucksvoll das Raumerlebnis noch heute in der Villa La Roche ist, so schwierig waren die offenen Räume zu bewohnen, obwohl Raoul La Roche ein Junggeselle war. Die Zimmer – wenn man sie so nennen kann – sind kaum voneinander trennbar oder gar wohnlich im bürgerlichen Sinne. Das Verhältnis von Raumteilungen und der damit verbundene Gestaltungswille waren für Le Corbusier Programm. Persönliche Bedürfnisse mußten hinter der großen Idee zurückstehen; die Raumzuordnungen zeigen jedoch, daß Le Corbusier auch auf die Bedürfnisse des Bauherrn einging. Ein langer Streitpunkt zwischen beiden war aber die Beziehung der Kunstsammlung zur Architektur. Obwohl Le Corbusier La Roche selbst überredet hatte, sich ein Haus für seine hervorragende Sammlung zeitgenössischer Kunst zu bauen, befürchtete er nun, daß die Bilder seine Architektur dominierten. Lakonisch schrieb La Roche später an Le Corbusier: »Ich habe Sie beauftragt, einen Rahmen für meine Sammlung zu schaffen. Sie lieferten mir ein ›Gedicht aus Mauern‹. Wer von uns beiden hat den größeren Fehler begangen?«

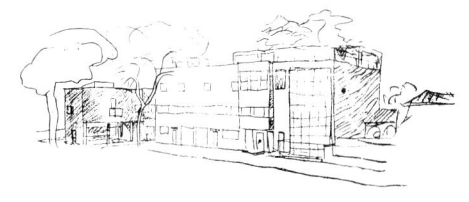

Skizzen der Villa La Roche und Jeanneret von Le Corbusier. Sie verdeutlichen den aufgrund des schwierigen Grundstücks langen Entwurfsprozeß.

Axonometrien der Villa La Roche und Jeanneret vom ersten und zweiten Geschoß.

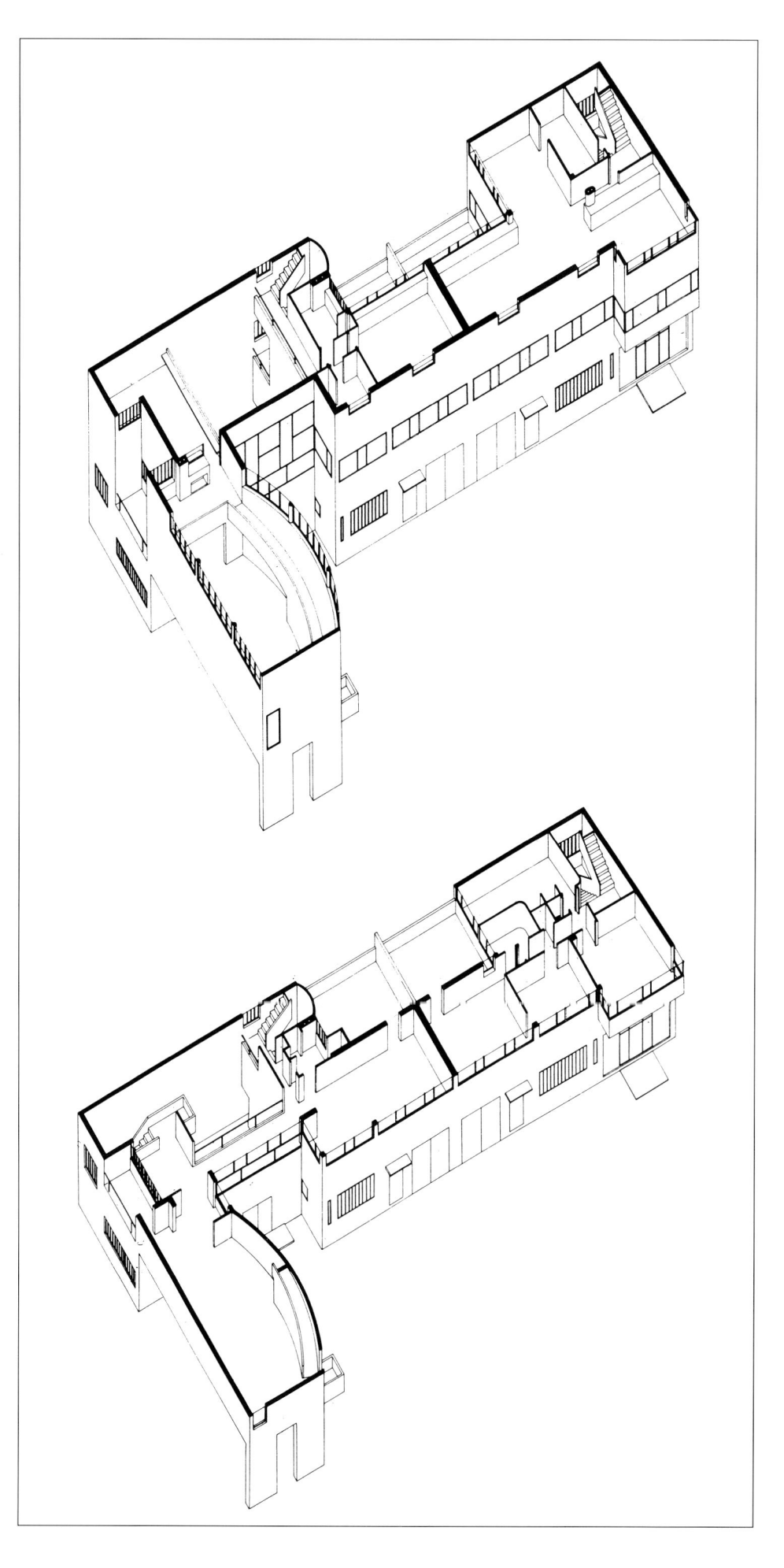

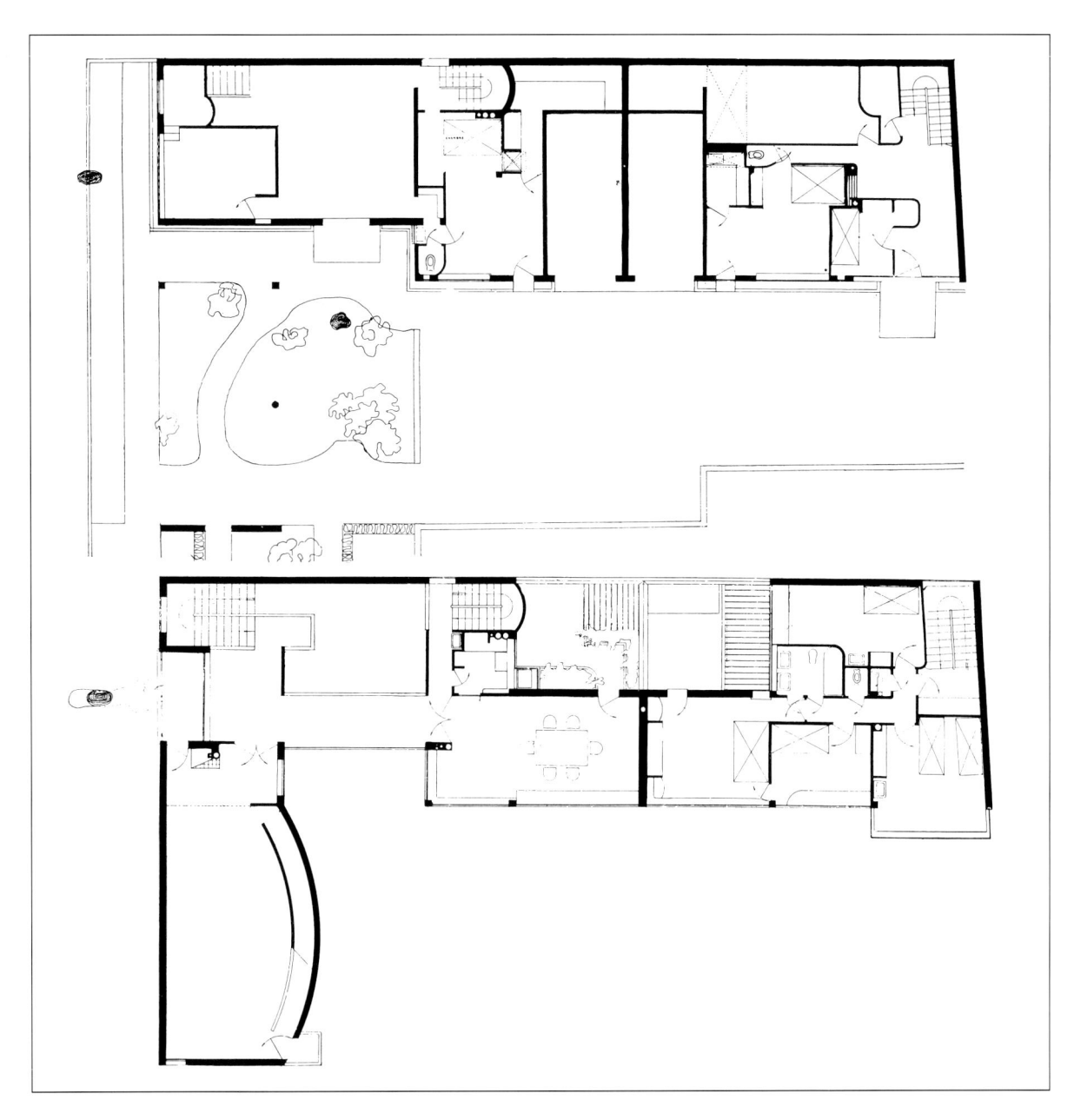

Grundrisse vom Erdgeschoß und ersten Geschoß.

Dennoch war La Roche einer seiner treuesten Bauherren, der sein Haus immer wieder unermüdlich renovieren ließ. »Mögen im Laufe der kommenden Jahre ebenso viele Bauten entstehn«, so La Roche emphatisch, »kleine und große, deren Autoren man sofort erkennen wird; ihre Namen sollen nicht auf die Fassaden geschrieben sein, aber der Beschauer soll bewegt und spontan ausrufen: ›Das ist Architektur!‹«.

Aber nur wenige Zeitgenossen verstanden den eigenwilligen Architekten, wie der Kritiker Sigfried Giedion, der schon 1926 wußte, daß man Le Corbusier einmal zu den Klassikern der neuen Bewegung zählen würde. Dennoch hat nicht einmal die Schweiz ihren wohl berühmtesten Architekten mit einem angemessenen Auftrag geehrt. In seinem mehr als fünfzig Jahre später erschienenen Buch »Die Sprache der postmodernen Architektur« bezeichnet Charles Jencks dieses Haus Le Corbusiers sogar als eine Quelle der Postmoderne: »Le Corbusiers Haus La Roche entwickelt mehrere der postmodernen Schlüsselthemen: Belichtung von hinten, Wandausschnitte, durchbrochener Raum und als Folge unendliche Ausdehnung durch sich überschneidende Ebenen...«

Kurz vor seinem Tod sagte Le Corbusier, daß hier in der Villa La Roche der Schlüssel zu seinem Werk liege. Vielleicht hat sich der ehrgeizige Architekt deshalb noch zu Lebzeiten dafür eingesetzt, eine »Fondation Le Corbusier« zu gründen, die in diesen Häusern ihren Sitz haben sollte. Dies ist ihm gelungen, La Roche vermachte sein Haus der Stiftung, und das längst verkaufte Haus Jeannerets konnte von dem Erlös eines einzigen Picasso aus dem Besitz Le Corbusiers zurückgekauft werden. Gerade die Villa La Roche – einst für die Sammlung kubistischer Bilder des Besitzers entworfen – eignet sich vorzüglich für die Dokumentation des Phänomens Le Corbusier.

Otto Bartning

Haus am Wylerberg, bei Nijmegen
1924

Bekannt wurde Otto Bartning (1883 bis 1959) als eigenwilliger Kirchenbaumeister. Nahe der holländischen Grenze baute er ein Haus von »kristallhafter Plastizität« mit spitzen Winkeln und Ecken. Es ist eines der äußerst wenigen gebauten und erhaltenen Zeugnisse aus der Zeit strahlender Architekturphantasien, der Zeit des Expressionismus. Es zeigt, daß es nicht nur weiße Kuben, horizontale Fenster oder Schiffsmetaphern waren, die das Bild der modernen Architektur bis weit in die zwanziger Jahre hinein prägten. Nach dem Ersten Weltkrieg hatten viele Architekten zunächst ganz andere Visionen: gotisierende Symbole, die aus den Zünften der Dombauhütten hervorgegangen waren, kristalline Glasformen oder amorphe, organische Vorstellungen einer zu-

Die Talseite des Hauses am Wylerberg von Otto Bartning. Die leichte Untersicht unterstreicht die expressionistischen Formen.

künftigen Architektur. So kam es zur kurzen Epoche einer expressionistischen Architektur, in der in Deutschland allerdings in den Rezessionsjahren nach dem Ersten Weltkrieg mehr theoretisiert als gebaut wurde. Selbst Architekten der älteren Generation wie Peter Behrens hatten ihre »expressionistische Phase«, bevor sie sich dem Rationalismus der funktionsbetonteren Moderne zuwandten.

Otto Bartning war, was wenigen bekannt ist, maßgeblich an der Entwicklung des Lehrprogramms für das Bauhaus beteiligt. Denn bei der Gründung 1919 hatte das Bauhaus noch die Einheit von Kunst und Handwerk gefordert, die es nur bei den mittelalterlichen Kirchen gegeben hatte – so die damalige Vorstellung. Und hier lag auch das Anliegen von Otto Bartning: Mit 23 Jahren hatte er seine erste Kirche gebaut, 1922 entwarf er die berühmte Sternkirche – eine völlig neue Form des protestantischen Gotteshauses. Es war ein Zentralbau mit gotischen Spitzbögen und spitzwinkligen Nischen – ein Raum von »kosmischer« Qualität.

Zur gleichen Zeit baute Bartning das Haus am Wylerberg, das nur entfernt an ein normales Wohnhaus erinnert. Auf einer ehemaligen Düne steht es zwischen Kleve und Nijmegen und hatte früher einen herrlichen Blick auf die niederrheinische Ebene; heute ist das Gebäude fast vollständig eingewachsen. Marie Schuster wurde von Bartning stets als sehr großzügige Bauherrin gepriesen, und sie ermöglichte es dem Architekten, seine Vorstellungen uneingeschränkt umzusetzen. Schon das Äußere des Hauses verleugnet nicht die Handschrift eines Kirchenbaumeisters. Mit dem gefalteten, tief heruntergezogenen Dach erinnert es auch an die Bauten des Anthroposophen Rudolf Steiner. Allerdings verwendete Bartning kristalline und spitzwinklige Formen und Mauervorsprünge. Und wie Steiner formte

Kachelöfen in den Wohnräumen.

Bartning zunächst ein Modell und fertigte dann die Zeichnungen. Insgesamt dauerten der Entwurfsprozeß und die Bauzeit von 1920 bis 1924. Bildet außen der mächtige Schornstein den Mittelpunkt des Daches, zu dem alle Dachpartien hinführen, so ist im Innern die Diele die räumliche Mitte, um die sich die Wohnräume gruppieren. Jeder Raum hat eine eigene, fast eigenartige Grundform.

Die Schlafzimmer sind fünfeckig, die Bibliothek ist siebeneckig und das Eßzimmer achteckig. Schon beim Betreten spürt man die hervorragenden Proportionen der Räume und auf eigentümliche Weise die übergeordnete

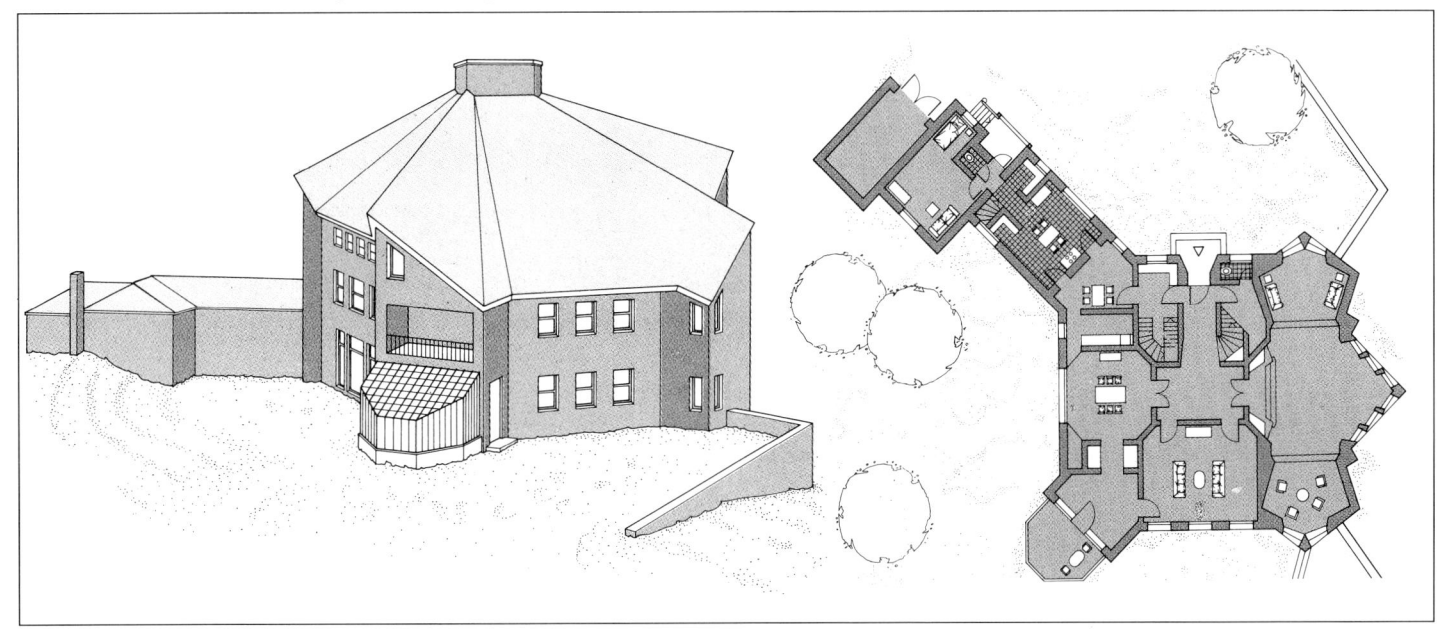

Südostansicht und Grundriß des Erdgeschosses, heutiger Zustand.

54

geistige Haltung des Architekten, die dem ganzen Haus innewohnt. Der prägnanteste Raum ist das dreizehneckige Musikzimmer, dessen kantige Formen sich fotografisch kaum wiedergeben lassen. Die Fenster staffeln sich zum Blick hinaus, sind also in der Wand gedreht, die gezackten Zwischenräume nehmen die Spitzwinkligkeit der Ecken wieder auf. So erhält das Musikzimmer eine plastische Dimension, die es zum Kultraum werden läßt. Bereits 1926 geriet Ernst Pollak bei der Beschreibung dieses Salons ins Schwärmen: »Der Hauptraum, ein Saal von ungewöhnlichem Maße, wie das Andante; keines der Fenster stört dieses Gefühl des Hörens und Schwingens, sie wirken wie Bilder, wie die einzigen, die man hier während dieses musikalischen Genusses sehen möchte: Rembrandts unendliche Fernen, der in diesem Lande seine Landschaft mit den drei Bäumen schuf.«

Mit dem Haus am Wylerberg entstand ein wohl einmaliges expressionistisches Haus, dessen denkmalpflegerischer Wert nicht zu überschätzen ist. Da das Haus im Grenzgebiet liegt und nach dem Krieg an Holland ging, wurde es lange Zeit kaum beachtet. 1966 wurde es von den Erben an den holländischen Staat verkauft, der Forstverwaltung unterstellt und in ein Internat für behinderte Kinder umgewandelt, wofür einige Räume umgebaut wurden. Lange Jahre stand das Haus weitgehend leer, weil sich kaum eine geeignete Nutzung finden läßt, die kostendeckend den Erhalt des ursprünglichen Zustands garantiert. Auch wenn die Zeit an diesem Haus ihre Spuren hinterlassen hat, ist das Bauwerk eines der wenigen erhaltenen und unbedingt erhaltenswerten Zeugen jener Jahre. In den achtziger Jahren hat sich ein Arbeitskreis zur denkmalpflegerischen Nutzung des Gebäudes gebildet, der in einer Ausstellung und Publikation den historischen Wert ausführlich dokumentierte.

Das dreigeteilte und dreizehneckige Musikzimmer in der Originalausstattung.

Das Musikzimmer mit den äußerst seltenen, bis heute erhaltenen gefalteten Wandverkleidungen.

Eine Aufnahme des Hauses von der Nordseite aus den zwanziger Jahren, die den Bezug zur Landschaft veranschaulicht.

Der Eingang zum Musikzimmer, der mit der symmetrischen Stufenanlage die Bedeutung des Raumes unterstreicht.

Gerrit Thomas Rietveld

Haus Schröder, Utrecht
1924

Als Mitglied der holländischen Künstlergruppe De Stijl wurde Gerrit Thomas Rietveld (1888-1964) mit seinen kantigen Möbelentwürfen, die noch heute produziert werden, weltberühmt. Ausgehend von Piet Mondrians spezifischer Ästhetik gelang ihm 1924 das überzeugendste Beispiel neoplastischer Architektur: das Haus Schröder in Utrecht. Mitte der achtziger Jahre wurde es restauriert und auch der Garten im Originalzustand wiederhergestellt. Es ging in den Besitz der Rietveld-Stiftung über und ist heute ein Rietveld-Museum. Bis zu ihrem Tode wohnte die erste Besitzerin und Bauherrin, Truus Schröder-Schräder, insgesamt über sechzig Jahre in ihrem Haus.

Heute geht die Autobahn beinahe durch den Garten des Hauses, und kurz vor der Autobahnausfahrt »Utrecht-Süd« sieht man es wie ein buntes Bild von Mondrian kurz aufblitzen und wieder verschwinden. Und am Ende der einheitlichen Backsteinbebauung

Die straßenseitige Südwestansicht des Hauses.

der Prins Hendriklaan steht dann dieses verschachtelte Haus, das eines der wichtigsten Bauten der modernen Architektur wurde. 1924 errichtet, wirkt es noch heute fast irreal, wie ein Prototyp, wie die Verkörperung eines kurzen, heftigen Gedankens.

Rietveld war einer der Architekten der De-Stijl-Gruppe, die sich um die holländischen Maler Piet Mondrian und Theo van Doesburg formiert hatte. Van Doesburg begann um 1920 mit den theoretischen Studien der »neoplastischen Architektur«, und erst mit dem Haus Schröder gelang Rietveld die beinahe einzige konsequente Umsetzung der Theorie in die Praxis. De Stijl schuf eine neue Architektur-Ästhetik, die mit den historischen Stilvorgaben nichts mehr gemein hatte. Die Architektur sollte Ausdruck einer universalen Objektivität sein, frei von dem subjektiven und individuellen Ausdruck des Künstlers. Das Haus wurde analytisch in seine primären plastischen Elemente – Gerade, rechter Winkel und Rechteck – zerlegt. »Ich habe herausgefunden«, schrieb Mondrian, »daß der rechte Winkel die einzige konstante Beziehung ist und daß durch die Proportion der Dimensionen seinem konstanten Ausdruck Bewegung gegeben werden kann.« Neben den rechtwinkligen geometrischen Grundformen sollten nur die Primärfarben Gelb, Rot und Blau und die Neutralfarben Weiß, Grau und Schwarz verwendet werden. Zusammen mit der Betonung der horizontalen und vertikalen Flächen und Linien sind das die syntaktischen Elemente der Architektursprache des De Stijl. Konsequent ist das Haus Schröder nur aus diesen Elementen zusammengesetzt. Als es gebaut wurde, lag es am Stadtrand von Utrecht, als letztes Haus einfach an die Reihenhausfront »drangesetzt«. So war es zur Straße ausgerichtet und öffnete sich mit der anderen Seite zum freien Land.

Rietveld entwarf einen zweigeschossigen Quader mit 60 Quadratmetern Grundfläche. Die Raumeinteilung entspricht einem versetzten Achsenkreuz, an dessen Schnittpunkt die Treppe liegt. Die Deckenflächen wirken wie zwei horizontale Scheiben, die sich am Dach und an den Balkonen über die Grundfläche schieben. Drei durchgehende vertikale Wandflächen – auf jeder freien Hausseite eine – verklammern die Scheiben und bilden die Tragelemente. Die übrigen eingehängten Wandteile richten sich nach den Fensterflächen und somit nach der Raumfunktion. Um die unterschiedliche Bedeutung der Wandflächen zu betonen, setzte sie Rietveld in den Neutralfarben Weiß, Schwarz und Grau gegeneinander ab. Die Primär-

Die Wohnebene im ersten Stock mit verschiebbaren Wänden, in dem Wohn-Speisezimmer ist Frau Schröder zu sehen, die das Haus mehr als sechzig Jahre bewohnte.

Das von oben belichtete Treppenhaus mit dem Blick auf ein Schlafzimmer.

Detail des Treppenhauses.

farben treten meist nur als dekorative Linien auf, welche die Konstruktionslinien unterstreichen. Der gelbe Eisenpfeiler trägt jedoch die Auskragungen, da das Haus nicht, wie vielfach angenommen, in Beton errichtet wurde. Vielmehr besteht es aus traditionellen Materialien, die Wände sind aufgemauert, und die Decken haben eine Holzbalkenkonstruktion, lediglich die Balkonplatten bestehen aus armiertem Beton.

Von außen gleicht das Haus einem zusammengesetzten Baukasten, dessen Teile nur aus rechtwinkligen Scheiben bestehen. Das entspricht Rietvelds Arbeitsweise als gelernter Tischler. Zunächst begann er, inspiriert von Frank Lloyd Wright und Mackintosh, das zweidimensionale Konzept Mondrians in seinen Möbeln dreidimensional umzusetzen. Dabei arbeitete er immer direkt am Objekt und reduzierte so lange, bis die endgültige Form erreicht war. So ist der 1918 entstandene weltberühmte »Rot-blaue« Stuhl das Endergebnis einer Reihe von Prototypen. Das Haus Schröder formte Rietveld direkt aus dem Modell, ohne vorher Grundriß oder Fassaden zu zeichnen. Nur so konnte die einzigartige plastische Durchdringung von Raum und Fläche entstehen. Es gibt nicht viele Bauherren, die den Mut für derlei Experimente aufbringen; die Innenarchitektin Truus Schröder-Schräder hatte nicht nur solchen Mut, sie lebte fast ihr ganzes Leben in dem Haus, umgeben von Rietveld-Möbeln. Sie hat das Haus erhalten, ihr ist es zu verdanken, daß es überhaupt noch in der unveränderten Form steht.

In der Inneneinrichtung entstanden viele Details aus ihrer Zusammenarbeit mit Rietveld. So war es ihre Idee, in der oberen Etage, von Rietveld als durchgehender Raum geplant, durch dreifach geteilte Schiebewände ein sehr variables Raumgefüge zu schaffen. Entweder hat man drei geschlossene Räume oder einen durchgehenden Wohnraum. Die Wände lassen

Farbige Ansicht des Wohnzimmers im ersten Stock von Rietveld.

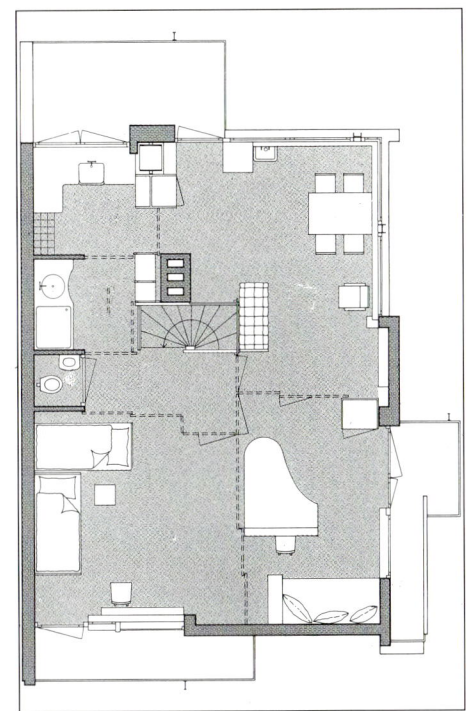

Die Südostseite des aus horizontalen und vertikalen Scheiben komponierten Hauses mit der »aufgelösten« Ecke im oberen Geschoß.

Fensterdetail der Südwestansicht.

Fensterdetail der Südostansicht.

sich zusammenschieben und verschwinden fast ganz. In diesem Fall läßt sich auch der gläserne Aufbau der Treppe vollständig wegklappen. Mit handwerklichem Geschick baute Rietveld viele Details dieser Art. An der Ostecke ist der Träger zurückgesetzt, so daß die Fenster von beiden Seiten geöffnet werden können. Dadurch kann man die Ecke des Hauses »herausnehmen«, das Verhältnis von Fläche und Volumen verändert sich, Außen- und Innenraum gehen ineinander über.
Rietveld nannte das Haus stets ein Experiment. So etwas wie ein Prototyp, der nie in Serie ging, ist es immer geblieben. Die De-Stijl-Gruppe hatte den hohen Anspruch, aus einem Formkonzept ein universales volumetrisches Konzept zu finden, das zur neuen Architektur werden sollte – es sollte ein Formkonzept bleiben.

Walter Gropius

Meisterhaus, Dessau
1925

Zweifellos war Walter Gropius (1883–1969) eine der Leitfiguren des Neuen Bauens in Deutschland. Er versammelte die besten Künstler seiner Zeit und gründete die berühmteste Kunst- und Gestaltungsschule des 20. Jahrhunderts: das Bauhaus. Zwar war Gropius schon 1911 mit dem bekannten Bau der Fagus-Werke in Alfeld an der Leine aufgefallen, die Meisterhäuser in Dessau von 1925 gehören jedoch mit zu seinen ersten realisierten Entwürfen im neuen, kompromißlosen Stil der Dessauer Bauhausära.

Im März 1925 war nach langen und zähen Verhandlungen endlich beschlossen worden, daß das Bauhaus von Weimar nach Dessau gehen sollte. Gropius richtete sogleich ein Architekturbüro in Dessau ein und machte sich an den Entwurf der neuen Bauhaus-Bauten. Neben dem Lehrgebäude, das außer den Werkstätten,

Südostansicht des Meisterhauses von Walter Gropius.

einer Aula, Kantine und Ateliers erstmals ein Studentenwohnheim umfaßte, konnte Gropius dort vier Meisterhäuser errichten, die nicht weit vom Bauhaus entfernt in einem Kiefernwald liegen sollten. Sie wurden von der Stadt Dessau finanziert, drei davon waren Doppelhäuser, in die 1926 die Bauhauslehrer Feininger, Muche, Klee, Schlemmer, Kandinsky und Moholy-Nagy mit ihren Familien einzogen. Abgebildet ist hier das Einzelhaus, in dem Walter Gropius bis 1928 lebte. Von Anfang an stieß der Plan bei den Bauhäuslern auf Kritik, weil nur die älteren Lehrer dort wohnen durften und die Häuser überdies sehr aufwendig, für die damalige Situation luxuriös geplant wurden und somit eher großbürgerliche Lebensweisen implizierten. Das Einzelhaus schloß eine Gästewohnung und Zimmer für Hausmädchen und Hausmeister mit ein.

Für Gropius kam der Auftrag zur rechten Zeit. Zwar hatte sein Bauatelier keinen Mangel an Aufträgen, fast alles blieb jedoch Projekt oder wurde im Stadium des Planens wieder verworfen. Dementsprechend schlecht war die Finanzlage seines Büros. Mit den Fagus-Werken in Alfeld hatte sich Gropius zwar schon früh den Nimbus des Avantgardisten verschafft, seitdem aber nur traditionelle Häuser errichten können, meist für Auftraggeber aus der Familie und Freunde aus Pommern. Als Resonanz auf die Bauten in Dessau versprach sich Gropius endlich größere Aufträge – besonders von der Industrie. Deshalb sollten sie einfach, kompromißlos modern und gleichzeitig Prototypen für neue Bautechniken werden – ein Manifest des Neuen Bauens. Dabei hatte Gropius wenig Verständnis für die Einrichtungswünsche der Frauen. Lily Klee wollte eine neue Kochmaschine in der Küche, El Muche bevorzugte einen Elektroherd. Nina Kandinsky träumte

Einrichtung und Möbel des Meisterhauses sollten demonstrativ den Stil der neuen Sachlichkeit des Bauhauses in Dessau verkörpern.

Ilse und Walter Gropius im Wohnraum des Meisterhauses – Sinnbild der Modernität.

Die Eingangsseite des Hauses im Norden, heute sind nur noch Teile des Sockels und der Garage des im Krieg zerstörten Gebäudes erhalten.

Südansicht des sich aus rechtwinklig durchdringenden Quadern zusammengesetzten Hauses.

von einem Kamin im Wohnzimmer und Tut Schlemmer von einer Gasheizung. Unbeeindruckt von individuellen Bedürfnissen, entwarf Gropius vier helle kubische Bauten, die in nüchterner Eleganz ein neues Wohn- und Lebensgefühl ausdrücken sollten. Er verfolgte den Gedanken des »Baukastens im Großen« weiter, der schon im Weimarer Bauhaus entwickelt worden war und die Voraussetzung für Standardisierung und Typisierung bilden sollte. Gropius spezifizierte ihn in seinen späteren Entwürfen weiter: »Variabilität desselben Grundtyps durch wechselweisen An- und Aufbau sich wiederholender Aufbauten.« Das war auch als Appell an die Bauindustrie zu verstehen, um zu zeigen, daß mit preiswerter Vorfabrikation innere und äußere Flexibilität erreicht werden konnte. Im zwölften Band der Bauhausbücher, in dem Gropius die Dessauer Häuser 1930 veröffentlichte, gab er deshalb genau die technischen Daten an, die Kosten jedoch nicht. Die Häuser konnten nach nur einem Jahr Bauzeit im Sommer 1926 bezogen werden; auf den Betonfundamenten standen Wände aus Jurko-Steinen, aus Platten mittlerer Größe, die ein Mann versetzen konnte, darüber lagen Steineisendecken. Die Öffnungen hatten armierte Betonstürze, die Terrassen, sofern sie begehbar waren, ein Kiespreßdach mit Kunststeinplatten.

Die Form des Einfamilienhauses, des Hauses für Gropius selbst, entwickelt

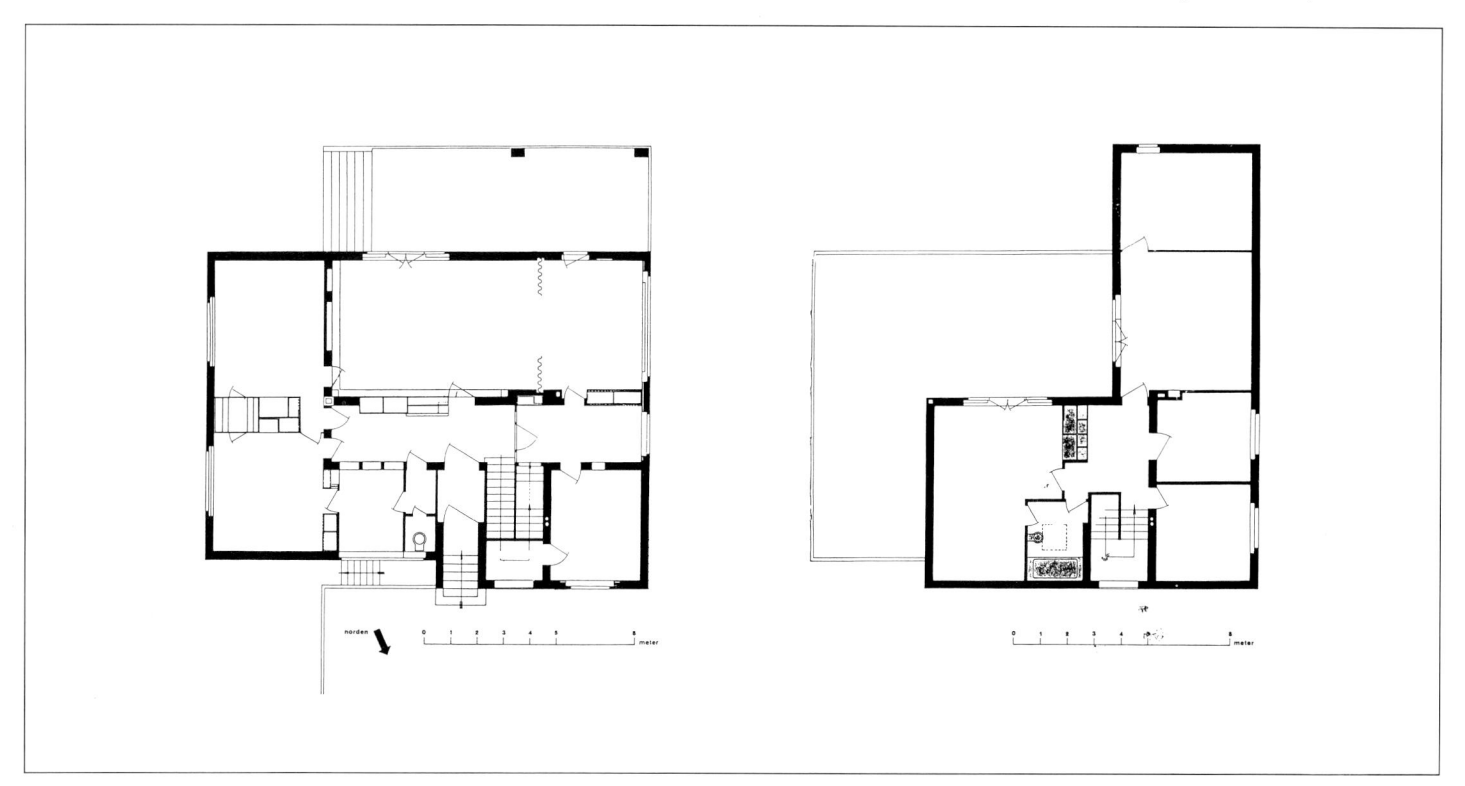

Die Grundrisse zeigen den Prototyp eines großbürgerlichen Hauses, das die Wohnfunktionen aber fast nur nach der Vorstellung von modernistischen, funktionalen Gesichtspunkten gliedert.

Die axonometrische Darstellung von László Moholy-Nagy, um »die vorbildliche Anordnung der Räume und ihre Einrichtung recht anschaulich zu machen«, wie es in der Beschreibung hieß.

sich aus der Überschneidung von Kuben und Quadern mit Terrassen auf jeder Wohnebene. Eingang, Flur und Treppenhaus liegen im Zentrum des Hauptgeschosses und gliedern die Raumfunktionen: Im Osten befinden sich Küche, Anrichte und Speiseraum, westlich die Schlafräume mit Bad und gegenüber vom Eingang, im Süden, der Wohnraum mit Verbindung zum Speiseraum und zur Terrasse. Im oberen, versetzten Geschoß liegen weitere Schlafzimmer, Waschküche und das Mädchenzimmer. Der Grundriß des Hauptgeschosses ist eher konventionell, allerdings funktional genau durchdacht, um mit den angefertigten Einrichtungsgegenständen die Wohnvorgänge im Maschinenzeitalter zu rationalisieren. Gropius wollte »das Leben von unnötigem Ballast befreien«, und dazu sollten sogar die »praktischen Lebensvorgänge standardisiert« und die aufwendigen Unikate in den Häusern später zu normierten Massenprodukten werden. Besonders bestaunt wurden damals Einrichtungsgegenstände wie die beidseitig zugänglichen Geschirrschränke, der durchlüftete Wäscheschrank ebenso wie der Ventilator über dem Herd. Die Technisierung des Haushalts sollte auch für die immer häufiger im Erwerbsleben stehende Frau von Vorteil sein; so ließ Gropius eigens einen Film drehen, in dem die Frauen der Bauhausmeister begeistert die neuen Haustechniken vorführten.

Es gibt wenig Beispiele unter den Häusern des Neuen Bauens, bei denen Innenausstattung und Außenbau so konsequent und einheitlich modern konzipiert sind wie bei dem Meisterhaus. Mit dem Gesamtensemble der Dessauer Bauten lieferte Gropius seinen konsequentesten Beitrag zum Funktionalismus und unterstrich zugleich den Anspruch der Modernisten, die neue Architektur wissenschaftlich zu legitimieren: »bauen bedeutet gestalten von lebensvorgängen. der organismus eines hauses ergibt sich aus dem ablauf der vorgänge, die sich in ihm abspielen«, wie er es in dem Bauhausbuch formulierte, »in einem wohnhaus sind es die funktionen des wohnens, schlafens, badens, kochens, essens, die dem gesamten hausgebilde zwangsläufig die gestalt verleihen. (...) die baugestalt ist nicht um ihrer selbst willen da, sie entspringt allein aus dem wesen des baus, aus seiner funktion, die er erfüllen soll.«

Für Gropius waren die Meisterhäuser ein Erfolg, obwohl sie von der Fachwelt unterschiedlich bewertet wurden. Die Bautechnik war noch nicht ausgereift, dementsprechend hoch gerieten die Baukosten, und die Mieten lagen weit über den ortsüblichen. Dennoch erhielt Gropius einige Anschlußaufträge und konnte in Dessau-Törten die erste Siedlung aus vorfabrizierten Bauteilen mit 316 Wohneinheiten realisieren. Aber er verließ, für viele unverständlich, schon nach drei Jahren die Stadt und zog nach Berlin, wo er sich bessere Arbeitsmöglichkeiten versprach als in Dessau. Die wechselvolle Geschichte des Bauhauses hat dieses, in seiner Homogenität auch für Gropius einmalige Bauensemble, trotz einer umfassenden Restaurierung des Lehrgebäudes, stark verändert. Im Krieg wurde das Einzelhaus nahezu vollständig zerstört, auf die bestehenden Fundamente wurde ein Haus mit Satteldach gestellt, lediglich die Garage ist noch erhalten. Die Doppelhäuser, teilweise stark beschädigt, sind in der Zwischenzeit teils bis zur Unkenntlichkeit umgebaut worden und befinden sich zudem heute in sehr schlechtem baulichen Zustand. Zur Zeit wird ein Doppelhaus wieder rekonstruiert.

Bruno Taut

Wohnhaus Taut, Berlin-Dahlewitz
1926

Der in Königsberg geborene Bruno Taut (1880–1938) wird zumeist als einer der wichtigsten expressionistischen Architekten bezeichnet. Tatsächlich sind das Leben und die Arbeit dieses herausragenden Architekten sehr viel facettenreicher, um lediglich mit jenem determinierenden Attribut beschrieben zu werden. Schon bald nach seiner Ausbildung ging Taut 1903 erstmals nach Berlin, die Stadt, die durch seine großen Siedlungsprojekte am nachhaltigsten von ihm geprägt wurde. Nach einem Aufenthalt in München, wo er im Büro von Theodor Fischer arbeitete, kehrte er wieder nach Berlin zurück und gründete dort 1909 sein erstes Büro als selbständiger Architekt. Bekannt wurde Bruno Taut zunächst durch seine umfangreiche publizistische Tätigkeit; mit Titeln wie »Stadtkrone«, »Alpine Architektur« und »Die Auflösung der Städte« lieferte er wichtige Beiträge zur Architektur-

Die schwarze Straßenseite ist gerundet und zeigt nach Osten.

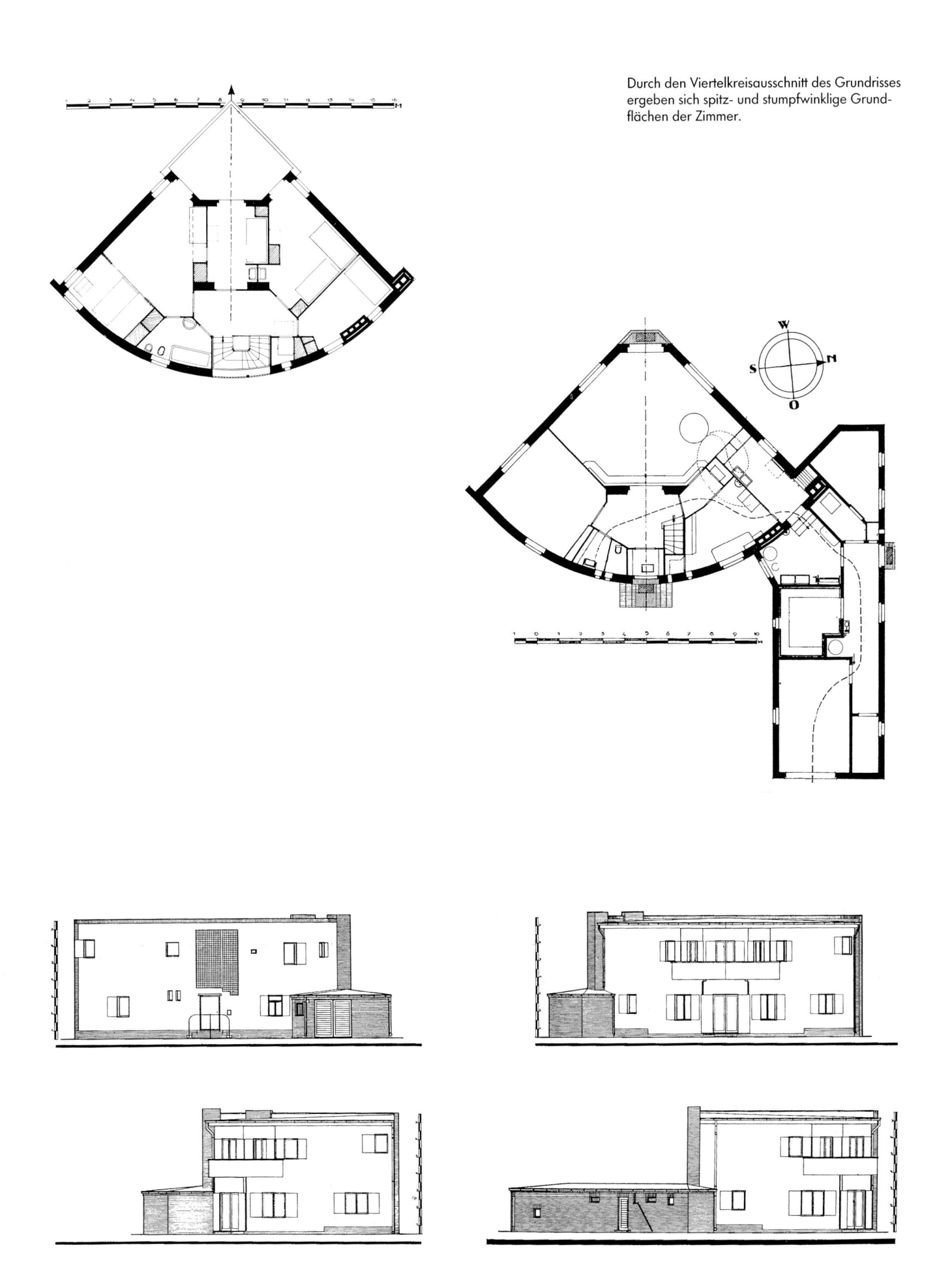

Durch den Viertelkreisausschnitt des Grundrisses ergeben sich spitz- und stumpfwinklige Grundflächen der Zimmer.

Die vier Ansichten des eigentlich dreiseitigen Hauses.

theorie der Moderne. Als Initiator der »Gläsernen Kette«, einer Architektengruppe, die ihre utopischen Entwürfe in einem Briefwechsel Gleichgesinnter zirkulieren ließ, ist Taut in die Geschichte eingegangen. Aber erst nach seiner dreijährigen Tätigkeit als Stadtbaurat von Magdeburg konnte er in Berlin richtig Fuß fassen und wurde in den zwanziger Jahren durch die Zusammenarbeit mit Berliner Wohnungsbaugesellschaften wie der »Gemeinnützigen Heimstätten-, Spar- und Bau-Aktiengesellschaft« (GEHAG) neben Martin Wagner zum wichtigsten Architekten für Großsiedlungen.

Bis dahin hatte Taut in einem Haus in Dahlewitz gewohnt, und als er sich nun in Berlin fest niederließ, baute er sich schließlich in diesem abgelegenen südlichen Vorort von Berlin gegenüber seiner alten Behausung ein neues Haus. Dieser kuriose Wohnbau, der wie ein Tortenstück in Grund- und Aufriß einen Viertelkreisausschnitt beschreibt, stellte für Taut die »Kristalli-

Schreibtisch und Bücherschrank im »blauen Zimmer«.

Die Glaswand läßt das Vormittagslicht verstärkt und reflektierend herein und belichtet den Flur im Obergeschoß.

Der Eßplatz im Wohnzimmer mit Verbindung zur Küche und Spülraum.

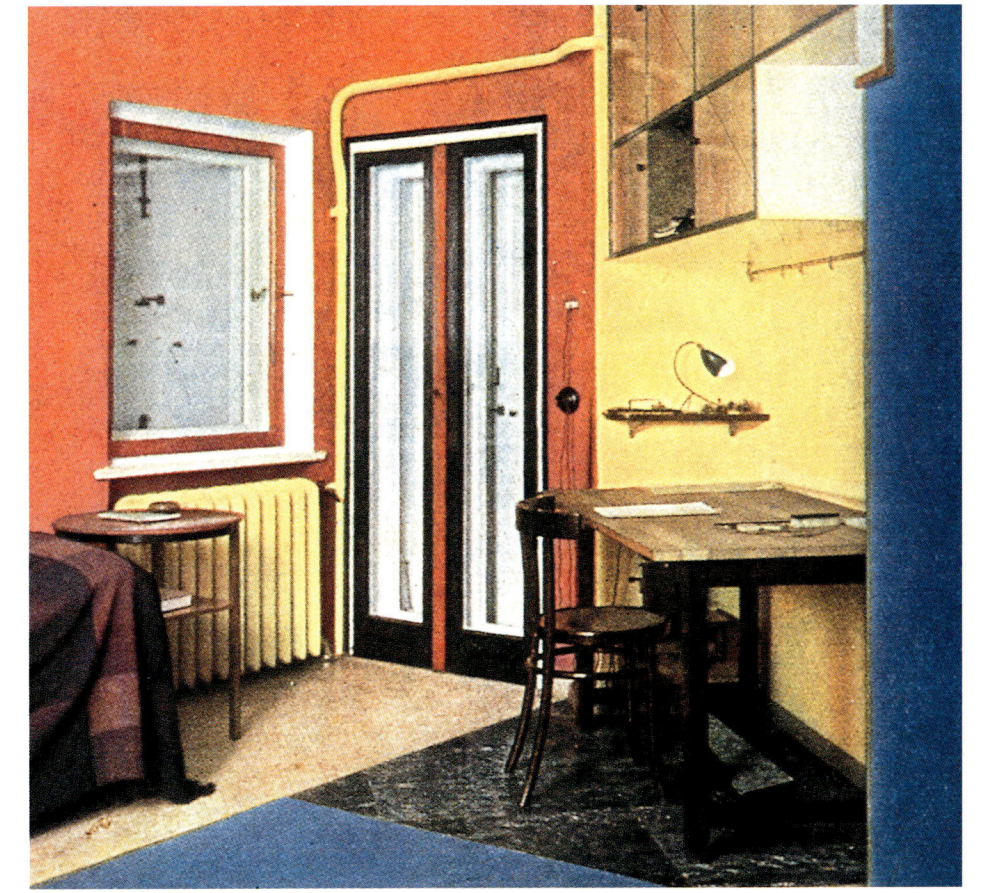

Das »blaue Zimmer« im Erdgeschoß. Die polychrome Gestaltung wurde von Taut präzise festgelegt: Die Decke ist ultramarinblau, drei Wände sind hellblau und die Stirnwand mit dem Fenster chromgelb. Der Fußboden hat einen schwarzgrauen Gummibelag.

Das Wohnzimmer mit Blick zum Garten in einer historischen Aufnahme.

Die Westansicht des Hauses im heutigen Zustand.

Vogelperspektive des Hauses von Norden, das Bruno Taut als Prototyp für eine Siedlung geplant hatte. (Gray, E-1027)

sation der atmosphärischen Bedingungen« dar. Natürlich war es kein normales Haus, vielmehr war es von Taut als ausgeklügelter Prototyp konzipiert, der in Serie errichtet werden sollte und seinen Vorstellungen einer rationalisierten Bauweise, angewendet auf ein Siedlungs-Einfamilienhaus, entsprach. Kurz nach der Fertigstellung des Hauses veröffentlichte Taut ein komplettes Buch nur über sein Wohnhaus, das zugleich ein Manifest ist und sich wie eine Anleitung zum Neuen Bauen schlechthin liest, mit einer differenzierten Erläuterung des Entwurfsprozesses, genauen Angaben und Mustern der verwendeten Farben. »Das Haus schiebt sich in das Wiesengebiet und seine frische Luft wie ein Schiff mit seinem Bug vor«, schrieb Bruno Taut, aber zugleich ist die Form des Hauses unmittelbar mit der Funktion verknüpft. So wird durch die Schrägstellung des Grundrisses ein direktes Gegenüber zu den Nachbarhäusern vermieden und eine freie Sicht aus allen Räumen erreicht. Durch die dreieckige Form des Grundrisses mit der gerundeten Abschlußwand ergeben sich nichtrechtwinklige Räume, die sich den Wohnfunktionen auf kleinem Raum sehr viel besser anpassen können. In beiden Geschossen sind die Räume axial zum Garten hin ausgerichtet, der Wohnraum wird von einem kleinen Zimmer, dem Eingang und den Küchenräumen im Norden flankiert. Alle Bewegungsabläufe, die mit dem Kochen und Servieren verbunden sind, hatte Taut genau durchgeplant. So sollte das Essen von der Küche aufgetragen werden, während das Geschirr separat von der danebenliegenden Spülküche organisiert werden konnte. An die Küche schließt sich ein rechteckiger separater Bauteil an, in dem Wirtschaftsräume, Heizung und die Garage untergebracht sind.

Im Obergeschoß liegen drei Schlafzimmer zur Gartenseite, an der gerundeten Ostseite befinden sich auch hier die kleineren Räume, das Bad und der Flur mit dem Treppenhaus. Die Schlafräume öffnen sich zu dem eingezogenen Balkon mit einem freitragenden Betondach. Es ist mit Glasbausteinen versehen, die reizvolle Reflexe des Sonnen- oder Mondlichts vermitteln. Auch an der zweigeschossigen Glaswand des Treppenhauses läßt sich die Vorliebe des »Glasarchitekten« für die wichtigste Metapher der expressionistischen Architektur ablesen. Wenn das Haus abends beleuchtet ist, wird die dunkle Hauswand fast unsichtbar, und die Glasbausteine vermitteln eine kristalline Transparenz in der Mitte des gesamten Volumens.

Besondere Sorgfalt legte Taut auf die farbliche Gestaltung des Hauses, ebenso wie er es bei seinen Siedlungsbauten immer wieder getan hatte. Schon von außen spiegelt die Farbe die Gegensätzlichkeit der Formen im Bezug zur Natur wider. Die dem Garten zugewandten, im rechten Winkel stehenden Fassaden im Westen sind weiß, damit sich das Licht und die Wolken darin reflektieren, während die östliche Straßenseite schwarz ist, um dem Volumen die Masse zu nehmen und gleichzeitig die Wärme zu sammeln, wie Taut es ausdrückte. Insgesamt hat das Haus eine genau festgelegte Farbpalette von 24 verschiedenen Tönen, die er für jede Wand, für jeden Raumteil, für die festen Einrichtungsgegenstände, ja sogar für die Rahmen und Leisten der Fenster genau festlegte. Der Bau hat sich bis heute mit vielen Details weitgehend erhalten. Aufgrund der ausführlichen Dokumentation Bruno Tauts ist fast alles rekonstruierbar. Das Haus stand im östlichen Teil Deutschlands und wurde nach der Wiedervereinigung in Zusammenarbeit mit der Denkmalpflege saniert. Somit ist es erhalten und dokumentiert die Arbeitsweise Bruno Tauts, zugleich ist es aber auch ein Manifest des Neuen Bauens, das wie kein anderes von der Vielfältigkeit und Widersprüchlichkeit der Architektur jener Zeit beredtes Zeugnis ablegt.

Die Eingangstüre zeigt noch heute die weitgehend ursprüngliche Farbgebung.

Eileen Gray

Maison en bord de mer, E-1027, Roquebrune
1926

Neben Lilly Reich und Charlotte Perriand gehörte Eileen Gray (1879–1976) zu den wenigen Frauen der zwanziger Jahre, von denen entscheidende Impulse für Architektur und Design ausgingen. Während die Arbeit von Lilly Reich und Charlotte Perriand eng mit Mies van der Rohe und Le Corbusier verbunden ist, blieb Eileen Gray in ihren Entwürfen völlig eigenständig. Erst spät begann sie sich für Architektur zu interessieren, und so war ihr architektonisches Œuvre mit zwei Häusern, mehreren Innenräumen und einigen unausgeführten Projekten sehr bescheiden. Ihre Arbeit blieb lange Zeit völlig unbeachtet, so daß man sie nicht als eine Protagonistin der Moderne bezeichnen kann. Dennoch zeigen gerade ihre Entwürfe eine eigene und auch einzigartige Variante, die erahnen läßt, was entstanden wäre, wenn Eileen Gray in größerem Umfang gebaut hätte.

Südwestansicht des Hauses E-1027, das Eileen Gray zusammen Jean Badovici errichtet hat.

Bis Anfang der zwanziger Jahre hatte sich Eileen Gray mit Entwurf und Herstellung exklusiver Möbel und Einrichtungsgegenstände einen Namen gemacht. Erst durch Architekten wie Johannes Jacobus Pieter Oud und Le Corbusier ermutigt und besonders durch den rumänischen Architekten und Herausgeber der französischen Avantgarde-Zeitschrift »L'Architecture Vivante«, Jean Badovici, dazu gedrängt, begann sie sich mit Architektur zu beschäftigen. Sie war bereits über vierzig, als sie sich entschloß, für sich und Badovici je ein Haus zu bauen, da sich kein anderer Auftraggeber fand. Sie kaufte zwei Grundstücke in der Nähe von Nizza und begann 1926 mit dem Entwurf des Hauses in Roquebrune für Badovici, dessen Anteil an der Entwurfsarbeit heute nicht mehr zu benennen ist. Der merkwürdige Name des Hauses E–1027 assoziiert die

Originalgrundriß des Wohnraumes mit Innenansichten, von Gray und Badovici 1929 veröffentlicht. Er zeigt die bis ins Detail geplante Verbindung der Einrichtung mit den Raumfunktionen und -verbindungen.

Der Wohnraum und Gästezimmer mit der Farbgebung und Möbeln von Eileen Gray.

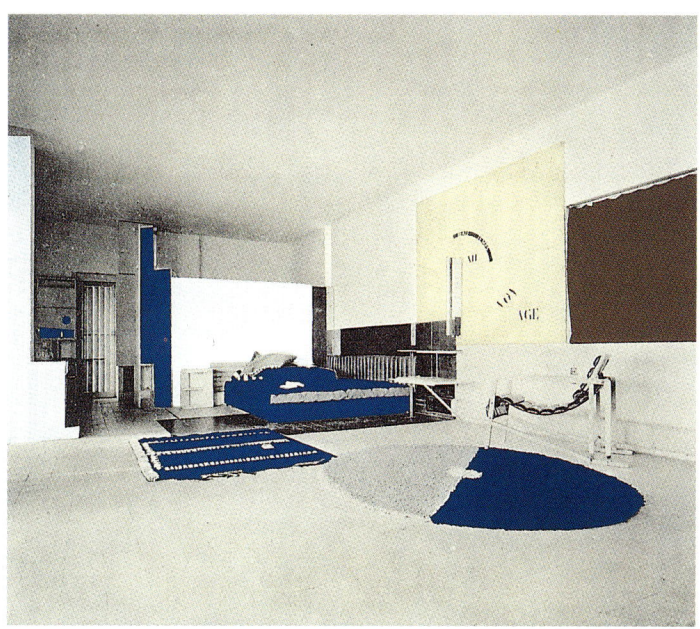

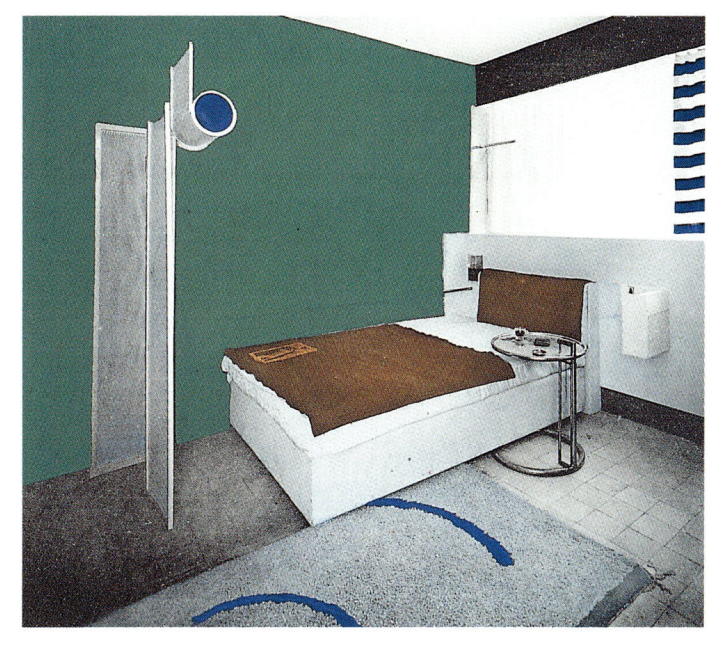

Der Wohnraum im heutigen Zustand.

An der Ostseite liegt ein kleiner Arbeitsraum, der direkt mit dem Schlafzimmer verbunden ist.

Das Gästezimmer im unteren Geschoß mit Einbauschrank und Waschnische.

Nummer eines Prototyps, dabei ist die Entschlüsselung eher simpel: E steht für Eileen, Das J von Jean ist der zehnte Buchstabe des Alphabets, B wie Badovici der zweite und G wie Gray der siebte.

Das Haus liegt schwer zugänglich am Hang mit einem herrlichen Blick zur See, wörtlich »en bord de mer«. Hanglage und Seeblick bestimmten somit den Bau, dessen vorderer Teil auf Pfeilern steht und sich mit breiter Fensterfront zum Meer öffnet. So sehr das äußere Bild des Hauses an die weißen kubischen Bauten von Le Corbusier erinnert, vielleicht sogar ansatzweise die berühmte Villa in Poissy vorwegnimmt, so gibt es doch grundlegende Unterschiede in der Grundriß- und Raumgestaltung. Sind die frühen Häuser Le Corbusiers nur mit Einschränkungen bewohnbar und wehren sich gegen jede Form der Möblierung und Einrichtung, weil sie von der skulpturalen Durchdringung der Räume bestimmt werden, hat Eileen Gray die Lebensbereiche klar voneinander getrennt und nur additiv miteinander verbunden. Sie wehrte sich gegen die damaligen »Exzesse des flexiblen Grundrisses«, die sie »le style camping« nannte. Zu sehr war sie in ihrer Herkunft als Designerin verhaftet, wo jedes Detail unmittelbar mit der Funktion verknüpft ist.

Mittelpunkt des Hauses in Roquebrune ist der große Wohnraum im oberen Stockwerk. Rechtwinklig schließen sich die Schlaf- und Wirtschaftsräume an. Um die Großzügigkeit des Wohnraumes zu erhalten, sind Garderobe, Treppe und Bettnische als Raumkompartimente sehr eng gestellt und mit niedrigeren Wänden doch abgetrennt. Der hier angrenzende Schlafraum ist hingegen nur durch das vorgelagerte Studio zu erreichen. Einrichtung und Ausstattung sind unmittelbar mit den Räumen des Hauses verbunden: Eileen Gray gestaltete nicht nur Teppiche und Wände, Einbauschränke, Möbel und Paravents, auch das komplizierte System der Fensterbelichtung und -belüftung, teils mit Ziehharmonika-Konstruktion, teils mit Brise-soleil-Effekt, wurde von ihr entwickelt.

Für den zentralen Wohnraum schuf sie den rund gepolsterten Sessel »Bibendum«; den berühmten Sessel aus Maulbeerfeigenholz mit Metallnieten hatte sie bereits 1924 entworfen.

Für Eileen Gray bedeutete der Entwurf des Hauses in Roquebrune erstmals eine Konkretisierung ihrer Arbeit in relativer Freiheit von einem Auftraggeber. In Roquebrune konnte sie erstmals vom Entwurf des Hauses über die Inneneinrichtung bis zum letzten Detail alles selbst entwerfen. In einzigartiger Geschlossenheit verbinden sich in diesem Haus Elemente des Art déco mit denen des Kubismus. Sicherlich von Le Corbusier beeinflußt, setzt es sich dennoch klar von dessen Purismus ab; ihr war die handwerklich durchdachte Form für die optimale Zweckerfüllung ebenso wichtig wie die abstrakte Gestalt. Le Corbusier gefiel das kleine

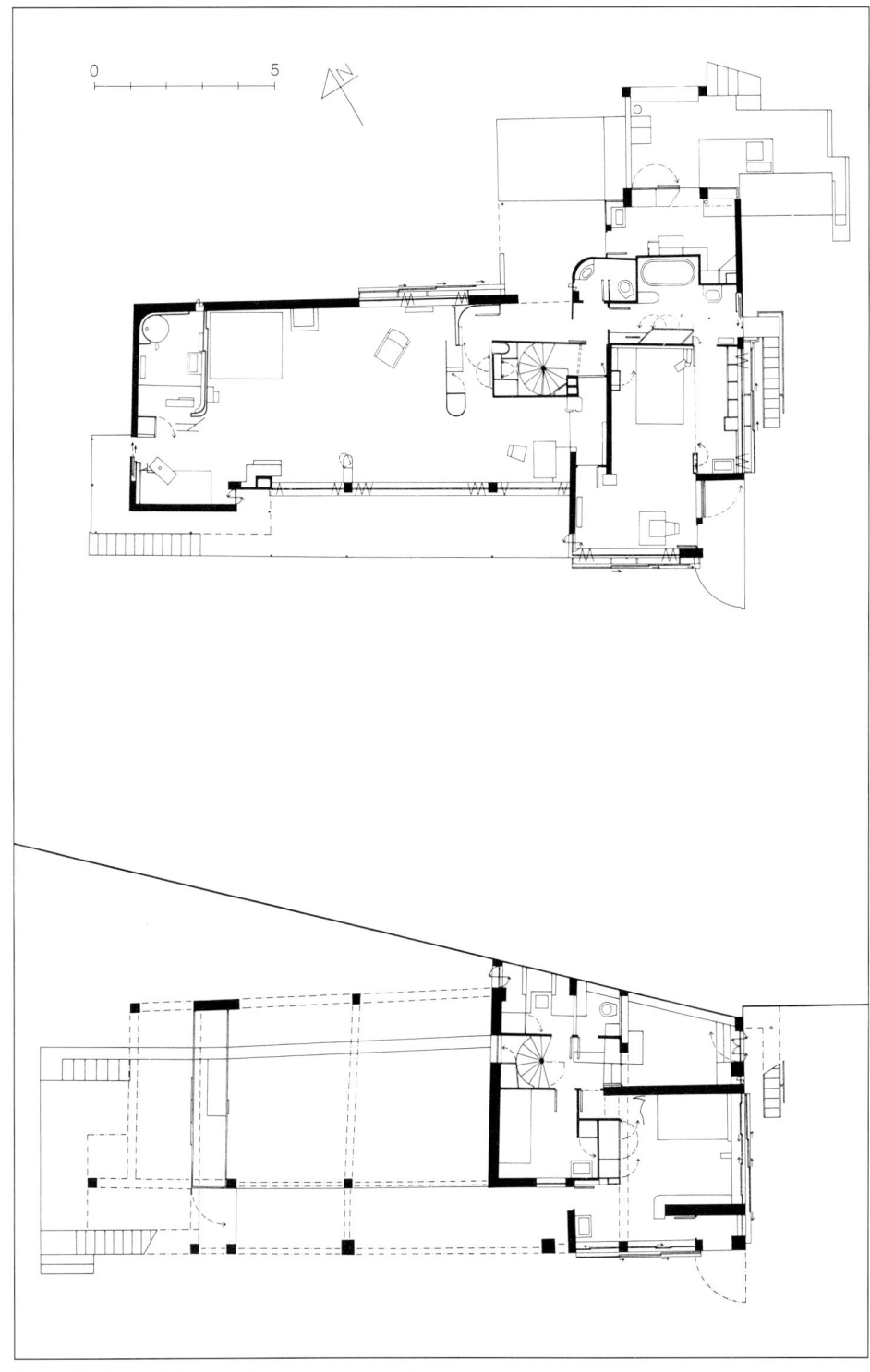

Grundrißrekonstruktion des oberen und unteren Geschosses.

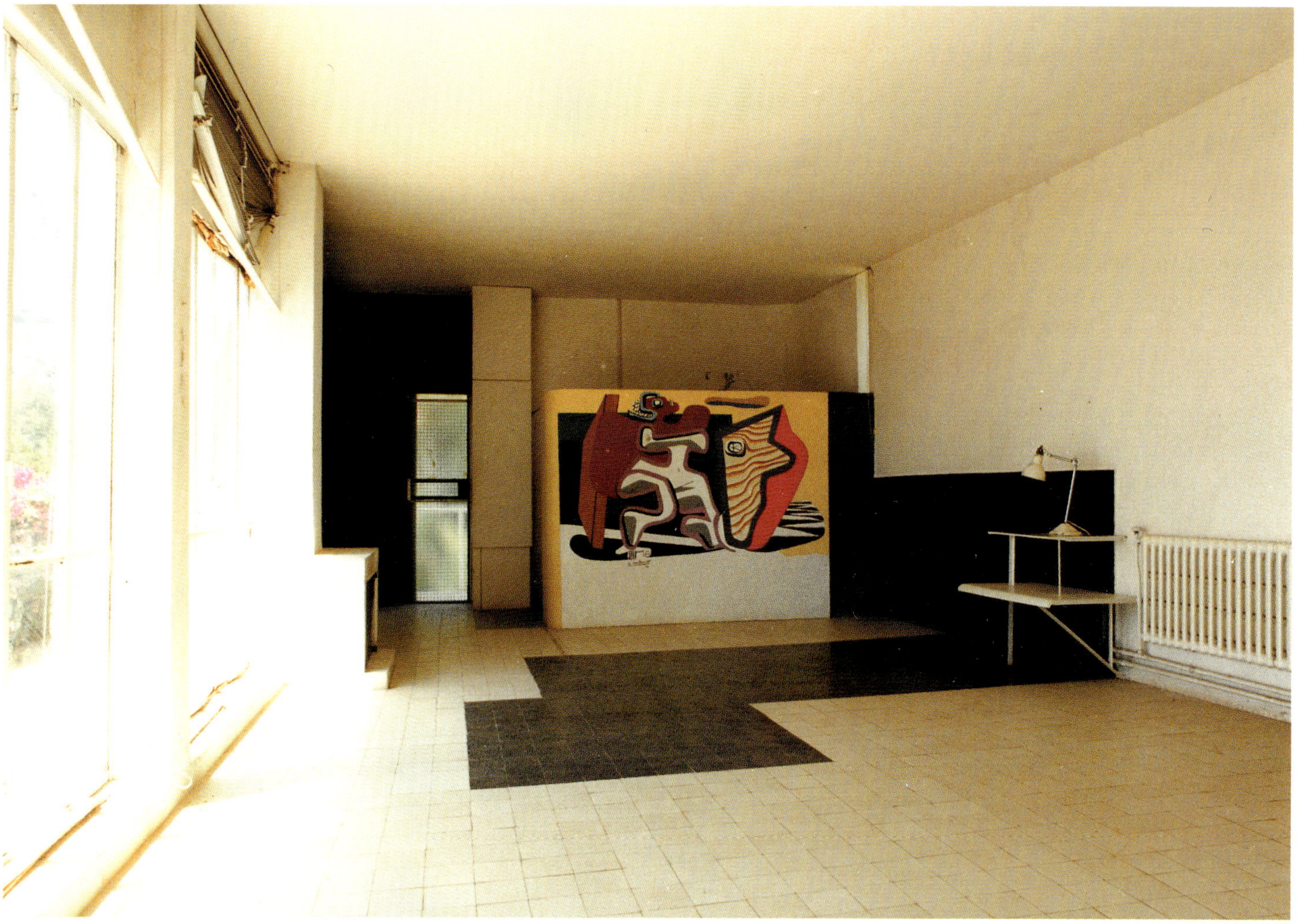

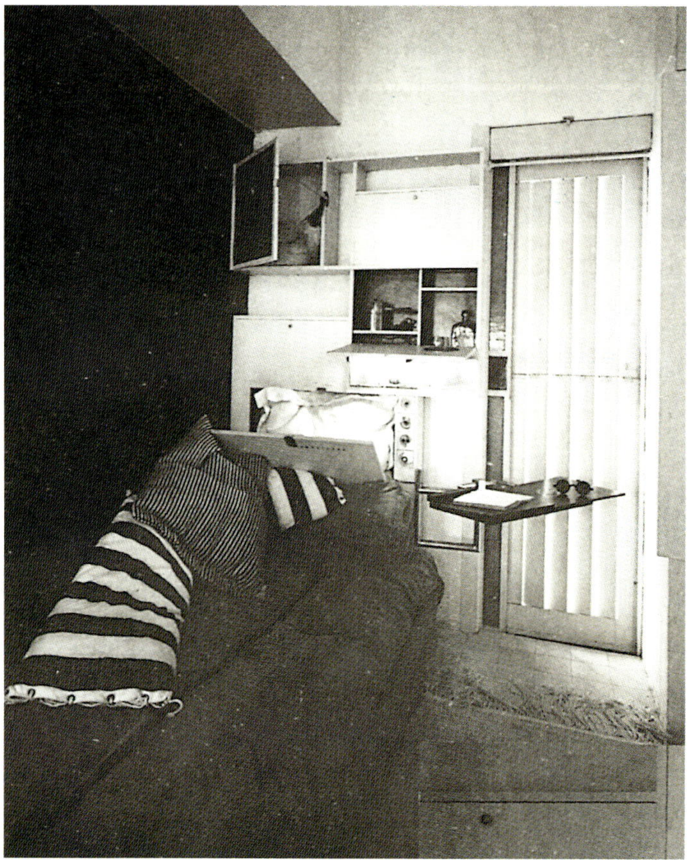

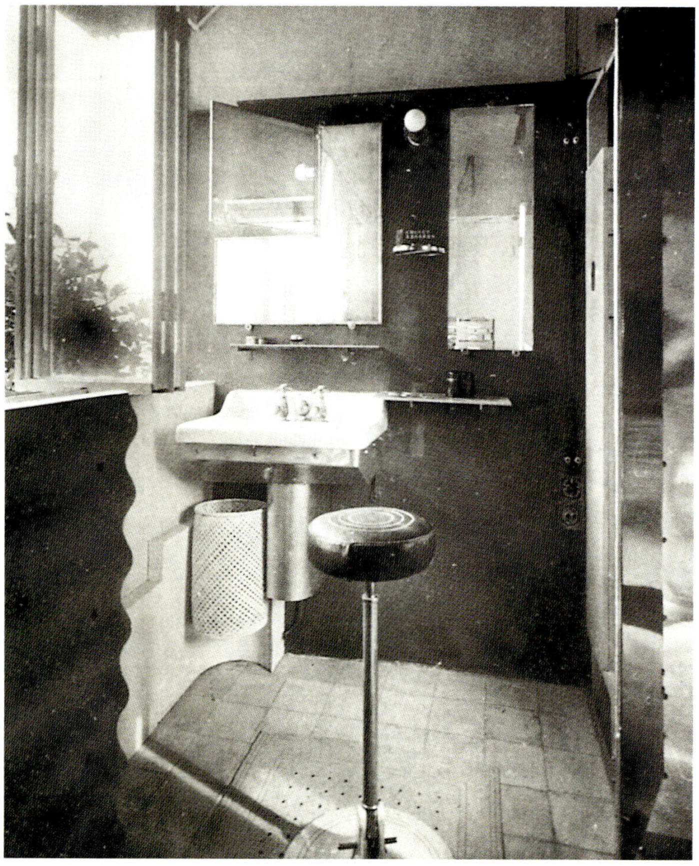

Die Westansicht des Hauses im heutigen Zustand.

Ein Wandbild von Le Corbusier.

Haus am Meer zunächst wohl ganz gut; ganz in der Nähe baute er sich sein Sommerhaus, kam des öfteren herüber und malte 1939 hier fünf große Wandbilder für das Haus E–1027. Allerdings tat er dies in Abwesenheit Eileens, die sich später darüber nicht sehr positiv äußerte, da für sie Einrichtung und Architektur eine Einheit bildeten, die durch die starke künstlerische Handschrift Le Corbusiers ihrer Meinung nach beeinträchtigt würde. So ist es auch zu verstehen, daß Le Corbusier in seinem »Œuvre complète« (1938–1946) seine Bilder zwar wiedergab, das Haus von Eileen Gray jedoch überhaupt nicht erwähnte. Es klingt vielmehr fast wie eine Rechtfertigung, wenn er schreibt, sie seien nur auf Wände gemalt, »wo sonst nichts passiert«. Für ihn zählte vielmehr das Ergebnis, daß das Haus nun »bedeutende Bilder auf vorher nichtssagenden Wänden hat, und die klaren weißen Wände sind erhalten«. Hier, in der Nähe von Roquebrune, ist Le Corbusier auch 1965 nicht weit von dem Haus in den Fluten des Mittelmeers an der Folge eines Badeunfalls gestorben.

Waschbereich mit einem der mechanisch durchdachten »fenêtre paravent«.

Schlafbereich im Wohnraum, der mit durchdachten Einbauten an ein Schlafwagenabteil erinnert. Rechts im Bild bewegliche Jalousien.

Ludwig Mies van der Rohe

Haus Lange, Krefeld
1927

Die beiden Geschäftsführer der Krefelder Verseidag (Vereinigte Seidenwebereien), Hermann Lange und Josef Esters, beauftragten im Jahre 1927 Ludwig Mies van der Rohe (1886 bis 1969), zwei Villen für sie zu entwerfen. Schon lange wollten sie zwei Häuser bauen, und zwei großzügige Grundstücke standen bereits zur Verfügung, als Mies Ende 1927 mit der Planung begann. So sind den beiden »Seidenbaronen von Krefeld« zwei der gelungensten Häuser des Neuen Bauens zu verdanken; zugleich sind es fast die einzigen erhaltenen, modernistischen Villen, die Mies van der Rohe vor dem Zweiten Weltkrieg in Deutschland errichten konnte. Zwar hatte er schon vor dem Ersten Weltkrieg einige Häuser, noch geprägt von Schinkels Formensprache, in neoklas-

Die Nordwestseite des Hauses mit dem Eingangsbereich.

Die Gartenseite der Villa Lange. Die wenigen Materialien unterstreichen die Klarheit der Proportionen.

Die weit auskragende Terrasse auf der Südseite im heutigen, restaurierten Zustand.

sizistischer Manier gebaut; bis 1925 konnte der 39jährige jedoch keines seiner nun kompromißlos modernen Villenprojekte realisieren. Erst mit dem nicht mehr erhaltenen Haus Wolf, den beiden Krefelder Bauten und dem Haus Tugendhat waren Mies van der Rohes puristische Entwürfe dann endlich an der Ausführung zu messen. Dennoch wurden die wenigen Projekte von ihm zu epochemachenden Vorbildern für eine ganze Generation von Architekten. Auf wenige Grundkomponenten beschränkt – roter Backstein, schwarzes Metall und hell gestrichene Wände –, erscheint das Haus Lange noch heute präzise und nüchtern wie ein Fabrikbau, allerdings mit der Erhabenheit einer großbürgerlichen Residenz.

Hatte Mies noch 1923 kategorisch proklamiert: »Wir kennen keine Form, sondern nur Bauprobleme«, so räumte er 1927 ein: »Ich wende mich nicht gegen die Form, sondern nur gegen die Form als Ziel. Form als Ziel mündet immer im Formalismus.« Im Haus Lange steht jede Form in direkter Beziehung zum gesamten Proportionsschema, jedes Maß korrespondiert mit dem nächsten und ist genaues Kalkül. Es stellt zwar ein in sich geschlossenes Raumsystem dar, ist aber zugleich untrennbar mit der Landschaft verbunden. Die großen Fenster verbinden das Haus mit der Natur; die Räume mit den vielfachen Vorsprüngen korrespondieren mit dem Äußeren. Mies setzte einige Fenster in die gestaffelten Ecken, so daß man durch zwei hintereinanderliegende Hausecken hindurchsehen kann, und schaffte dadurch eine wirkungsvolle räumliche Beziehung von Volumen und Fläche.

Mit vehementer Kritik wurden immer wieder mangelnde Funktionalität und fehlende Benutzbarkeit an den Bauten Mies van der Rohes festgestellt: Sie seien nicht bewohnbar und nicht auf die Bedürfnisse des Menschen abgestimmt. Für Mies hingegen sollte sogar die Raumbegrenzung in den Hintergrund treten und dem Bewohner das größte Maß an Freiheit und eigener Ausdrucksmöglichkeit gewähren. Der Grundriß des Hauptgeschosses im Haus Lange zeigt die klare Trennung zwischen Wohn- und Wirtschaftsbereich. Eine Blick- und Raumachse verläuft vom Eingang über das Eßzimmer in den Garten. Im rechten Winkel dazu die zweite Achse von der Diele zum Herrenzimmer. Die Räume haben zwar eine vorgegebene Funktionsbestimmung, fließen aber gleichzeitig abgewinkelt ineinander über. Das Haus Lange ist erst ein Schritt in die Richtung des rationalen Funktionalismus, wie ihn Mies selbst forderte. Die Wände sind gemauert; das Dogma der aufgelösten Wände, die Trennung von Konstruktion und Raumabschluß wurde erst später umgesetzt. Deshalb ist das Haus noch »erdgebunden«, zeigt eher Masse als Volumen und hat Materialien und Farben, die eigentlich nicht mit dem Formenrepertoire des Neuen Bauens verbunden werden. Die schematischen Fassadenansichten und die kubischen Formen demonstrieren aber dennoch den Grundgedanken der Miesschen Architektur: die Reduzierung auf das Notwendige. Nur die Reihung der Fenster, deren Maße und die versetzten Baukörper bestimmen das äußere Bild des Hauses. Ein offener Raum, ein universales Gebäude können den Funktionswandel der Zeit sehr viel besser überstehen. Deshalb funktioniert das Haus Lange, einst als Villa geplant, heute als Ausstellungs- und Museumsgebäude genauso gut.

Das Haus Lange wurde bereits 1955 der Stadt Krefeld für Ausstellungen übergeben und ist nun selbst eines der besten Dokumente der modernen Architektur. Damit wurde das Haus eigentlich wieder seiner ursprünglichen Nutzung zugeführt, denn Hermann Lange besaß eine der bedeutendsten Sammlungen zeitgenössischer Künstler, und für die Präsentation seiner Bilder war das Haus konzipiert. Neben Bildern von Braque, Picasso und Juan Gris waren fast alle Vertreter der Avantgarde hier versammelt. Und kurz nach der Fertigstellung lobte Walter Cohen 1931 in einer Reportage über das Haus »den vollendeten Einklang von Wand, Bild und Skulptur«. In den wenigen Abbildungen aus der Zeit ist auch zu sehen, daß die Einrichtung des Hauses in erster Linie aus traditionellen Möbeln bestand, die von den Besitzern stammten. Wie in vielen der modernen Häuser aus den zwanziger Jahren wurde die großbürgerliche Einrichtung beibehalten, im Gegensatz zu heutigen Rekonstruktionen, in denen mit einer Fülle von Stahlrohrmöbeln die Modernität gelegentlich überinstrumentiert erscheint.

Bezeichnenderweise konnte Mies lediglich das Damenzimmer mit seinen Entwürfen ausstatten. Dennoch betonte Cohen: »Mies van der Rohe hat hier und an vielen anderen Stellen des Hauses Lange bewiesen, daß mit den Mitteln der neuen Architektur die von manchen modernen Kunstschriftstellern so heiß ersehnte, anscheinend nur durch Anhäufung von ›Stilmöbeln‹ zu erreichende ›Gemütlichkeit‹ durchaus erreicht ist.«

1976 kaufte die Stadt das Haus Esters hinzu, das im Frühjahr 1981 mit der ersten umfassenden Ausstellung über die Miesschen Häuser eingeweiht wurde, und so stehen beide Villen heute als eindringliche Beispiele der frühen Landhausprojekte Mies van der Rohes zur Besichtigung zur Verfügung.

Die frühere Einrichtung des Damenzimmers mit Möbeln von Mies van der Rohe.

Der ehemalige Wohnraum von Hermann Lange, schon damals eher ein Ausstellungsraum.

Grundriß des Erdgeschosses, Rekonstruktion.

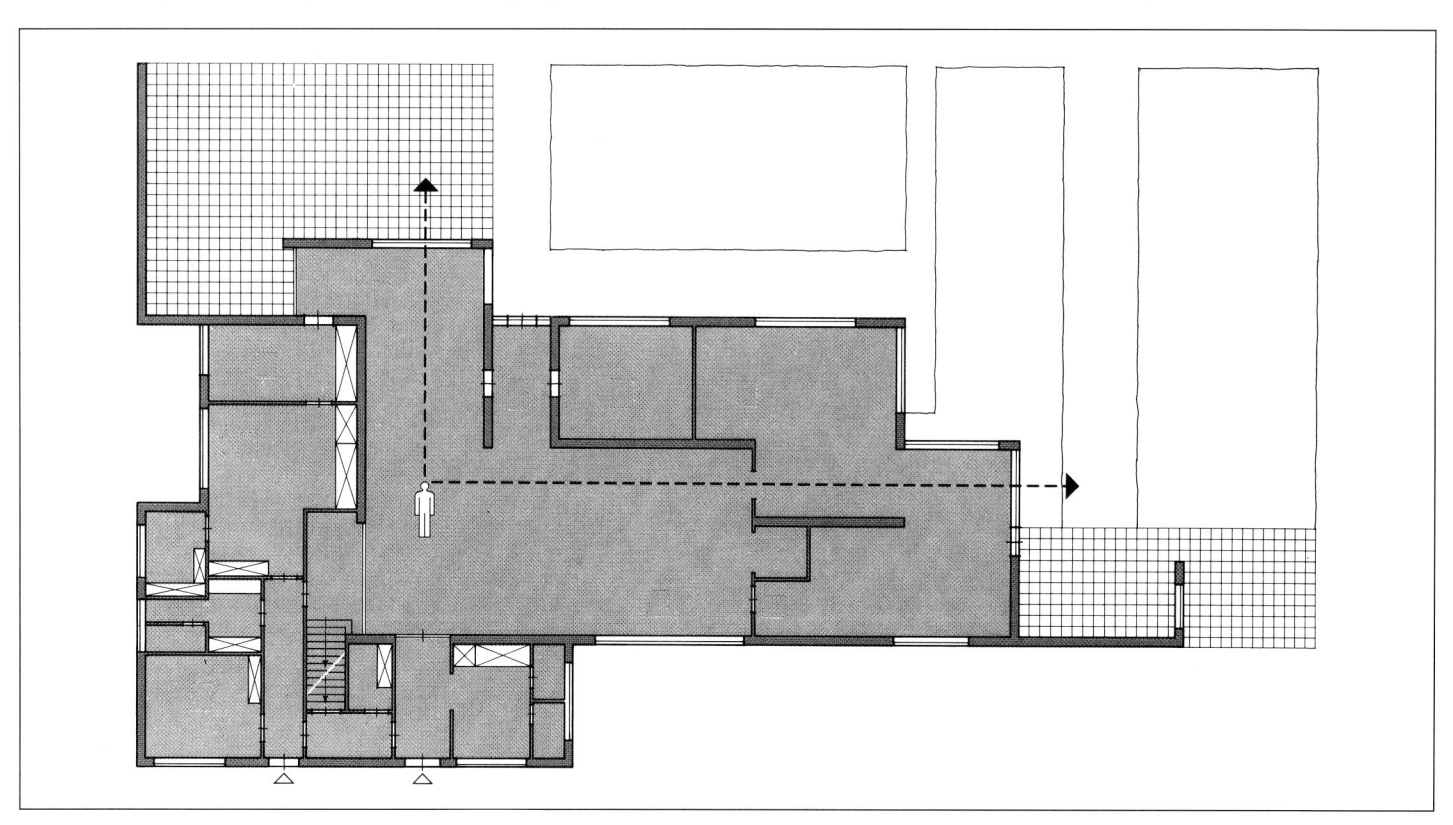

Die ehemaligen Wohnzimmer dienen heute als Ausstellungsräume.

Zwei gestaffelte Ecken, jeweils verglast, nehmen dem Volumen der Backsteinwände die Schwere.

Details der Glastüren.

79

Konstantin Melnikov

Haus Melnikov, Moskau
1927

Es gibt heute in Moskau nur noch wenige Bauten aus der Zeit unmittelbar nach der russischen Revolution, die auch in der Architektur eine Zeit des Aufbruchs und des künstlerischen Enthusiasmus gewesen ist und in der sich die Visionen des russischen Konstruktivismus wenigstens teilweise in gebaute Architektur umsetzten. Eines der kuriosesten und bedeutendsten Relikte aus jener Zeit ist das Zylinderhaus des Künstlers und Architekten Konstantin Stephanovitch Melnikov (1890–1974). Er baute es 1927 für sich, seine Frau Anna Gavrilovna und seine zwei Kinder. Die Tatsache ist an sich erstaunlich, galt es damals doch in erster Linie, die Form des kollektiven Wohnens zu entwickeln, und Privathäuser waren in Moskau weitgehend enteignet worden. Im Zuge einer teilweisen Reprivatisierung war es jedoch möglich, eigene Häuser zu realisieren. Als international bekannter Architekt konnte Melnikov sich zwar durchsetzen, jedoch war das Zylinderhaus beinahe schon der Anfang vom Ende seiner kurzen Karriere.

Obwohl einer der wichtigsten Vertreter der russischen Revolutionsarchitektur, ist Melnikov im Gegensatz zu den westlichen Avantgardisten lange Zeit nahezu unbekannt geblieben. Allerdings war er auch in der Sowjetunion seinerzeit umstritten, weil er sich nicht eindeutig zu einer der sich ge-

Das Doppelzylinderhaus von Konstantin Melnikov in einer Aufnahme aus den zwanziger Jahren. Nur die Eingangsfassade ist durchgehend verglast.

genseitig bekämpfenden Gruppen der modernen Architektur bekennen wollte. Er war zunächst einer der Protagonisten der neuen Kunst und gehörte neben Malewič, Tatlin und El Lissitzky zu den Architekten, die auf der Suche nach einem Ausdruck der neuen Kunst und Architektur waren, welche den neuen politischen Verhältnissen entsprechen sollten. Konstruktivismus hieß schließlich die integrative Formel, und es entstanden Projekte, die eher Radiostationen oder Baumaschinen glichen; Fabriken, die wie Dampfmaschinen aussahen – jede Arbeitsfunktion sollte klar ablesbar sein. Jeder Stil im traditionellen Sinn wurde eliminiert, eine ästhetische Anknüpfung an die Tradition bewußt vermieden. Aber schon bald wurde der Konstruktivismus selbst zum Stil. Melnikov durchschaute das als einer der ersten. Er wandte sich von den Anhängern des strengen Konstruktivismus ab und vertrat eine bildhafte und auch formal ausdrucksstarke Architektursprache. Vielleicht bekam er gerade deshalb von den Behörden einige Aufträge; von 1924 bis 1930 konnte er mehrere der sogenannten Arbeiterklubs realisieren und gehörte als Avantgardist nach der Oktoberrevolution zu den gefragtesten Architekten. Mit seinem Sowjet-Pavillon für die internationale Ausstellung der »Arts décoratifs« 1925 in Paris erhielt er auch über die Grenzen seines Landes hinaus breite Anerkennung. 1924 war Melnikov sogar aufgefordert worden, einen Entwurf für den Sarkophag Lenins zu liefern. Mit dem Amtsantritt Stalins aber wendete sich das Blatt für die Avantgardisten; Melnikov fiel in Ungnade und war mit 40 Jahren arbeitslos. Ähnlich ging es auch anderen: Le Corbusier erhielt im Wettbewerb für den Sowjetpalast in Moskau 1931 zunächst den ersten Preis. Mit dem lakonischen Kommentar: »Stalin hat beschlossen, daß die proletarische Architektur griechisch-lateinischen Ursprungs ist«, wurde die Anwesenheit Le Corbusiers in Moskau als für nicht länger wünschenswert erklärt. Zwar wurde Melnikov zur fünften Triennale in Mailand 1933 eingeladen, im eigenen Land aber war die Karriere des 40jährigen so gut wie beendet.

Bis zu seinem Tode im Jahr 1974 nahm seine Popularität bei den Architekturstudenten nicht ab; bauen aber ließ man ihn schon lange nichts mehr. Treffend beschrieb er in seiner Biographie die Situation eines international anerkannten, aber in seiner Heimat zur Untätigkeit verdammten Architekten zur Zeit der Triennale von Mailand: »Es waren nur insgesamt zwölf für alle Staaten eingeladen, und einer davon, der zur Post ging, in der Hand einen Brief, in der anderen aber eine Tasche voll leerer Flaschen, die er verkaufen wollte, um den Brief nach Mailand schicken zu können, der war ich. Der Volkskommissar suchte mich persönlich auf, man versprach mir auch die Ausreise-Erlaubnis, doch es endete damit, daß man die Rolle mit meinen Arbeiten dorthin sandte, wo die Ewigkeit winkte.«

Melnikovs 1927 bis 1929 errichtetes Zylinderhaus steht noch heute in Mos-

Der Wohnraum im ersten Stock zeigt die plastische Durchdringung der beiden Zylinder.

Arbeitsmodell.

Der Atelierraum mit den rautenförmigen, sturzlosen Fenstern.

Der Arbeitsplatz des Architekten wurde so belassen, wie er war; das Foto stammt aus den achtziger Jahren.

Die Rückseite des Hauses, wie es noch mitten in Moskau zu finden ist.

kau, als Sinnbild des Aufbruchs und der kurzen Phase des freien Experimentierens mit neuen Formen der Architektur, und ist durchaus mit den wichtigsten Villen dieses Jahrhunderts zu vergleichen. Es ist ebenso kontrovers und eigensinnig, wie Melnikov selbst war; es vereint unterschiedliche Entwurfsprinzipien und Typologien und bleibt doch ein völlig einzigartiger Entwurf. Die Grundform des Hauses besteht aus zwei ineinandergreifenden Zylindern, von denen der hintere wabenartig von rautenförmigen Fenstern durchbrochen ist. Zwar erinnert die Fensterform an alte russische Motive, zugleich wird so aber an den aufgemauerten Wänden das meiste Material gespart, bei gleichzeitiger statischer Stabilität. Zudem brauchen die Fenster bei den spitzen Formen keine tragenden Stürze. Melnikov ging also von einem geschlossenen geometrischen Körper aus und konstruierte den Raum im Volumen. Das Haus hat drei Stockwerke, die – ähnlich den Entwürfen Le Corbusiers – in einfache und doppelte Niveaus geteilt und gegeneinander versetzt sind und die Dachterrasse zum Wohnen einbezie-

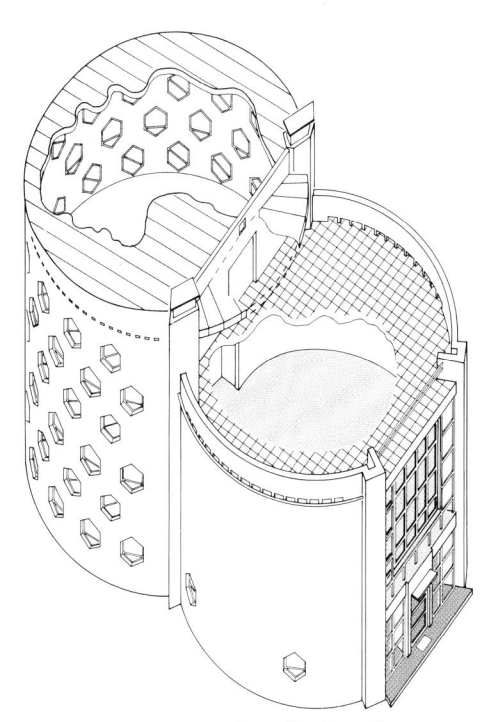

Axonometrische Darstellung des doppelten Zylinders.

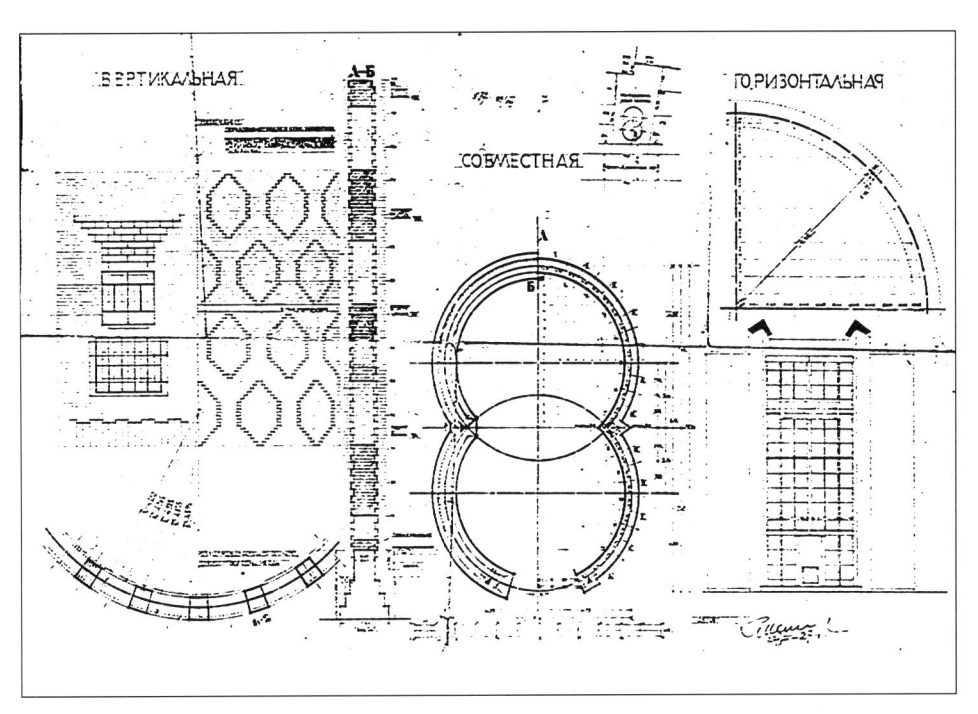

Grundrisse.

Detail eines Fensters mit dem »konstruktivistischen« Heizofen im Wohnraum.

hen. So unkonventionell und puristisch die Grundform des Hauses auch ist, so traditionell und konträr wirkt die Eingangsfassade. Mit der symmetrischen Einteilung und den eckigen Pilastern deutet nichts auf den dahinter liegenden runden Raumkörper. Im Untergeschoß nutzte Melnikov nicht einmal den kreisrunden Grundriß, sondern hob mit rechtwinkligen Wänden die Rundform wieder auf.

Lange Zeit war man sich in der Bewertung jenes Kuriosums nicht einig: Für manche war es die verrückte Idee eines Architekten und dessen Spiel mit den architektonischen Formen seiner Zeit. Melnikov selbst bezeichnete es als Vorstufe, als Experiment für mehrgeschossige, zylinderförmige Wohnhäuser. Zunächst sollte es die originelle Behausung für ihn und seine Familie sein, und getreu seinem Motto: »An nichts gewöhnen sich die Menschen leichter als an ein Monument«, hatte Melnikov sich schon sehr früh ein Denkmal gesetzt, als hätte er geahnt, daß es später nicht mehr möglich sein würde. So steht sein Haus bis heute etwas verloren im Stadtkern von Moskau, als trotziger Beweis, daß die sozialistische Architektur vielleicht etwas anders aussähe, hätte man sich der eigenwilligen Konstruktivisten wie Melnikov hinreichender bedient. Inzwischen ist der historische Wert des Hauses erkannt, und es hat sich eine Initiative zu dessen Erhaltung gebildet. Allein die enormen finanziellen Kosten dafür sind das Hauptproblem, und nach der Auflösung der Sowjetunion stehen die Zeichen für eine umfassende Sanierung nicht günstiger. Dabei ist Eile geboten, da sich das Haus in einem sehr schlechten Zustand befindet. Allerdings müßte es erst einmal unter Denkmalschutz gestellt werden; dazu konnte man sich bis heute noch nicht durchringen. Gegenwärtig wohnt der Sohn Melnikovs, Viktor Melnikov, in dem Haus seines Vaters, das er gern zu einem Melnikov-Museum machen würde – ohne großzügige Hilfe aus dem Westen ein kaum durchzusetzendes Vorhaben!

Robert Mallet-Stevens

Maison Martel, Paris
1927

Der Architekt, Innenarchitekt, Filmausstatter und Möbelentwerfer Robert Mallet-Stevens (1886–1945) war im Paris der zwanziger Jahre einer der meistbeachteten Künstler. Als Vermittler zwischen Tradition und Moderne prägte er seinen persönlichen Stil als Architekt des Art déco. Sein erstes Haus baute er im Alter von 37 Jahren, und schon 15 Jahre später, zu Beginn des Zweiten Weltkriegs, war seine Karriere wieder beendet. Seine Architektursprache ist nicht so eindeutig und radikal wie die seines berühmten Zeitgenossen Le Corbusier. Vielmehr ist sie einerseits eine formale Synthese aus Sezessionsstil und Art déco, andererseits ohne den Einfluß Le Corbusiers und des holländischen De Stijl kaum denkbar. Gerade daraus hat Mallet-Stevens eine unverwechselbare Sprache entwickelt, die am originellsten den französischen Dekorationsstil und das Pariser Flair der zwanziger Jahre vermittelt.

Mit Kunst wurde Mallet-Stevens bereits in frühester Kindheit konfrontiert; sein Großvater hatte einst Millet und Corot entdeckt, und sein Vater war einer der ersten, der auf die Bedeutung einiger Impressionisten wie Sisley, Pissarro und Manet aufmerksam gemacht hatte. Sein Onkel, Adolph Stoclet, ließ sich 1905 das berühmte Palais Stoclet von Josef Hoffmann bauen. Mallet-Stevens, der zeitweilig in dem Haus lebte, war von ihm so angetan, daß seine eigenen ersten Entwürfe ganz dem rechtwinkligen Jugendstil Josef Hoffmanns entsprachen. Zu seinem ersten Auftrag kam Mallet-Stevens durch den Vicomte Charles de Noailles, der sein Haus zunächst von Mies van der Rohe im zeitgenössischen kubischen Stil bauen lassen wollte. Der Bauherr, der viele Künstler um sich versammelte, hatte genaue Vorstellungen, wie sein Haus aussehen sollte, und so entstand eine kubische Villa, ohne jedes Ornament.

Das Haus Martel in der Rue Mallet-Stevens kurz nach der Fertigstellung.

Die Brüder Martel in ihrem Atelier mit den großen Eisenfenstern.

Eine historische Aufnahme aus der Wohnung Mallet-Stevens', die komplett von ihm entworfen ist.

Mallet-Stevens verstand es einerseits, das fortschrittliche Lager für sich zu gewinnen; so schrieb der russische Architekt Melnikov 1925 in Paris, daß sich seine Architektur angenehm von der reaktionären Position unterscheide, weil sie präzise in der geometrischen Form, konstruktiv logisch und harmonisch in den Proportionen sei. Andererseits konnte die Noblesse von Mallet-Stevens' Architektur auch die Auftraggeber überzeugen, die über die notwendigen Mittel verfügten. In den Jahren 1925 bis 1928 baute Mallet-Stevens mehrere Stadthäuser in Paris, im vornehmen 16. Arrondissement sogar eine ganze Straße. Die nach ihm benannte Rue Mallet-Stevens hat auf jeder Seite fünf Atelier-Häuser für Künstler und Schriftsteller, eines der gelungensten davon ist das abgebildete Haus Martel. Alle Häuser sollten individuell gestaltet sein und doch einen einheitlichen städtischen Charakter besitzen. Mallet-Stevens arbeitete in der Ausstattung mit vielen namhaften Künstlern zusammen. Die Fenster und großen Erker entwarf Louis Barillet, die Eingänge stammen von Jean Prouvé, die Inneneinrichtung wurde von Gabriel Guevrekian, Pierre Chareau, Francis Jourdain und teilweise von ihm selbst gestaltet. Die innere und formale Einteilung der Häuser verläuft vertikal, wobei Arbeitsräume wie Studios, Büros und Küchen im Erdgeschoß liegen. Die meisten Gesellschaftsräume sowie die Schlafzimmer befinden sich in den mittleren Etagen,

Links das Haus von Mallet-Stevens, im ersten Stockwerk. Rechts der Grundriß des Hauses Martel im Erdgeschoß. Das durchgehende Atelier wurde nur von dem kreisrunden Mittelpunkt der Treppe gegliedert. In der Fassade sind die Häuser einheitlich, die einzelnen Grundrisse hingegen sehr funktionsbezogen.

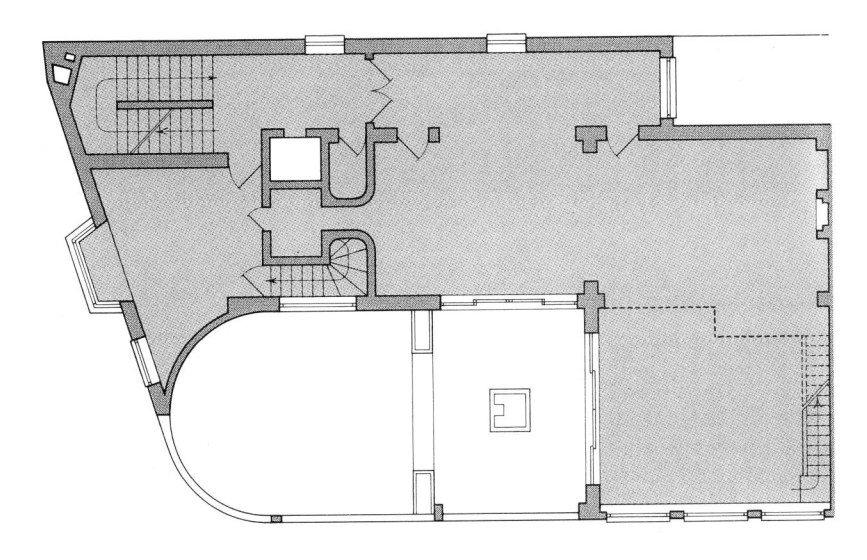

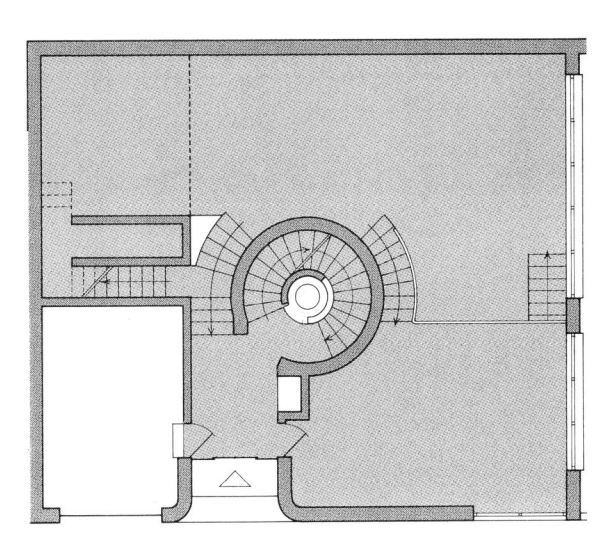

Das ehemalige Atelier der Brüder Martel, ihre Skulpturen sind noch vorhanden.

Fensterdetail.

Das Haus Martel im heutigen Zustand.

Das Treppenhaus mit einem Spiegelrelief.

Blick durch das Treppenhaus.

ganz oben lagen die kleineren Räume für die Bediensteten. Für Mallet-Stevens sollte eine Fassade »in erster Linie durch die verschiedenen Volumina und nicht durch die Konstruktion bestimmt werden«. Am Haus Martel wird dieses Prinzip besonders deutlich: Die Fassade springt an mehreren Stellen weit zurück, die Fläche wird zum Volumen, gleichzeitig erhalten die Räume mehr Licht. Drehpunkt der rechtwinkligen Achsen ist das Treppenhaus. Von außen an dem schmalen Fenster zu erkennen, geht es von der Terrasse bis in den Keller. Hinter den großen Fenstern aus Eisenrahmen lag einst das bekannte Atelier der Brüder Martel.

Gerade das Zusammenspiel von Volumen und Dekor an Häusern von Mallet-Stevens wurde von dem Puristen Le Corbusier kritisiert. Während für diesen der Kubus die reinste aller geometrischen Formen war und am besten für die industrielle Serienproduktion geeignet erschien, stellte für Mallet-Stevens der Kubus eher eine architektonische Ausdrucksform dar. Standardisierung sollte es nur im Detail geben: »Radioapparate haben identische Teile, man kann sie serienweise herstellen, wie in einem Haus Türen und Schlösser. Aber die Gesamtkonzeption wird immer das Werk eines Individuums sein. Es gibt nicht zehn verschiedene Arten, Radio zu hören, aber es gibt hundert verschiedene Möglichkeiten, in einem Haus zu wohnen.«

So ist es nicht verwunderlich, daß der Couturier Yves Saint-Laurent auf Mallet-Stevens aufmerksam machte, als er begann, dessen Möbel zu sammeln. Leider hat sein Beispiel bei der Stadtverwaltung nicht gewirkt, die Rue Mallet-Stevens – das wichtigste Werk dieses Architekten – befindet sich in einem sehr schlechten Zustand. Das Haus der Brüder Martel zählt zu den wenigen Ecken dieser kleinen, so typischen Pariser Straße, die noch weitgehend dem Originalzustand entsprechen.

Max Ernst Haefeli

Rotach-Häuser, Zürich
1927

Die sogenannten Rotach-Häuser in Zürich – auch »Wasserwerkhäuser« genannt – gehören zu den frühesten Beispielen des Neuen Bauens in der Schweiz. Der junge Max Ernst Haefeli (1901–1967) war als Leiter der Gruppe des Schweizerischen Werkbundes zur selben Zeit mit der Ausstattung einiger Wohnungen im Mietshaus Mies van der Rohes in der Weißenhofsiedlung in Stuttgart beschäftigt, als er den Auftrag zum Bau der Wasserwerkhäuser erhielt. Haefeli war der Sohn des angesehenen Zürcher Architekten Max Haefeli, der sich mit seinem Büro Pfleghardt & Haefeli besonders im Sanatoriums- und Kirchenbau hervorgetan hatte.
Max Ernst Haefeli hatte 1923 in Zürich diplomiert, war anschließend nach Berlin gegangen und hatte im Atelier von Otto Bartning an einigen Projekten mitgearbeitet. 1927 machte er sich in Zürich selbständig und gehörte fortan zur Gruppe der Züricher Architekten, die versuchten, auch dort das

Die gestaffelte Fassade der Rotach-Häuser. Links und in der Mitte befinden sich je eine Fünfzimmerwohnung, im rechten Teil sind zwei Dreizimmerwohnungen.

Neue Bauen umzusetzen, was sich später besonders in der bekannten Siedlung Neubühl manifestierte.

Die Wasserwerkhäuser waren Haefelis erster größerer Auftrag, und eigentlich als Teil einer modernen Siedlung geplant, es konnten aber schließlich nur jene Reihenhäuser verwirklicht werden. Nicht zuletzt war dies der Unterstützung des Kunstgewerbemuseums in Zürich zu verdanken, das geplant hatte, drei Zweifamilienhäuser als Musterhäuser im Rahmen der Ausstellung »Das neue Heim« zu errichten. Zu diesem Zweck wurde ein eingeschränkter Wettbewerb durchgeführt, aus dem Haefeli als zweiter Preisträger hervorging, sein Entwurf wurde aber dennoch zur Realisierung vorgeschlagen, da er »mit den geringsten Änderungen ausgeführt werden« könnte.

Haefeli entwarf einen gestaffelten Baukörper, in dem die drei Wohneinheiten klar voneinander getrennt sind. Die Häuser liegen versetzt zur Wasserwerkstraße und richten sich so ganz nach Süden und zum Fluß hin aus. Das östlich gelegene Haus hat zwei Dreizimmer-Wohnungen, die anderen enthalten je eine Fünfzimmer-Wohnung. Aufgrund der steilen Hanglage liegen die Wohnräume im ersten Stock, ungefähr auf Straßenniveau, im Parterre die Schlafräume und darunter, über die halbe Stockwerksbreite, ein Kellergeschoß, das wiederum zur Gartenseite ebenerdig liegt. Den oberen Abschluß bildet ein halbes Dachgeschoß mit einer kleinen Dachterrasse, so daß die Häuser insgesamt vier Stockwerke haben. In den kleineren Wohnungen liegen die Wohn- und Schlafräume nebeneinander an der Südseite und die Naßräume und die Küche zur Nordseite. Durch die offene Verbindung zur Küche und die Schiebewände zwischen zwei Wohnräumen ist der Grundriß flexibel, mit gleichzeitig konventioneller Einteilung. Bei den großen Wohnungen ist die Einteilung ähnlich, allerdings mit größeren Zimmern, da sich die Einheiten über zwei Stockwerke verteilen mit drei separaten Schlafzimmern im unteren Geschoß. Die Wohnungen zeichnen sich

Die kubischen Eingangsbereiche auf einem Foto aus den zwanziger Jahren, das im »International Style« von Henry-Russel Hitchcock und Philip Johnson publiziert worden war.

durch sehr geschickte, funktional betonte Raumnutzungen aus, wie die Verwendung des typischen »Haefeli-Bades«, das sich mit einer in der Mitte liegenden, von zwei abtrennbaren Waschplätzen flankierten Badewanne in drei separate Waschkabinen unterteilen läßt. Die Musterhäuser wurden als Eisenbeton-Ständerbauten mit Hohlziegelmauerwerk erstellt. Dabei ist das Mauerwerk teilweise als Ausfachung verwendet, teils als tragender Bauteil. Ziel der Bauten war es, neue Bautechniken, Konstruktionen und Detaillösungen zu erproben. Bis zu Türschlössern und -drückern, Fenstern und Schiebetüren sind viele Details von Haefeli entworfen worden. Die Häuser hatten den Charakter von Prototypen, an denen rationalisierte Bauverfahren, typisierte und genormte Produktion erprobt und die »Industrialisierung dem neuen Wohnprogramm dienstbar gemacht« werden sollte, wie es Haefeli formulierte. So wurden erstmals doppelt verglaste Aluminiumfenster mit Filzdichtungen verwendet.

Mit den Häusern an der Wasserwerkstraße, seinem zweiten realisierten Entwurf, begründete Haefeli seinen Ruf als Architekt des Neuen Bauens. Die Häuser fanden auch in der überregionalen Presse breite Zustimmung. Zwar wurde sogleich die eher moderate Umsetzung der Paradigmen der Moderne konstatiert, was sich schon in der Bevorzugung des Haefeli-Projekts gegenüber dem kompromißloseren von Hans Hoffmann zeigt, dennoch überzeugten die konsequent funktionalen Lösungen, die aus der Lage, dem Wohnprogramm und der Belichtung entwickelt wurden. Nicht Stilfragen wie »Kubismus etc.« bedingten für Haefeli die äußere Form und den gestaffelten Grundriß, sondern die konkreten Problemstellungen. Wie bedeutsam die Realisierung der Häuser in Zürich zur damaligen Zeit war, zeigt die Beurteilung des Architekturkritikers Peter Mayers in der »Schweizerischen Bauzeitung«: »Nicht daß etwa ein Rappen für eigentliche Versuchszwecke bewilligt worden wäre, für die das verarmte Deutschland, in richtiger Erkenntnis für soziale Wichtigkeit, viele Millionen ausgibt; wir müssen vielmehr schon froh sein, daß die Stadt Zürich auch diesen Häusern die Subvention zugesprochen hat, die für gemeinnützige Siedlungsunternehmungen bestimmt sind.«

Mit dem experimentellen Charakter der Musterhäuser versuchte Haefeli, an die Idee der Stuttgarter Werkbundsiedlung am Weißenhof anzuknüpfen.

Es ist beinahe einem Zufall zu verdanken, daß die Häuser, die Henry Russell Hitchcock und Philip Johnson immerhin in ihrem Buch »The International Style« von 1932 abgebildet hatten, in den sechziger Jahren nicht abgerissen wurden. Als in dem innerstädtischen Bezirk ein Autobahnzubringer erweitert wurde, waren sie im Weg und schon zum Abbruch freigegeben. Durch die neue Tangente liegen sie seitdem in unmittelbarer und unzumutbarer Nähe einer mehrspurigen Straße, so daß sie als Wohnobjekte kaum mehr interessant waren. Zwar wollte die Stadt die Häuser kaufen; durch die von ihr selbst initiierte Wertminderung der Liegenschaft war sie nun aber nicht mehr bereit, einen angemessenen Preis zu bezahlen. Erst 1988 entschloß man sich endlich, die Häuser unter Schutz zu stellen, wodurch wenigstens ein Spekulationskauf verhindert werden konnte. Ein Glücksfall wurde für die Häuser, die mittlerweile dem sichtbaren Verfall ausgesetzt waren, die Arbeit einer privaten Architektengruppe, die den Plan, die Häuser integral zu erhalten, erfolgreich umsetzte. Die baulichen Details wurden restauriert und, wenn nicht mehr vorhanden, rekonstruiert, die Häusergruppe erhielt wieder die einstige hellgelbe Kalkfarbe, und im Innern wurden die Originalfarben

Die Küche mit der Ausstattung weitgehend von 1928.

Der Blick aus einem eisengerahmten Schlafzimmerfenster.

Das Eßzimmer einer Fünfzimmerwohnung originalgetreu renoviert, mit Möbeln von Max Ernst Haefeli.

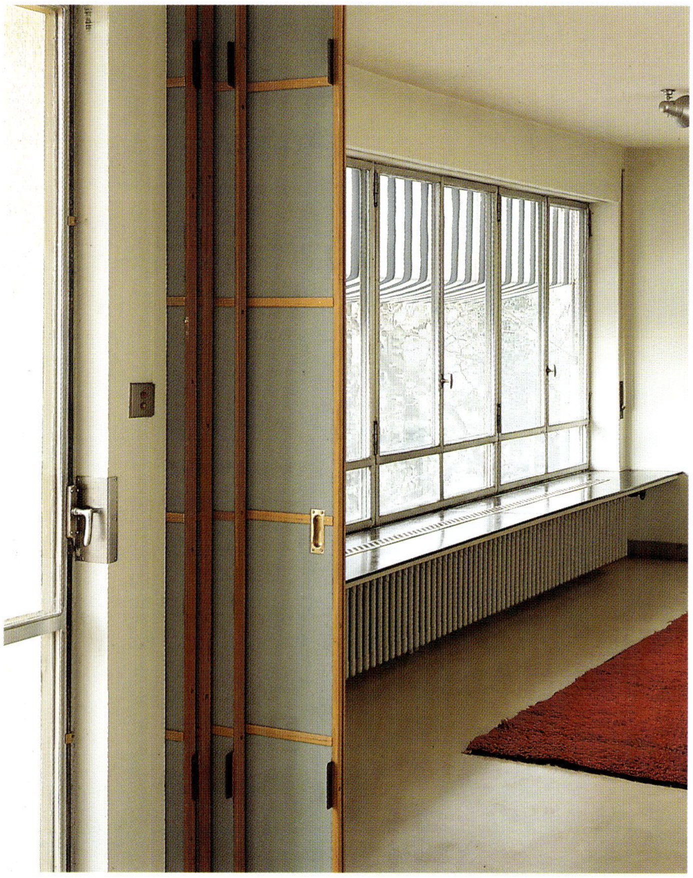
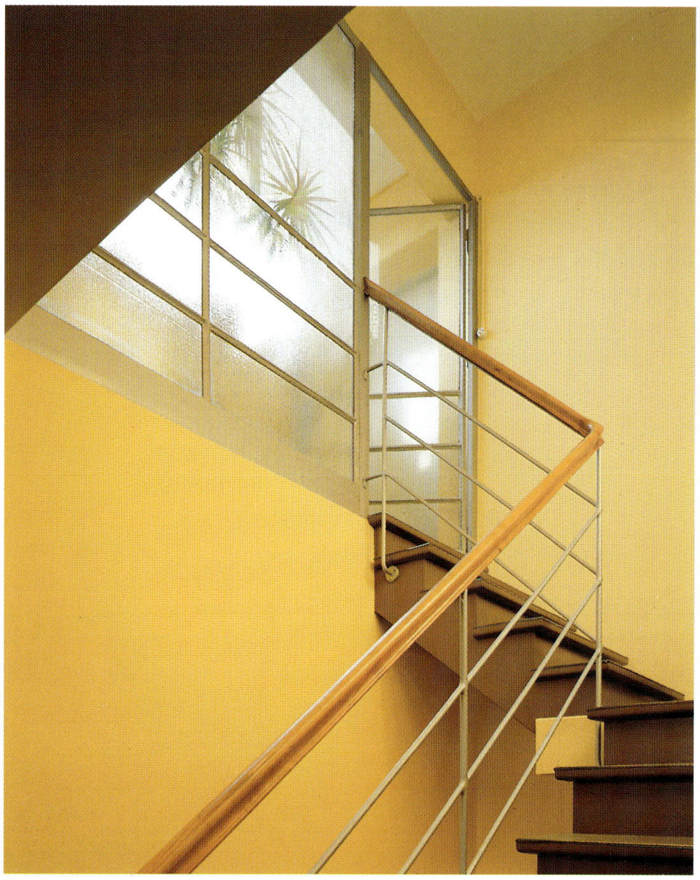
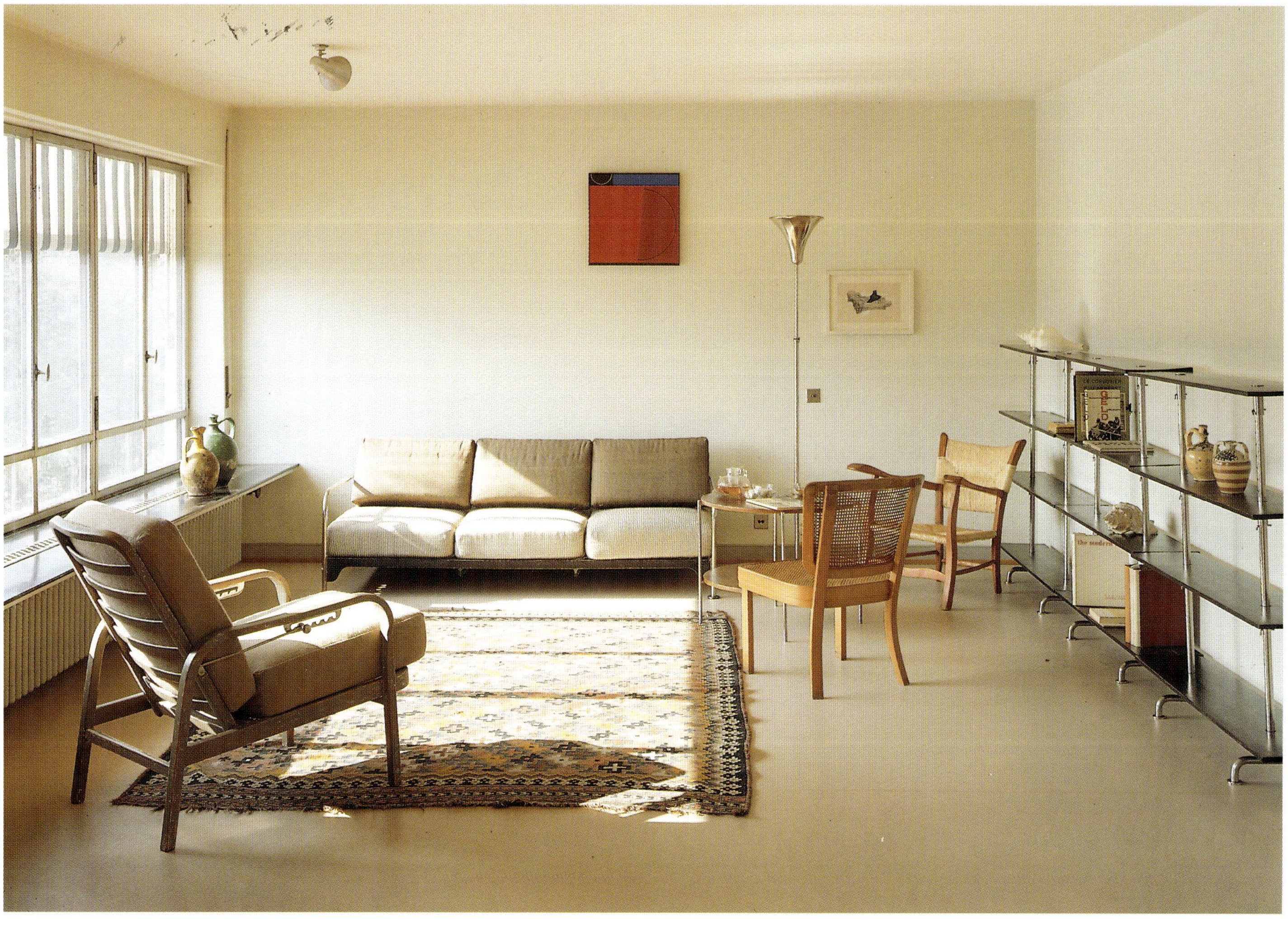

weitgehend wiederhergestellt. Zumindest eines der Häuser zeigt nun exemplarisch den ungeheuren Experimentiergeist und die Begeisterung für das räumliche und technische Detail, die auch noch Haefelis spätere Bauten in der Schweiz auszeichnen. Heute kann man in den Wasserwerkhäusern wieder den Geist der zwanziger Jahre erleben, und auch die so typische »Berliner Farbigkeit« der Räume ist hier wieder lebendig.

Die mehrteilige Schiebewand zwischen Wohn- und Eßzimmer.

Das Treppenhaus, ebenso wie die Wohnung in der wiederhergestellten Polychromie.

Der Wohnraum mit Möbeln von Max Ernst Haefeli.

Axonometrie, Rekonstruktion.

Grundrisse und Perspektiven von Max Ernst Haefeli.

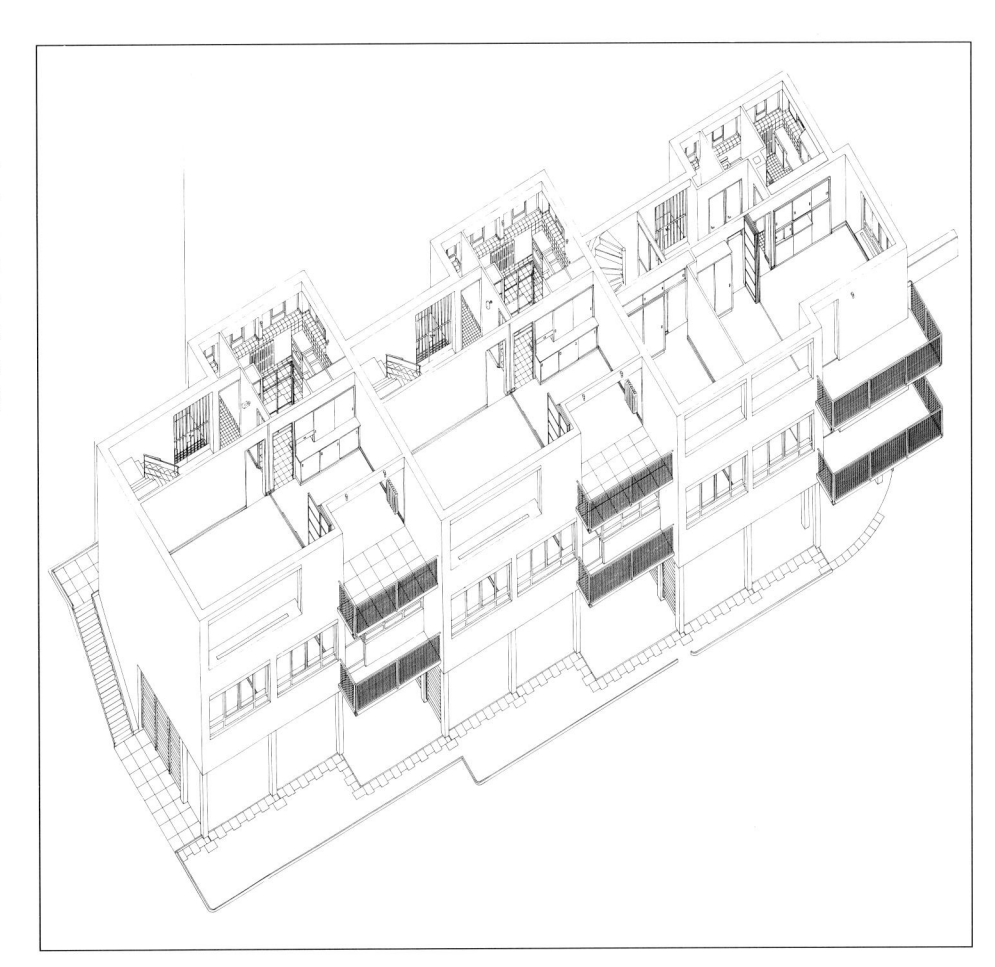

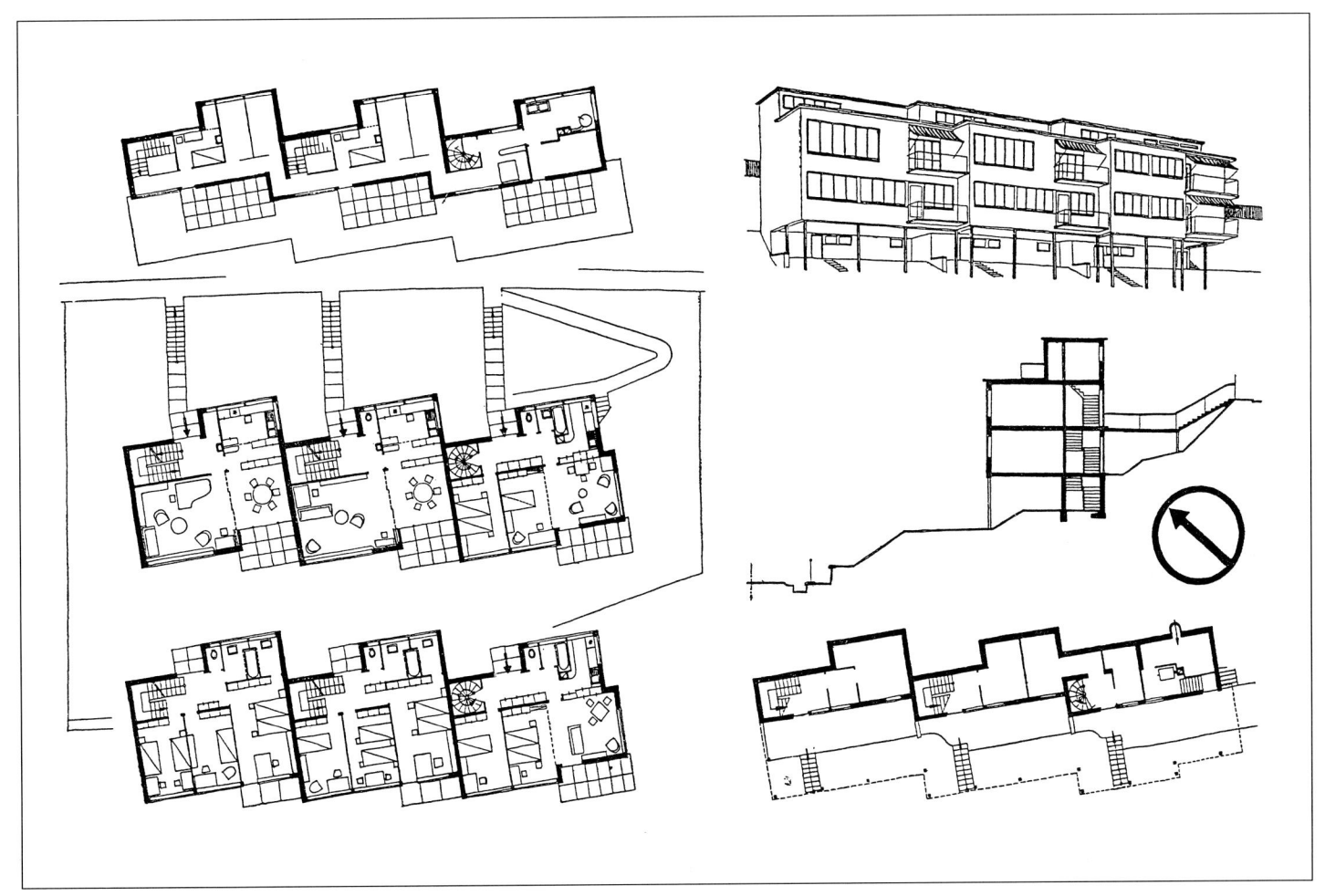

Adolf Loos

Haus Moller, Wien
1928

Bereits 1908 stritt Adolf Loos (1870–1933) mit seiner Schrift »Ornament und Verbrechen« für eine neue Auffassung vom Bauen und gab mit seinen frühen Entwürfen der modernen Bewegung den entscheidenden Anstoß. Bewegte das Haus am Michaelerplatz von 1910 noch derart die Gemüter, daß die Fassaden beinahe wieder heruntergenommen werden mußten, so ist das Haus Moller von 1928, einer seiner letzten Entwürfe, noch genauso konsequent, nur waren die Zeiten inzwischen anders; auch in Wien hatte man sich an die neue Architektur mittlerweile gewöhnt.

»Es ist mein größter Stolz, daß die Innenräume, die ich geschaffen habe, in der Photographie vollständig wirkungslos sind. Auf die Ehre, in den verschiedenen architektonischen Zeitschriften veröffentlicht zu werden, muß ich verzichten. Die Befriedigung meiner Eitelkeit ist mir versagt.« Seit dieser sarkastischen Aussage von 1908 wurden die Häuser von Loos unzählige Male abgebildet. Eine fotografische Wiedergabe der Innenräume, die seine architektonischen Gedanken, insbesondere den Raumplan vermitteln, ist in der Tat auch heute noch kaum möglich. Für Loos war das der Beweis, daß seine Häuser wirklich dreidimensional sind und daher zweidimensional kaum darstellbar.

Die Straßenseite des Hauses Moller, in Loosscher Manier kubisch gestaffelt, aber dennoch axialsymmetrisch.

Eine kleine Halle als Verteiler im ersten Stock. Fast alle Räume haben ein unterschiedliches Niveau.

»Durch Adolf Loos kam ein wesentlich neuer, höherer Raumgedanke zur Welt: Das freie Denken im Raum ...«, so bezeichnete es zumindest sein langjähriger Mitarbeiter Heinrich Kulka. Gemeint war »... das Planen von Räumen, die in verschiedenen Niveaus liegen und an kein durchgehendes Stockwerk gebunden sind, das Komponieren der miteinander in Beziehung stehenden Räume zu einem harmonischen, untrennbaren Ganzen und zu einem raumökonomischen Gebilde«. Obwohl dieses Loossche Entwurfsprinzip erst später von Kulka als Raumplan bezeichnet wurde, zieht sich dieser Gedanke systematisch durch das gesamte Werk des Architekten. Die Raumfolge des Grundrisses sollte sich frei im Raum entwickeln, und nicht durch ein konstruktives Gerüst festgelegt sein. Für den äußeren Bau bedeutet das die Terrassierung und Gliederung des meist kubischen Hauses durch Erker und Balkone, der inneren Einteilung folgend. Im Inneren ist die Raumbildung sehr differenziert, die Zimmer werden nicht nur auf einer Ebene miteinander verbunden, sondern auch vertikal durch versetzte Geschosse sowie unterschiedliche Höhen bestimmt. Die Räume sind also nicht auf ein Stockwerk beschränkt, sondern entfalten sich frei, je nach Zweck und Bedeutung in unterschiedlichen Größen und Höhen, und verbinden sich so zu einem dreidimensionalen Raumkontinuum innerhalb des geschlossenen Körpers.

In Wien baute Adolf Loos 1927–28 die hier abgebildete Villa für das Ehepaar Hans und Anny Moller, die konsequent nach dem Raumplan entworfen wurde. Sie ist weitgehend im Originalzustand erhalten und diente lange Zeit als Sitz des israelischen Botschafters. In diesem Haus – sechs Jahre vor sei-

Der kleine, etwas erhöht liegende Sitzerker, der zur Straßenseite hervorragt, aufgenommen vom Wohnraum.

Blick vom Wohnzimmer ins Eßzimmer, das einige Stufen erhöht ist. Die dunkle Vertäfelung vermittelt noch heute den Eindruck von Wiener Stil.

Der gleiche Blick wie das Foto zuvor in einer historischen Aufnahme, die den Originalzustand zeigt.

nem Tod entworfen – konnte Loos sein Entwurfsprinzip nahezu uneingeschränkt umsetzen. Schon der Grundriß zeigt, daß nur die Außenmauern als tragende Wände und der zentrale Schornstein die Grundrißgestaltung determinieren. Wenngleich Loos mit seinem Kampf gegen die gründerzeitliche Ornamentik bereits um die Jahrhundertwende zu einem der wichtigsten Vorreiter der Moderne wurde, vollzog er nie den vollständigen Bruch mit der traditionellen Architektur wie später die jüngeren Vertreter des Neuen Bauens. Er wurde als erster Moderner und als letzter Klassizist tituliert – beides beschreibt seine Architektur zutreffend. Schon die Eingangsfassade der Villa Moller spiegelt diesen Dualismus wider. Um die kubische Wirkung zu unterstreichen, ist der untere Teil als Bruchsteinsockel optisch verkürzt. Mit kantigem Volumen, flachem Dach und kristalliner Fassade reiht sich das Haus explizit in das Vokabular des Neuen Bauens. Die streng symmetrische Aufteilung verleugnet nicht das Formenrepertoire einer klassischen Villa. Jedes Fenster hat sich dem formalen Ausdruck der Symmetrie unterzuordnen, eine Auffassung, die in jener Zeit als Einschränkung der freien Raumentwicklung angesehen wurde. Erwartet man hinter dem zentralen Eingang auch eine zentrale Eingangshalle, sieht man sich wiederum getäuscht. Unten sind nur die Wirtschaftsräume, der schmale Flur läßt gerade genug Platz zum Umdrehen und um den Weg nach rechts ins erste Stockwerk einzuschlagen. Über ein Zwischenpodest führt die Treppe in die eigentliche Eingangshalle, die gleichzeitig Erschließungszone der Wohnräume ist. Von hier geht der Weg ins nächste Stockwerk, links liegt – einige Stufen höher – der Sitzplatz des Erkers, der schon von außen an der Eingangsfassade sichtbar ist. Der Erker ist in den größeren Raum gleichsam eingesetzt, überall gibt es unterschiedliche Raumniveaus und -höhen. Hier wird deutlich, was Loos unter dem »Raumplan« verstand. Allerdings ergab sich dadurch für ihn die Schwierigkeit, den Grundriß der formalisierten Fassade zuzuordnen. Es entstanden oft kleine und enge »Resträume«, meist in den Ecken gelegen. Loos wollte preiswert und ökonomisch bauen, und Heinrich Kulka betonte denn auch optimistisch: »Die Grundlage zur Raumökonomie schafft ein einzelner: Adolf Loos.« Zwar läßt sich durch den Raumplan rein rechnerisch mehr Bauvolumen im Hausblock unterbringen, aber er verlangt eher große, ineinander übergehende Zimmer mit großzügigen Treppen, wie es auch die stockwerkübergreifenden Entwürfe von Le Corbusier zeigen. Loos hingegen »kastelte« die Zimmer eng zusammen, damit sie in den Kubus oder Quader »hineinpassen«, wie es bei einigen Häusern den Anschein hat. Dadurch fehlt den komplizierten Verschachtelungen das nötige Volumen, so daß den Häusern gelegentlich die für das Neue Bauen sonst typischen großzügigen Räume fehlen. Weniger Raumeinteilung bei gleicher Größe, so scheint es, wäre vielleicht besser gewesen. Diesen Widerspruch zwischen dem »inneren« Raumplan und der äußeren Gestaltung konnte Loos auch im Haus Moller nicht lösen.

Obwohl Adolf Loos einer der ersten im Kampf gegen die seiner Meinung nach sinnentleerte Ornamentik des Eklektizismus war, konnte er auch in seinen letzten Entwürfen nicht dem abstrakten Funktionalismus des Neuen Bauens folgen. Seine Fassaden zeigen nicht nur die innere Aufteilung, sondern bleiben gleichzeitig Bedeutungsträger von Geschichte und formaler Gestaltung. So verweist auch das Haus Moller auf Parameter der klassischen Villa, allerdings ohne auf applizierten Dekor zurückzugreifen; vielmehr wird die freie Fassade selbst ästhetisiert.

Es hat lange gedauert, bis die zynischen Schriften von Adolf Loos in ihrer historischen Bedeutung angemessen bewertet wurden. Die gründerzeitliche Ornamentierung ist schon lange kein Verbrechen mehr, und obwohl Loos zunächst der radikalste Polemiker für eine moderne Achitektur war, wird er gerade in der jüngeren Zeit der Nach-Moderne in der aktuellen Wiener Architekturszene immer häufiger zitiert.

Blick vom Eßzimmer ins Wohnzimmer im ersten Stockwerk.

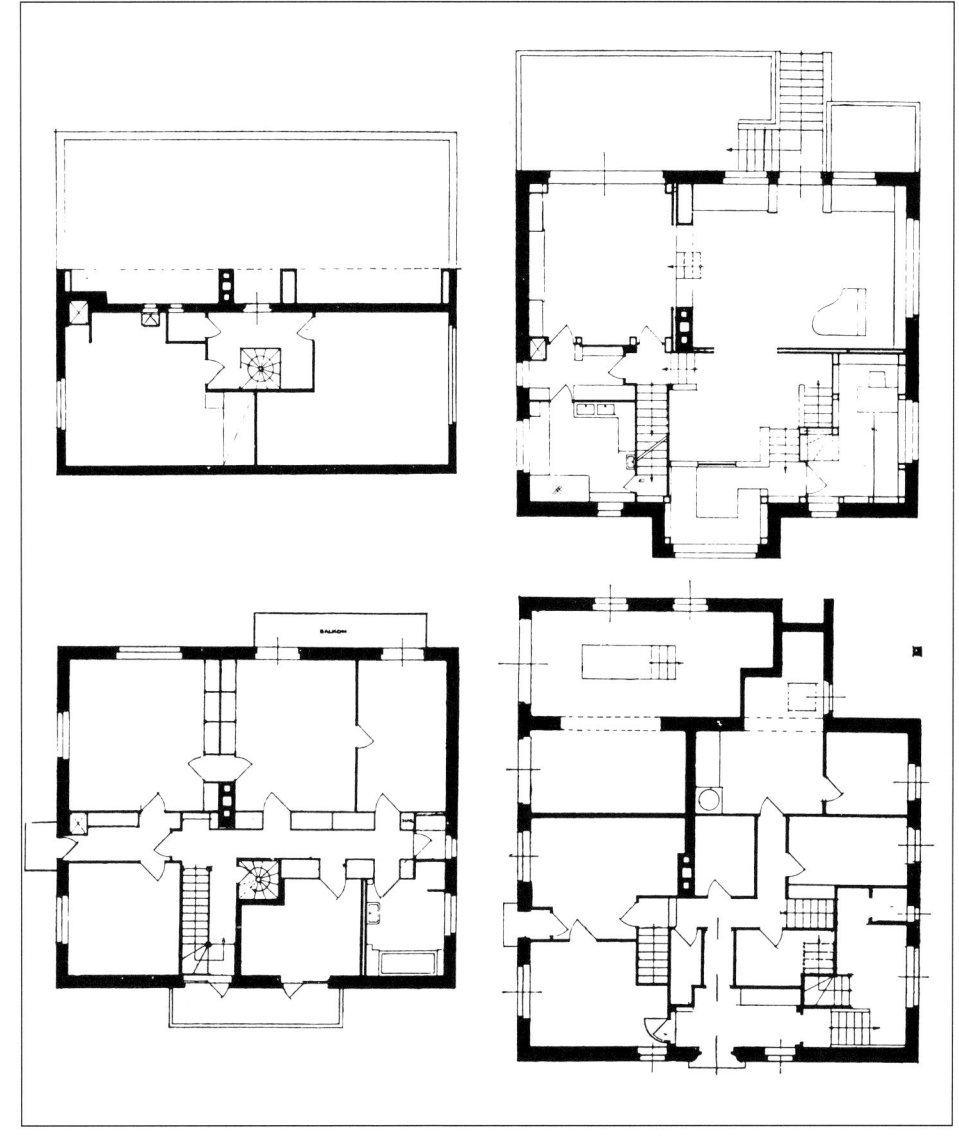

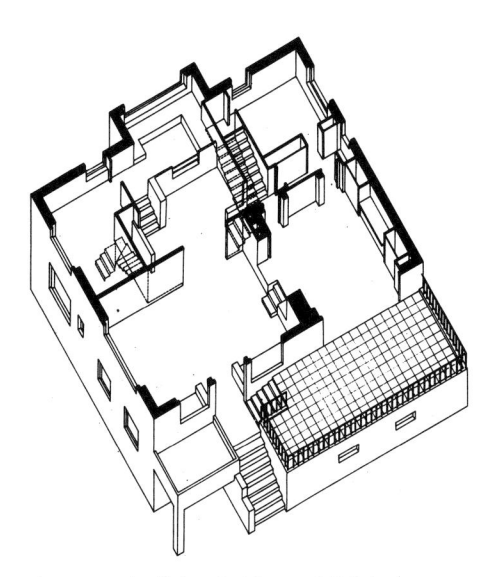

Axonometrie, Rekonstruktion und Originalgrundrisse.

Hans und Wassili Luckhardt

Haus am Rupenhorn, Berlin

1928

Die Brüder Luckhardt, Hans (1890 bis 1954) und Wassili (1889–1972), waren fester Bestandteil der Berliner Architektenszene der Avantgarde. Bereits nach dem Ersten Weltkrieg gehörten sie, wie auch Walter Gropius und Hans Scharoun, zu den jungen Architekten, die sich um Bruno Taut formierten und angesichts der miserablen Arbeitslage ihre expressionistischen Architekturzeichnungen in dem sogenannten »Utopischen Briefwechsel« untereinander austauschten. Hans und Wassili fertigten kristalline Kultbauten, um »aus dem Chaos der Urformen ein sinnvolles Ganzes« zu entwickeln. In jener Zeit signierten die Brüder ihre Zeichnungen noch einzeln; mit den ersten Bauaufträgen bildeten sie dann eine Arbeitsgemeinschaft, die sich über dreißig Jahre bewährte.

Die Südansicht mit der ellipsenförmig auskragenden Terrasse.

Sie schlossen sich mit dem bereits bauerfahrenen Architekten Alfons Anker zusammen, der entscheidend dazu beitrug, den intellektuellen Erfindergeist von Hans und die ästhetische Ausdruckskraft Wassilis realisierbar umzusetzen. Dies geschah zu einem Zeitpunkt – so scheint es – als das »sinnvolle Ganze« bereits gefunden war. Erstaunlich schnell schworen sich die Brüder dann auf die kubischen Formen des Neuen Bauens ein, von der expressionistischen Vergangenheit hatten sie sich offenbar nachhaltig befreit. Im Berlin der zwanziger Jahre entwarfen sie die vielleicht puristischsten und elegantesten Häuser im neuen funktionalistischen Stil, von denen auch einige ausgeführt wurden. So ist das hier abgebildete, 1928 entworfene Haus am Rupenhorn stark von der Architektur Le Corbusiers geprägt und zeigt kaum noch Spuren der nur wenige Jahre zuvor entstandenen kristallinen Entwürfe.

Der Rupenhorn am Rande Charlottenburgs war schon damals eine bevorzugte Wohngegend, nicht weit entfernt steht Erich Mendelsohns ehemaliges Privathaus. Wassili und Hans Luckhardt planten auf dem Areal drei Einfamilienhäuser, von denen zwei ausgeführt wurden. Die Stahlskelettkonstruktion ermöglichte größte Transparenz von innen nach außen; mit großen Fensterflächen öffnete sich das Haus zur umgebenden Waldlandschaft.

Ebenso klar wie die äußere Proportionierung ist die innere Einteilung: im Sockelgeschoß Garage, Küche und Wirtschaftsräume. Das Erdgeschoß hat einen großen Raum, der in Eß-, Wohn- und Bibliotheksbereich untergliedert ist. Im ersten Geschoß befinden sich die Schlafräume mit darüberliegender Dachterrasse. Zwar wirkt der kubische Baukörper zunächst in sich geschlossen, beinahe abweisend; mit der Dachterrasse und den weit ausschwingenden, ellipsenförmigen Terrassen, die der Gartenarchitekt Bertold Körting in die Gartengestaltung einbezog, öffnet sich das Haus jedoch mit einer großen Geste zum Garten und zur Landschaft. Körting nahm diesen Gedanken auf und ließ die natürliche Erhebung des Grundstücks in einer Mulde auslaufen, so daß sich das Haus weit über die Randhöhen der Havellandschaft erhebt.

Mit der Terrasse, der freien Fassadengestaltung, dem offenen Grundriß, dem horizontalen Fensterband und der Erhöhung des Hauses durch das Sockelgeschoß ist das Haus beinahe eine direkte Umsetzung der »Fünf Punkte zu einer neuen Architektur«, die Le Corbusier traktathaft formuliert hatte. Allerdings gibt es einen entscheidenden Unterschied:

Le Corbusier hatte paradigmatisch die Trennung von Wand und Stütze gefordert, weil dadurch erst die Fassade mit den horizontalen Fenstern und der of-

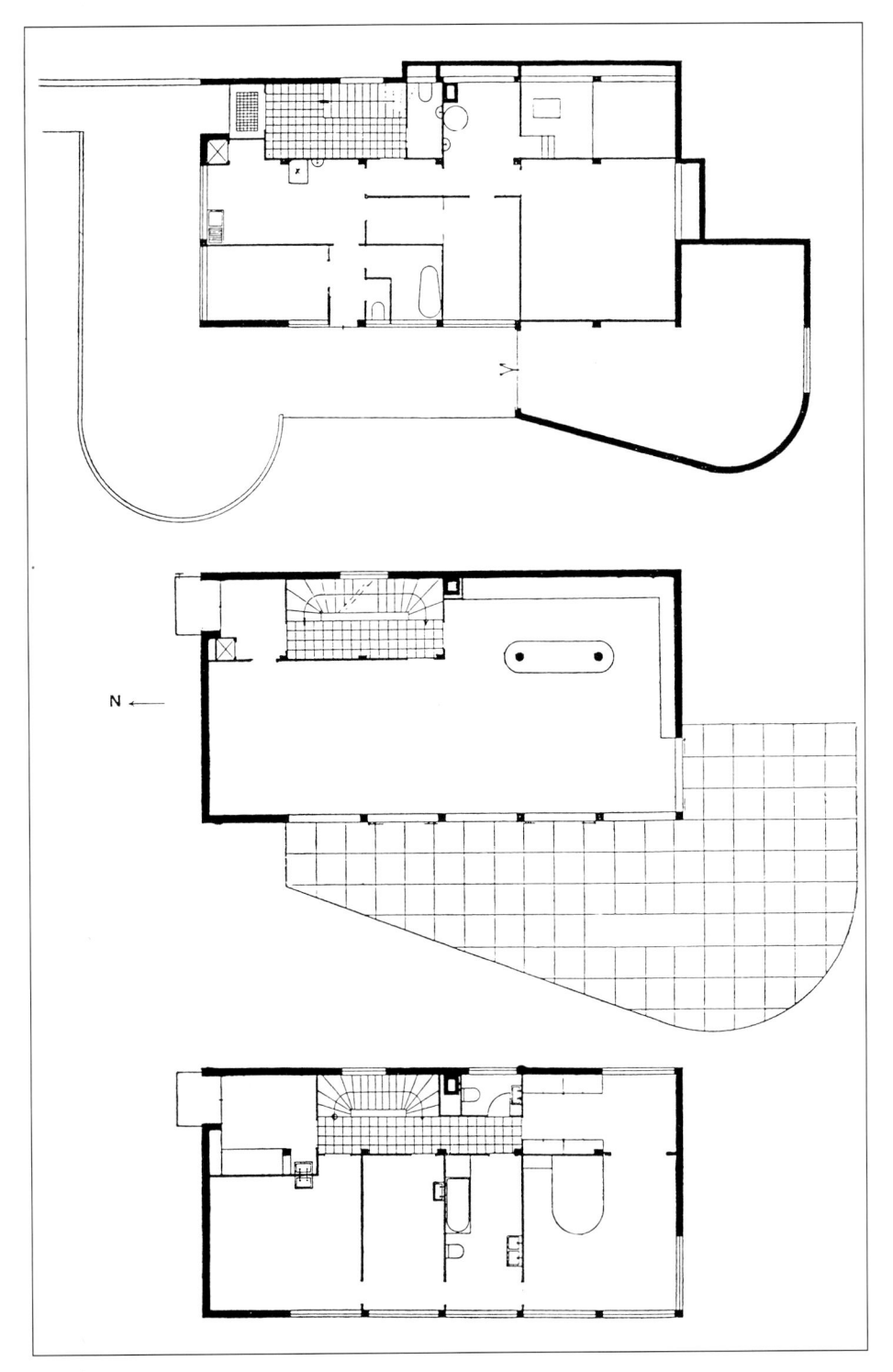

Grundrisse.

fene Grundriß möglich seien; gleichzeitig ist mit der freitragenden Wand der Nachteil der im Raum stehenden Stützen verbunden, welcher die freie Grundrißgestaltung wieder einschränkt. Mit einer ausgefachten Stahlskelettkonstruktion, bei der die schlanken Stützen zwischen den Fenstern der Westfassade durchlaufen, brachten die Brüder Luckhardt das Kunststück fertig, optisch denselben Eindruck wie bei einer freitragenden Konstruktion zu erzeugen und gleichzeitig im Innenraum weitgehend auf Stützen zu verzichten. Nur dort, wo es wirklich sinnvoll ist, wurde die »Wand« im Wohnraum auf zwei Stützen reduziert. Die Architektur Le Corbusiers wurde von den Brüdern Luckhardt weitergeführt, gleichsam pragmatisch korrigiert oder auf die ästhetische Aussage reduziert.

Die Häuser sollten ein Manifest werden, ein Lebensbekenntnis für eine neue Wohnkultur, die ein neues Lebensgefühl vermittelt. Als weiße, verputzte Quader mit horizontalen Fensterbändern, Dachterrassen und ineinanderfließenden Räumen mit möglichst wenig Trennwänden sollten die luxuriösen Häuser mediterranen Esprit an die Spreestadt holen. So ist es auch zu erklären, daß die Luckhardts in ihrer späteren Publikation des Hauses die »störenden« Heizkörper zwischen den großen Fenstern im Wohnraum einfach wegretuschieren ließen. Auch an anderer Stelle griffen sie in ihre eigene Geschichtsschreibung gelegentlich korrigierend ein: So wurden Projekte, die während des »Dritten Reiches« entstanden, später umdatiert. Aus dem projektierten »Kristall auf der Kugel« von 1920, das sie 1934 als »Häuser der Arbeit« zu einem Wettbewerb noch einmal eingereicht hatten, entfernten sie im nachhinein gar das Hakenkreuz. Nachdem Hans Luckhardt bereits in den fünfziger Jahren gestorben war, konnte Wassili noch einige Projekte im Nachkriegsdeutschland verwirklichen und die gemeinsam begonnene Arbeit fortsetzen. Der bekannteste Bau aus jener Zeit ist das Landes- und Versorgungsamt in München von 1957, das trotz vehementer Einsprüche erst vor wenigen Jahren abgerissen worden ist. Hatte Wassili noch 1920 gefordert, mit »der Baukunst ein Abbild des Kosmos zu geben, das indirekter, unmittelbarer und allumfassender ist, als frühere Zeiten es gegeben haben«, so war es für ihn rückblickend doch erstaunlich, in wie kurzer Zeit sich damals eine gemeinsame Formensprache entwickelt hatte, die auf gleichen weltanschaulichen Ideen basierte. Vielleicht war jener Ausdruck doch zu kompromißlos und zu einseitig, um einen dauerhaften Stil hervorzubringen, wie es sich die beiden Berliner Pioniere einst erträumt hatten.

Die Westansicht im heutigen Zustand.

Nordwestansicht kurz nach der Fertigstellung des Hauses.

Der große Wohnraum mit den später wegretuschierten Heizkörpern.

Eine Perspektive der Nordwestansicht.

Ein Foto aus der Bauzeit zeigt die filigrane Skelettbauweise, die dennoch horizontale Bandfenster ermöglichte.

Josef Frank

Haus in der Wenzgasse, Wien
1929

Zu den wichtigsten Vertretern der österreichischen Architektur der zwanziger Jahre gehört Josef Frank (1885 bis 1967). Er stand einer einseitigen Ausrichtung des Neuen Bauens zunächst skeptisch gegenüber; für ihn sollte ein Architekt eher »Fähigkeit und Willen haben, etwas Schönes zu machen, das kein Kunstwerk ist«. Obwohl Frank als Mitglied des Österreichischen Werkbundes mit einem Doppelhaus an der Weißenhofsiedlung in Stuttgart 1927 teilnehmen konnte und er Gründungsmitglied der CIAM war, wandte er sich immer mehr gegen die rationalistische Bauauffassung der »weißen« Moderne. Ebenso wie Adolf Loos sah auch Frank die neue Architektur auf dem Boden der klassischen Tradition, und beide Architekten befanden sich stets in einer eher polemischen Distanz zum Internationalen Stil. 1931 rechnete er in sei-

Die kubische, straßenseitige Nordostfassade mit weit vorkragendem Mittelrisalit in einer historischen Aufnahme.

Details der Nordostansicht heute.

nem Aufsatz »Was ist modern?« mit der deutschen Architektur ab, die er prinzipiell zwar für richtig, dafür aber meist für leblos hielt. Eine Gefahr sah er prophetisch in der prinziphaften Ablehnung der Tradition: »Traditionslosigkeit gibt es nicht, und es geht nicht an, sich von der ganzen überlieferten Kultur zu befreien. Das Maschinenzeitalter ist nicht neu, sondern seit jeher in Europa vorbereitet gewesen, da immer im gleichen Sinn gedacht worden ist, und das macht den Gegensatz des Europäers zu allen übrigen Rassen aus. Kunst hat mit Mechanisierung gar nichts zu tun, bleibt von ihr unbeeinflußt, außer manches Mal in der Stoffwahl, die aber nebensächlich ist. (...) Die alte Kunst ist die neue Kunst, die neue Gestaltung ist das alte Kunstgewerbe.«

Mit einem Studium an der Technischen Hochschule Wien und einer Dissertation über Leon Battista Alberti blieb die klassische Ausbildung für Franks Werk lange Zeit bestimmend. Das hier abgebildete Haus Dr. Beer in der Wiener Wenzgasse ist ein typisches Beispiel für seinen Versuch, Wiener Bautradition mit moderner Architektur zu verbinden. Die großbürgerliche Villa an der Wenzgasse wurde in Massivbauweise erstellt, hatte einen naturfarbenen Außenputz mit weißen Innenwänden. Schon der Fassade des Hauses sieht man die bewußt und klar strukturierte Proportionierung an. Zwar verwendete Frank keine Ornamente oder Stilzitate vergangener Epochen, was er ebenso strikt ablehnte; die Zuordnung der Fenster und Türen sowie das Maß des Erkers mit dem kreisrunden Fenster beruhen jedoch auf einem Proportionsschema der Triangulation, das schon in der Gotik angewandt wurde. Im Gegensatz zu vielen seiner berühmten Kollegen verfaßte Josef Frank aber nie ein verbindliches Architekturtraktat oder entwickelte gar ein Maßsystem, wie es Le Corbusier mit dem Modulor getan hatte. In seinem eher populär geschriebenen Buch »Architektur als Symbol« resümierte er noch 1931, daß der große Baugedanke noch immer nicht realisiert sei: »Wir warten seit langem auf das große Werk der neuen Baukunst, welches das Wollen unserer Zeit so groß darstellt, daß es als Wahr-

104

»Das Haus als Weg und Platz«, wie es Frank bezeichnete. Die Treppenanlage mit zweigeschossiger Halle und Speisezimmer.

Der Blick von der Halle in den gartenseitigen Erker.

Die Westansicht auf der Gartenseite mit den konisch verlaufenden Wänden des Erkers im Erdgeschoß.

Nordostansicht im heutigen Zustand.

zeichen und Symbol über die Welt leuchten soll wie einst die Kuppel Brunnelleschis.« Als Professor an der Wiener Kunstgewerbeschule lehnte er es sogar ab, eine Meisterklasse zu führen, um die Studenten nicht auf seinen Stil festzulegen. Auch für den Entwurf eines Wohnhauses lieferte Frank kein eindeutiges Konzept: »Der Streit um das Haus als Gebrauchsgegenstand, was es bekanntlich nicht ist, und um das Haus als Kunstwerk, was es bekanntlich auch nicht ist, ist eine Ursache der heutigen Unklarheiten. Ich halte es für zwecklos, diese Frage endgültig entscheiden zu wollen.«

Josef Frank ging die Probleme des Einfamilienhauses von innen, von der praktischen Seite her an. Ein Haus sollte wie ein Mikrokosmos die Bedingungen eines Stadtgefüges als Makrokosmos widerspiegeln. Die Zimmer, Flure und Treppen müßten in einem sinnfälligen Zusammenhang stehen, wie die Wege und Plätze einer organisch gewachsenen Stadt. Das mag bei der formalistischen Fassade des Hauses in der Wenzgasse wider-

sprüchlich klingen, denn erst das Innere zeigt, daß Franks Verdienst darin lag, diese beiden Pole miteinander zu verbinden. Eines der wichtigsten Elemente für den Entwurf war nach seinen Aussagen die Treppe als Zentrum des Hauses. Sie ist so angelegt, daß sämtliche Wohnräume auf verschiedenen Zwischenpodesten liegen und alle Räume durch die Treppe miteinander verbunden werden. Zunächst betritt man die Halle in Richtung der Treppe, die ihre Stufen mit leichter Drehung dem Eintretenden zuwendet. Nach wenigen Stufen sieht man auf dem ersten Podest durch eine große Öffnung in das wichtigste Zimmer des Hauses: das mit Eichenparkett ausgestattete Wohnzimmer. Von diesem Podest führt die Treppe mit geradem Lauf zu den beiden versteckteren, aber mit dem Wohnzimmer eng zusammenhängenden Räumen, Arbeitszimmer und Salon. Hier ist das Wohngeschoß zu Ende. Um dies zu betonen, führt nun die Treppe in umgekehrter Wendung in das nächste Geschoß mit den Schlafräumen, wodurch eine deutliche

Aussicht vom Wohnraum in den Garten.

Die Treppe verbindet die Bibliothek mit dem Wohnraum und der Halle über verschiedene Niveaus, ähnlich dem Raumplan von Adolf Loos.

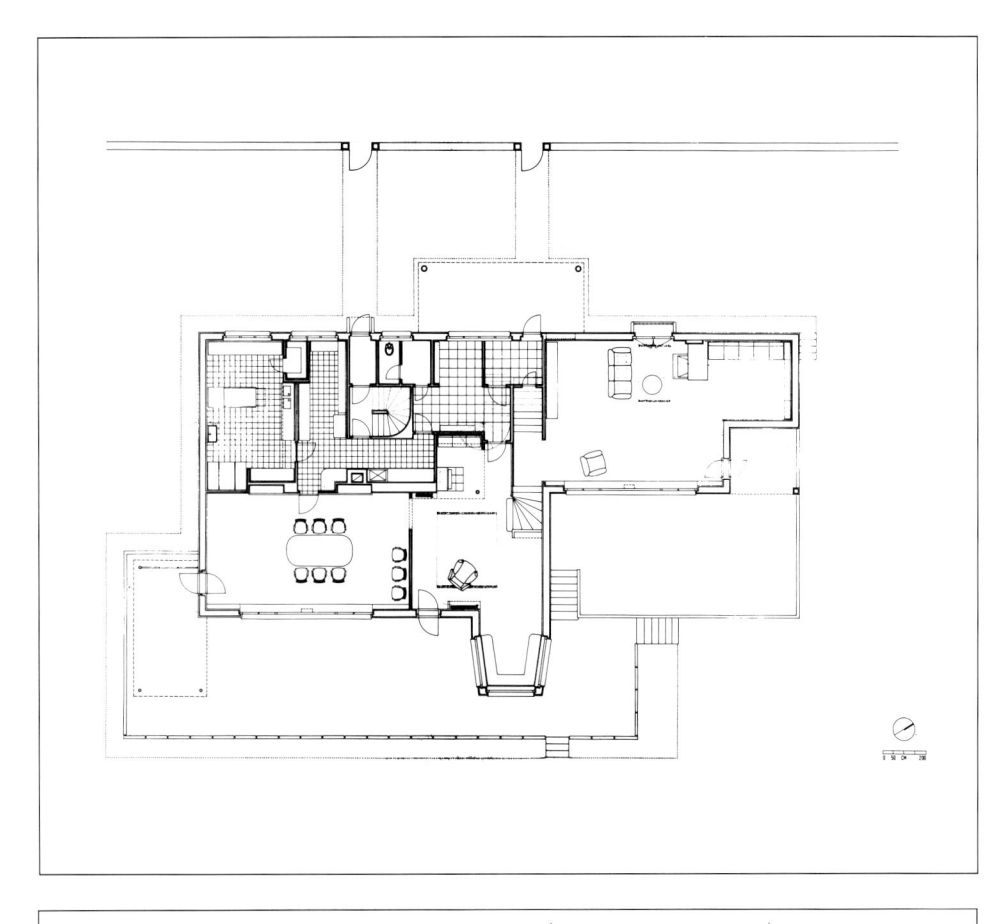

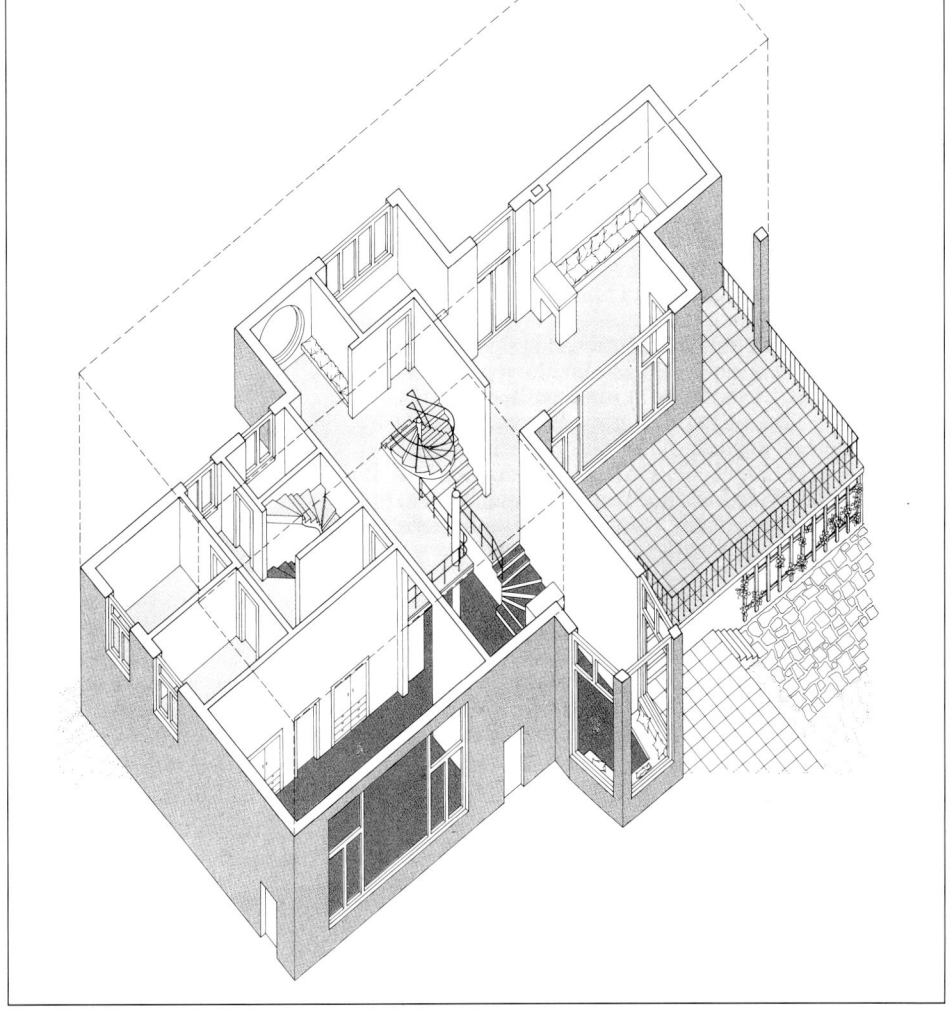

Teilung des Hauses erreicht wird. Josef Frank versuchte, den statischen Raum aufzulösen, um bei geringer Quadratmeterzahl noch großzügige Räume zu schaffen. Die versetzten Zwischengeschosse mit ihren schiffsartigen Geländern erinnern an die Innenräume Hans Scharouns. Allerdings ging Frank noch nicht so weit, vom rechten Winkel abzurücken, obwohl er früh erkannte, daß der »rechteckige Raum der zum Wohnen ungeeignetste« ist. Hier noch Theorie, lassen lediglich die stumpfen Winkel des Gartenerkers den Wandel des Architekten erahnen. Erst in der Emigration in Schweden und besonders in der Zeit nach dem Krieg wurden Josef Franks Entwürfe ungebundener, die Grundrisse geschwungener und die Fassaden freier. Sie unterlagen nicht mehr dem Primat des rechten Winkels, waren zeitgebunden und damit in Franks Sinn modern: »Modern ist das Haus, das alles in unserer Zeit Lebendige aufnehmen kann und dabei doch ein organisch gewachsenes Gebilde bleibt.«

Grundriß des Erdgeschosses, Rekonstruktion.

Axonometrie, Rekonstruktion.

Erich Mendelsohn

Haus Mendelsohn, Berlin
1929

Der junge Erich Mendelsohn (1887 bis 1953) fiel nach dem Ersten Weltkrieg mit Architekturvisionen auf, die in organischen Linien, dynamischen Kurven und kantigen Ecken neue Wege zur modernen Architektur eröffneten. Seine phantasievollen Zeichnungen waren teilweise noch im Schützengraben entstanden und zeigen den unbändigen Willen zu geistiger und künstlerischer Erneuerung, der für jene Jahre so typisch war. Dynamische Funktionalität wurde seinen Entwürfen bescheinigt, und während andere Modernisten nach dem Ersten Weltkrieg noch in utopischen Phantasien schwelgten, schien Mendelsohn ein Konzept für die Praxis anzubieten. Kurz nachdem er seine Skizzen in Ber-

Die gestreckte, kubische Westseite des Hauses, zu den Havelseen orientiert, Zustand kurz nach Fertigstellung. Die Wohnräume haben schmal gefaßte Metallfenster, die teilweise versenkbar waren, während die Schlafräume mit aufgesetzten Holzfenstern versehen sind.

Der Arbeitstisch mit einklappbarer Schreibplatte im Zimmer der Tochter.

Originaleinrichtung im Zimmer der Dame.

lin ausgestellt hatte, erhielt er seinen ersten Auftrag für den berühmten Einsteinturm in Potsdam, in dem ein Teil der Relativitätstheorie praktisch überprüft werden sollte. Mendelsohn war nun gezwungen, seine phantastischen Entwürfe in gebaute Architektur umzusetzen. Es gelang nur teilweise, der Turm sollte in Beton errichtet werden, aber die Verschalung der plastischen Formen erwies sich als zu aufwendig. Er wurde schließlich gemauert und verputzt, und Mendelsohn erwiderte später auf die Frage, ob er so einen Bau noch einmal errichten würde, mit Bestimmtheit: »Nie wieder!«

Dennoch machte ihn der Einsteinturm mit einem Schlag bekannt. Mit organisch-dynamisierenden Formen hatte Mendelsohn einen zeitgemäßen Übergang von Jugendstilformen zum Neuen Bauen gefunden, mit einem expressionistischen Ausdruck, der unmißverständlich auf die Funktion des Gebäudes bezogen war. Er erhielt weitere Aufträge und wurde zwischen den beiden Kriegen einer der erfolgreichsten und meistbeschäftigten Architekten Berlins. Zeitweise arbeiteten für Mendelsohn vierzig Mitarbeiter in seinem Büro, das zu den größten in Europa zählte. Mit seinen bekannten Kaufhäusern in Stuttgart, Nürnberg und Chemnitz entwickelte er beinahe eine architektonische Produktsprache, die noch Jahre später weltweit kopiert wurde. Immer gehörten zu seinen Bauten Fensterbänder mit kontrastierenden Stahlprofilen; auffällig waren seine runden Ecken oder gläsernen Treppenhäuser. Mendelsohns großer Erfolg gründet auch in der Tatsache, daß er im Gegensatz zu vielen modernen Baukünstlern ein solide ausgebildeter Architekt war. Zudem war es auch der Einfluß der holländischen De-Stijl-Gruppe und die Architektur Frank Lloyd Wrights, die er funktionsgerecht und zeitgemäß im Sinne einer großstädtischen Architektur umsetzte. Für ihn war es einfach die logische Verbindung zwischen zwei Polen, wie er es nannte, »dem Rationalen und dem Irrationalen«.

Auf dem Höhepunkt seines Erfolgs baute Mendelsohn sich ein Haus in Berlin, das ein gleichermaßen perfektes wie kunstvolles Manifest des Neuen Bauens ist. 1929 hatte er sich dafür ein wunderschönes Grundstück an der Havel gekauft. Es sollte ein Traumhaus werden, in das er vernarrt war, wie seine Frau später berichtete. Alles sollte vollkommen sein, jedes Detail wurde von ihm selbst entworfen und gezeichnet. Der Baukörper des Hauses ist kubisch und rechtwinklig, eher rational, ohne die geschwungenen Formen der frühen Entwürfe. Dennoch zeigt gerade die Gartenfassade durch die Staffelung der Volumen, die Profilierung der unteren, leicht zurückgesetzten Fenster und den Rhythmus der oberen Fenster eine subtile Dynamisierung des Baukörpers und eine differenzierte Bezugnahme zur Natur – und dies ohne die Wände einfach in Glas aufzulösen, womit es sich das Neue Bauen des öfteren nur allzu

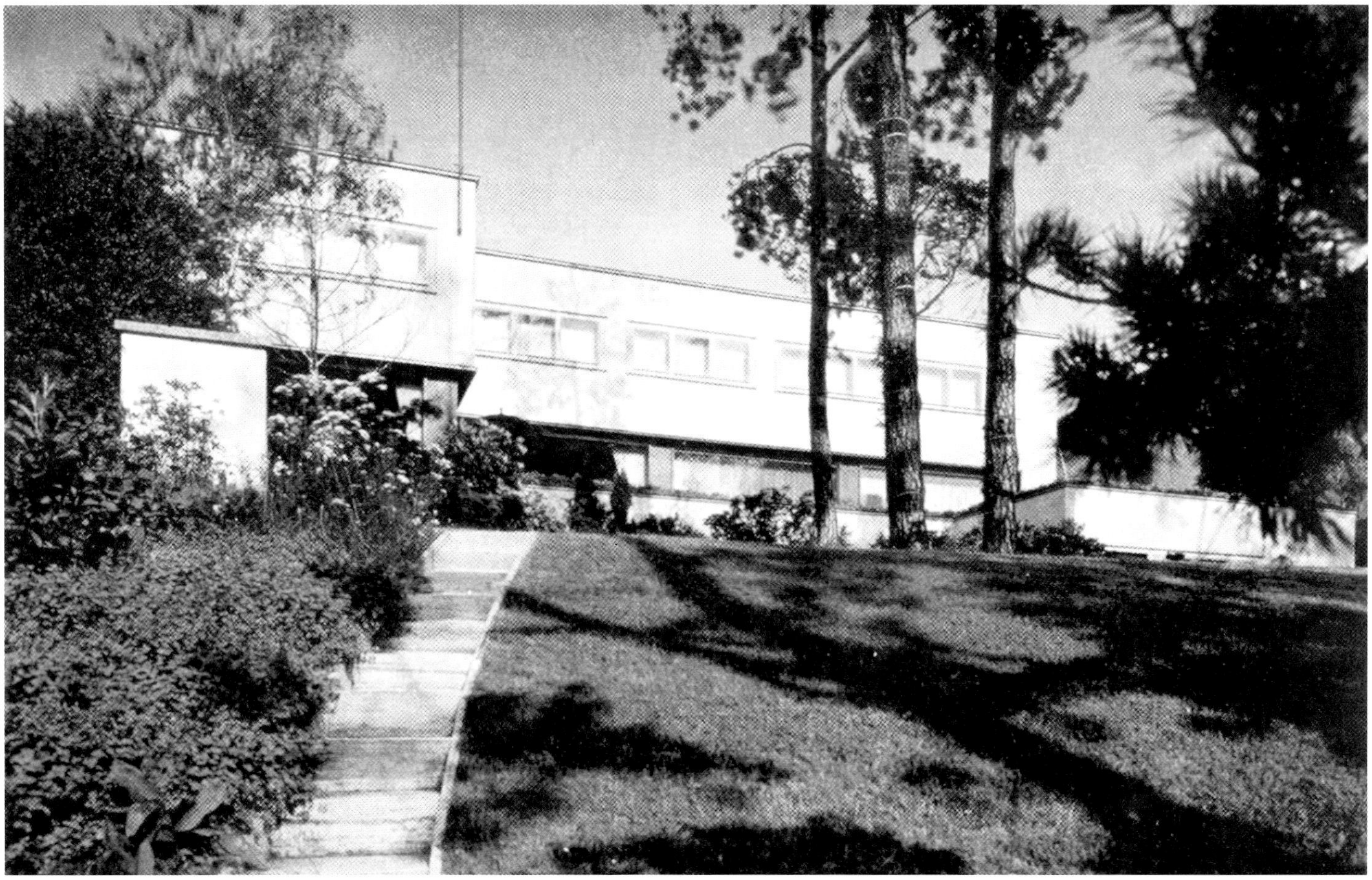

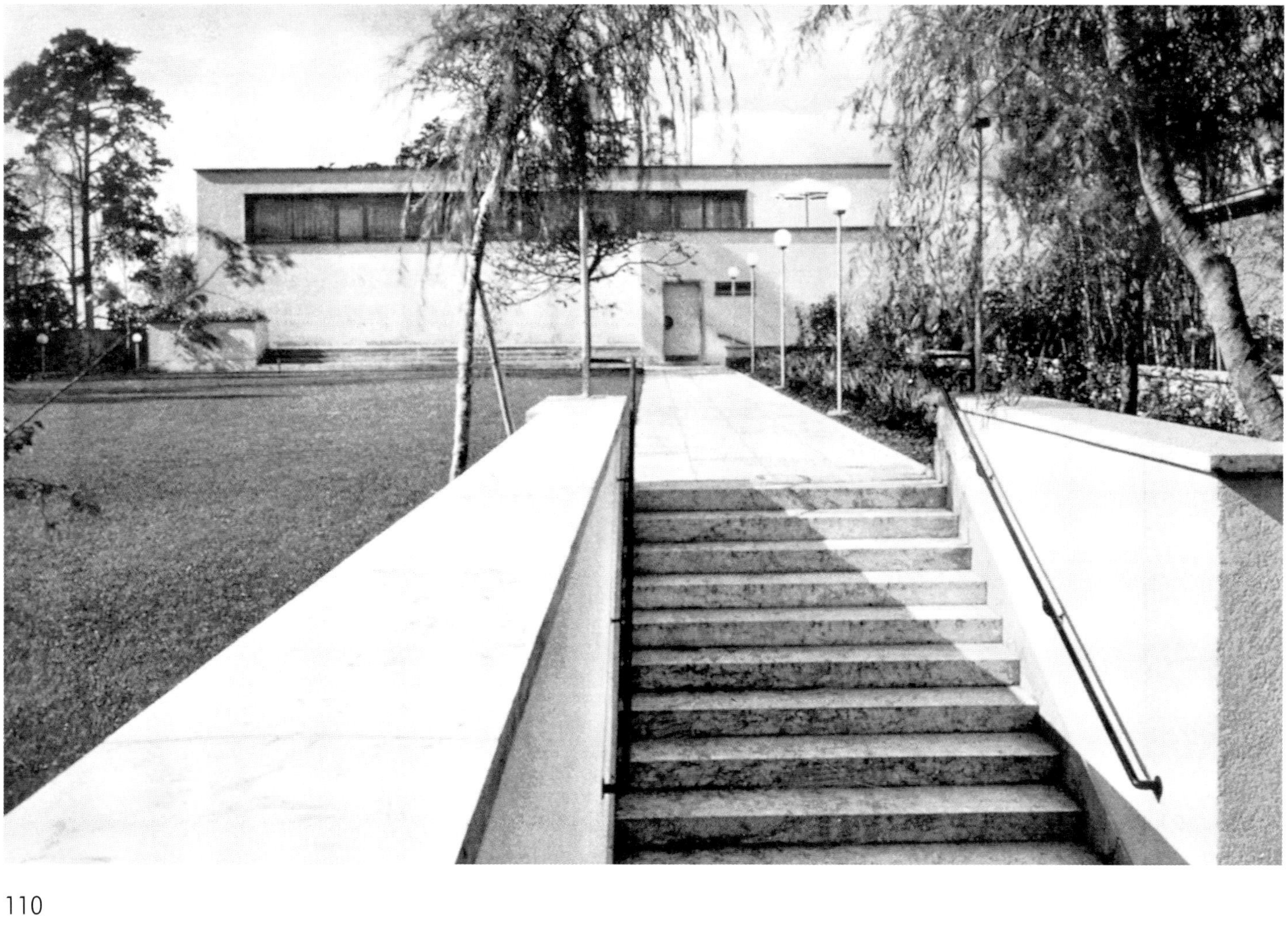

leicht machte, um den vielzitierten Naturbezug herzustellen. Die additiv angeordneten Wohnräume und das Musikzimmer mit dem vorgelagerten Eßzimmer liegen parallel zum Havelsee, die Fenster an der Terrasse konnten zur Gartenseite teilweise versenkt werden. Im oberen Stockwerk liegen die Schlafzimmer und zusätzlich ein Arbeitsraum über dem Eßzimmer. Einrichtung und Einteilung der Räume waren auch für jene Zeit eher konventionell, aber bis ins Detail durchdacht und ausgearbeitet. Auch die Möbel und Einrichtungsgegenstände wurden von Mendelsohn eigens für dieses Haus entworfen und in Einzelanfertigung hergestellt. Perfekt war auch die Haustechnik; der Begriff der Wohnmaschine ist hier beinahe wörtlich zu nehmen, wobei das Haus vom großbürgerlichen Wohnideal geprägt ist und nicht von der spartanischen Industrieästhetik, die das Neue Bauen zuweilen auszeichnete.

Am Ende des Hauses liegt der größte Raum, das Musikzimmer. Hier gab es einen Musikschrank, in den die Instrumente eigens eingepaßt waren. Musik zählte zu den wichtigsten Dingen in Mendelsohns Leben. Oftmals, wenn er am Zeichentisch saß, hörte er immer wieder eine Bachsche Fuge. Architektur hatte für ihn viel mit umgesetzter Musik zu tun. Amedée Ozenfant, der Maler und frühe Weggenosse Le Corbusiers, geriet über das Haus am Rupenhorn so ins Schwärmen, daß er es mit Goethes Klassik verglich. Zusammen mit Mendelsohn veröffentlichte Ozenfant ein Buch, das alle Details und Einrichtungen aus dem Haus genau zeigte. Für Mendelsohn sollte das Haus am Rupenhorn der Beginn einer neuen Periode werden, es dokumentierte erstmals ein Gebäude ganz im Repertoire der Neuen Sachlichkeit. Noch 1932 hoffte Mendelsohn auf einen schöpferischen Sinn der damaligen Krise, wie er es in einem gleichnamigen Vortrag in Zürich voller Vorahnungen beschrieb. Er hoffe auf das Gesetz der Einheitlichkeit des Lebens, die Übereinstimmung aller seiner Teile, auf Geist und Vernunft des Menschen, und er hoffe auf eine elemen-

Der Garten auf der Westseite.

Die rationale Proportionierung der Eingangsseite. Die geschlossene Fassade zeigt, daß die Wohnräume nur zum Westen geöffnet sind, lediglich die Schlafräume haben durch das zusammengefaßte Fensterband Licht von Osten.

Das Eßzimmer mit Stühlen aus dunklem Nußbaum von Erich Mendelsohn entworfen.

Der große Wohn- und Musikraum mit einem Relief von Mataré und der damaligen Einrichtung von Mendelsohn, die nicht mehr vorhanden ist.

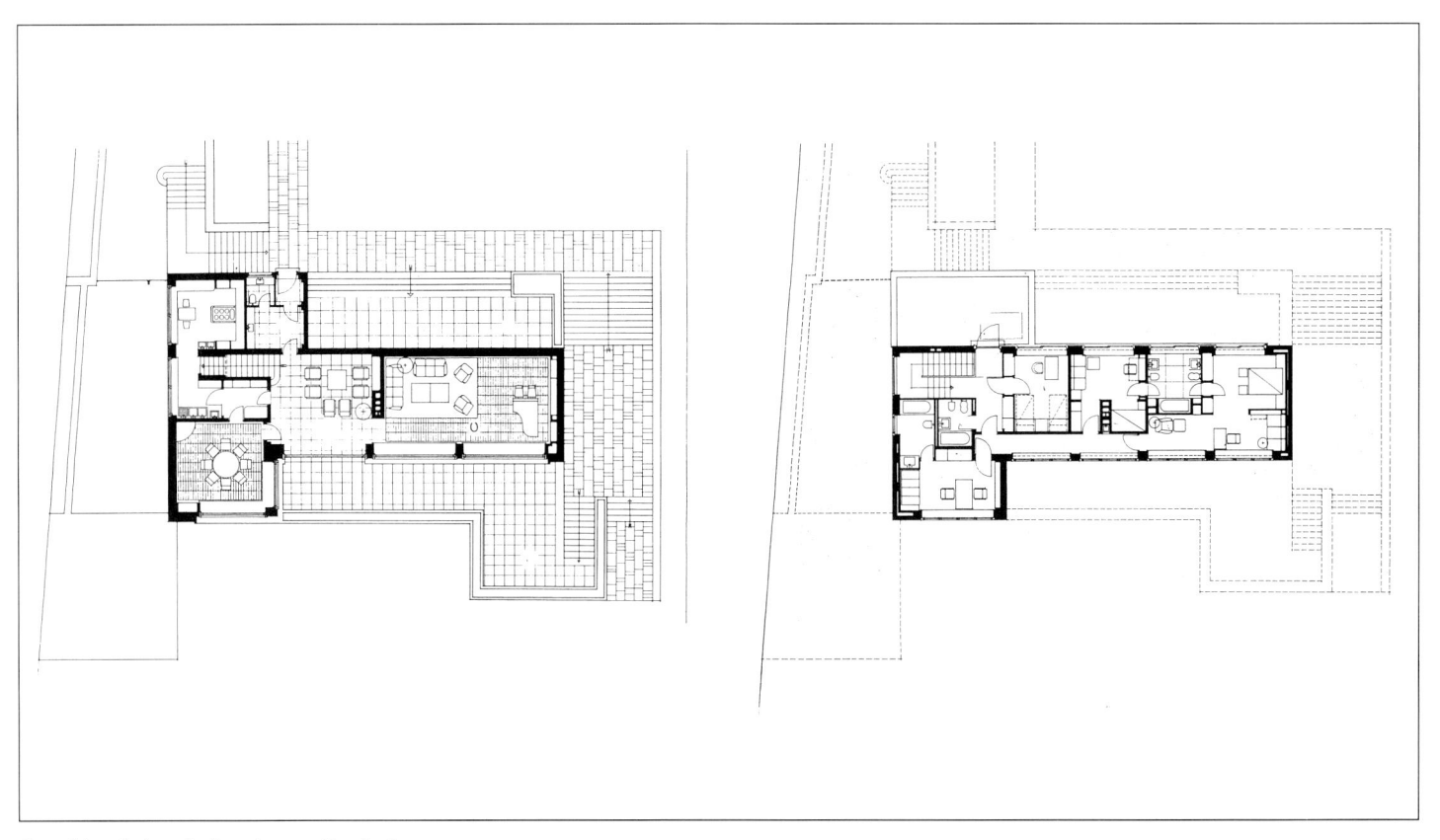

Grundrisse Erdgeschoß und erstes Geschoß.

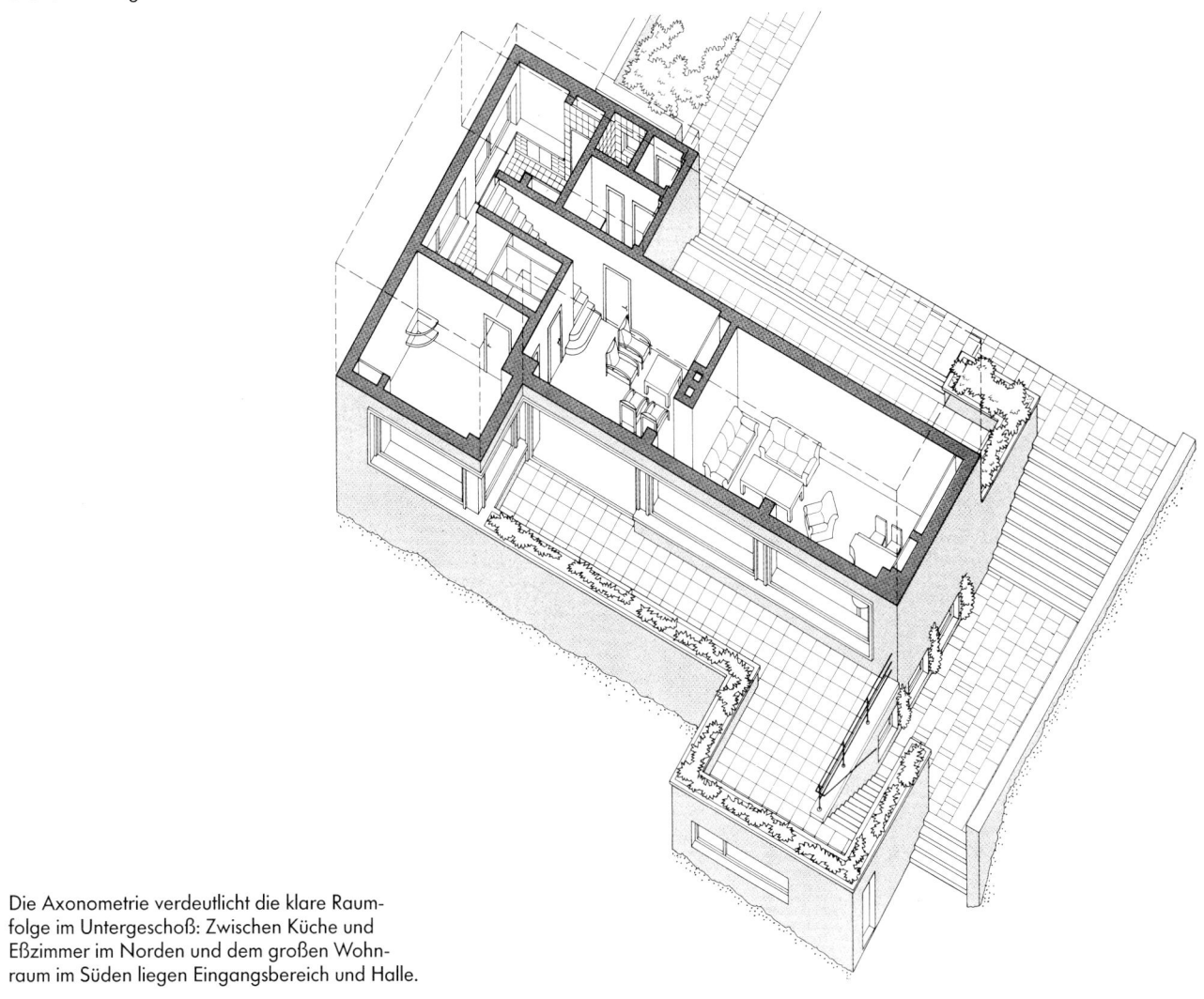

Die Axonometrie verdeutlicht die klare Raumfolge im Untergeschoß: Zwischen Küche und Eßzimmer im Norden und dem großen Wohnraum im Süden liegen Eingangsbereich und Halle.

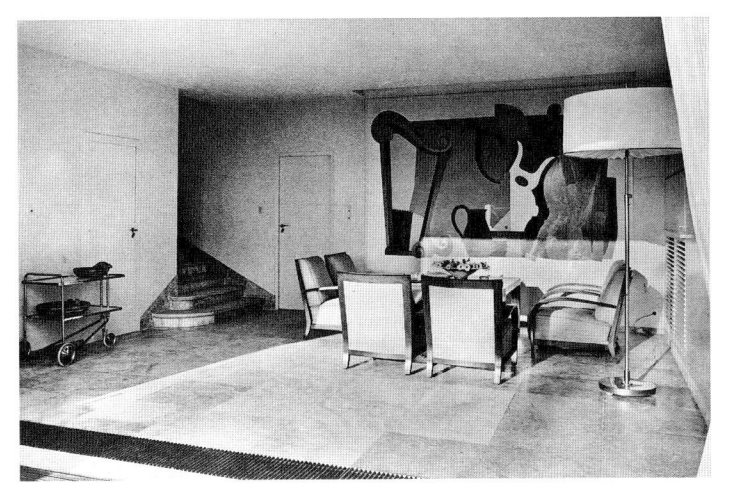

Die Halle mit einem Wandbild von Amédée Ozenfant. Mit dem versenkbaren Fenster und der Fußbodenheizung war das Haus Anfang der dreißiger Jahre auf dem neuesten Stand der Technik.

Schlafzimmer im oberen Geschoß.

Der Flügel im Wohnraum. Musik spielte im Leben Mendelsohns eine wichtige Rolle. Die großen Schrankwände waren speziell für Streichinstrumente und Noten konzipiert.

tare Sprache der Architektur, welche die ganze Welt verstehen würde. Noch glaubte Mendelsohn an ein Leben der Vernunft und der Ordnung: »Der Glaube an die Richtigkeit dieser Deutung ist der tiefe Sinn der Not, der schöpferische Sinn der Krise.« Es wurde allerdings eine kurze Phase. Nur wenige Jahre konnte er in seinem Haus leben, schon 1933 war er aufgrund seiner jüdischen Abstammung gezwungen, Deutschland zu verlassen. Das Haus hat den Krieg nahezu unbeschadet überstanden, allerdings ist die originale Ausstattung nicht mehr vorhanden. Da sich das Haus im Besitz der britischen Militärbehörden befand, war es nicht zugänglich. Erst nach dem Fall der Berliner Mauer gelangte es wieder in Privatbesitz.

Otto Zollinger

Villa Streiff, Zürich-Küsnacht
1929

Fast jeder kennt die Restaurants der schweizerischen Mövenpick-Kette, aber wer käme darauf, daß der Name sich tatsächlich von einer nach einem Stück Brot pickenden Möwe ableitet, und kaum jemand weiß, daß es der Architekt Otto Zollinger (1886–1970) war, der den eingängigen Namen erfand und zugleich in den fünfziger Jahren als spätes Alterswerk die ersten Mövenpick-Restaurants in Zürich, Luzern, Bern und Genf entwickelte.

Otto Zollinger kam als Siebzehnjähriger vom Lande nach Zürich und ging bei dem Architekten Alfred Chiodera in die Lehre, wo er noch die Formschöpfungen des Jugendstils kennenlernte.

Da Zollinger keine akademische Ausbildung erhalten hatte, bezeichnete er sich immer als Autodidakten,

Die Südansicht der Villa Streiff von Otto Zollinger in Zürich.

Grundrisse und Schnitte.

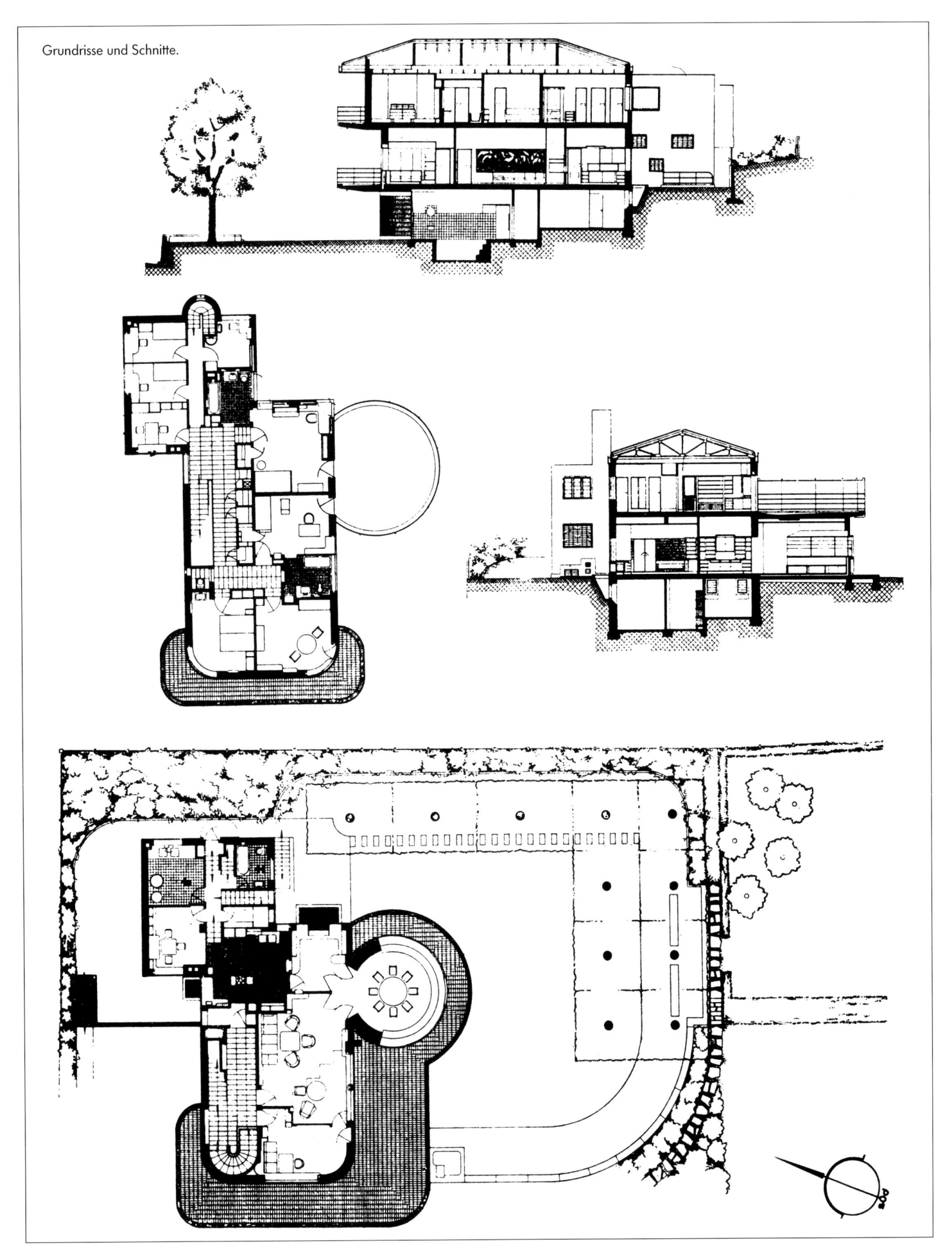

115

Detail der Nordseite, die Terrassengeländer sind aus Aluminium, das Sockelgeschoß in rotbraunem Klinker gefaßt.

Der ehemalige schwarze Originalanstrich des Hauses, der zu der Bezeichnung »Negerbahnhof« führte.

und schon früh wandte er sich gegen die einfache Nachahmung der Stile, wie sie noch an den Schulen gelehrt wurde: »Der blühende Körper der Antike ist bis zur Ledrigkeit abgetastet«, schrieb er 1923, »die vollen Brüste der Renaissance sind leergesogen – die mystische Jungfräulichkeit der Gotik ist schematische Starrheit geworden – es ist eine Schande, die ehrwürdigen Greisinnen immer wieder respektlos zu gebrauchen.« Allerdings erhielt er gerade von dem einflußreichen Lehrer an der Eidgenössischen Technischen Hochschule in Zürich, Karl Moser, wohlwollende Unterstützung, als er überraschend als ersten Erfolg den Wettbewerb für das Wehrmännerdenkmal gewann, welches die expressive Umsetzung einer großen Opferflamme darstellt.

1925 ging Otto Zollinger »aus Zufall«, wie er es beschrieb, nach Saarbrücken, blieb dort mehrere Jahre und begann sich immer mehr den Leitsätzen der Neuen Sachlichkeit zu verschreiben. Über einen Neoklassizismus, der noch seine Entwürfe in Zürich auszeichnete, einen expressiv-gotisierenden Stil seiner ersten Arbeit, einer katholischen Kirche für Saarbrücken, zeigt das Haus für einen Arzt in Ensdorf 1927 die ersten Anklänge eines organischen Funktionalismus, indem die Wohnvorgänge durch gerundete Raumabschlüsse ihre Entsprechung finden. Der erste größere Auftrag kam dann doch wieder aus der Schweiz: Mit dem vielpublizierten Entwurf für das Strandbad 1929 in Vevey am Genfer See konnte Zollinger sich endgültig als Architekt des Neuen Bauens durchsetzen. Mit spektakulären Hotel-Entwürfen bemühte sich Zollinger in den folgenden Jahren, zu größeren Aufträgen zu kommen. Er projektierte in kühnem Halbkreis ein Strandhotel für den Lido von Ascona, Hotels für Cannes und Nizza, 1931 noch einmal ein Hotel für Ascona mit einem großen, vorgelagerten Rundbau und 1933 ein Hotel-Hochhaus für Split. Sie wären ein Fanal für moderne Baugesinnung auch im südlichen Tourismus gewesen, aber alles blieb ungebaut und Zollingers frühes Œuvre auf den Aus- und Umbau von Restaurants wie das Caffè Giolitti in Turin und die Schnellgaststätte »Eins-Zwei-Drei« in Saarbrücken sowie auf Einfamilienhäuser beschränkt.

Seine mithin reifste Arbeit ist das Haus Streiff, das er 1929 in Zürich-Küsnacht für seinen Schwiegervater Harry Streiff errichten konnte. Das Gebäude ist weitgehend erhalten und vermittelt noch heute die Geschichten, die sich einst um seine eigenwillige Erscheinung rankten. So hieß es damals, die Nachbarn konnten nur mit abgewandtem Haupt an dem Haus vorbeigehen, das aufgrund seiner schwarzen Farbe als »Negerbahnhof« bezeichnet wurde. Von der Kritik wurde hingegen schon bald die einzigartige Mischung des funktionalen Entwurfs mit geradezu romantischen und detailliert ausgefeilten Raumformen und -gestaltungen einhellig bewundert. Schon von außen bestimmen diese beiden Momente die Form: Mit kubischen Bautei-

Das kreisrunde Eßzimmer mit dem 200 Grad umspannenden schiebbaren Eisenfenster im heutigen Zustand.

Das Eßzimmer mit der Originaleinrichtung.

Das kleine Wohnzimmer mit Ahornvertäfelung.

len und weit vorkragenden Dachüberständen und Terrassen nimmt das Haus eindeutig die moderne Formensprache auf. Mit einem flach gewalmten Dach, das geschickt von einem breiten Aluminiumsims gefaßt wird, und dem geklinkerten Sockel zeigt es aber auch, daß für Zollinger bauliche Solidität ebenso wichtig war. Das Haus hat eine Betonrahmenkonstruktion mit Füllmauerwerk und Hohlsteindecken. Die Zwischenwände wurden aufgemauert, neben dem Gesims sind die Balkon- und Terrassengeländer aus Aluminium, die vorderen Außentüren mit Aluminiumplatten verkleidet. Die Fenster haben überdies Rahmungen aus Stahlzargen.

Das Haus steht quer zum Hang und ist mit der schmalen Westseite zum See ausgerichtet. An der Südseite bildet das spektakuläre, kreisrunde Speisezimmer einen eigenen Bauteil, der sich zudem noch in der Mitte fast über die gesamte Breite öffnen läßt, so daß die darüberliegende Terrasse zu schweben scheint. Im Sockelgeschoß, das in rotbraunem Klinker gefaßt ist, liegen neben den Kellerräumen Garage und Eingang. Während der Hauptbau mit Ausnahme des weißen, runden Speisezimmers in schwarzem Kalkputz gehalten ist, wurde der nördlich gelegene Trakt für die Dienstbotenräume weiß verputzt. Die räumliche und farbliche Zuordnung der Räume war von Zollinger sehr genau kalkuliert und ganz auf die Bedürfnisse der Benutzer zugeschnitten. Im Erdgeschoß bildet die große Küche den Verbindungspunkt zwischen dem Dienstbotentrakt, der nördlich gelegenen, langgezogenen Halle und den Wohnräumen auf der Südwestseite. Im oberen Geschoß befinden sich die Schlafräume, deren gerundete Fenster an den Ecken den Baukörper zusätzlich dynamisieren. Mit besonderer Sorgfalt hat Zollinger fast alle Details und Ausstattungen selbst entworfen. Die Zargen der Schiebefenster waren ocker-rosa abgesetzt, die Terrassengeländer und das Garagentor bestanden aus Aluminium. Auch Möbel und Schränke wurden eigens von ihm entworfen, und besonders verstand er es, mit der

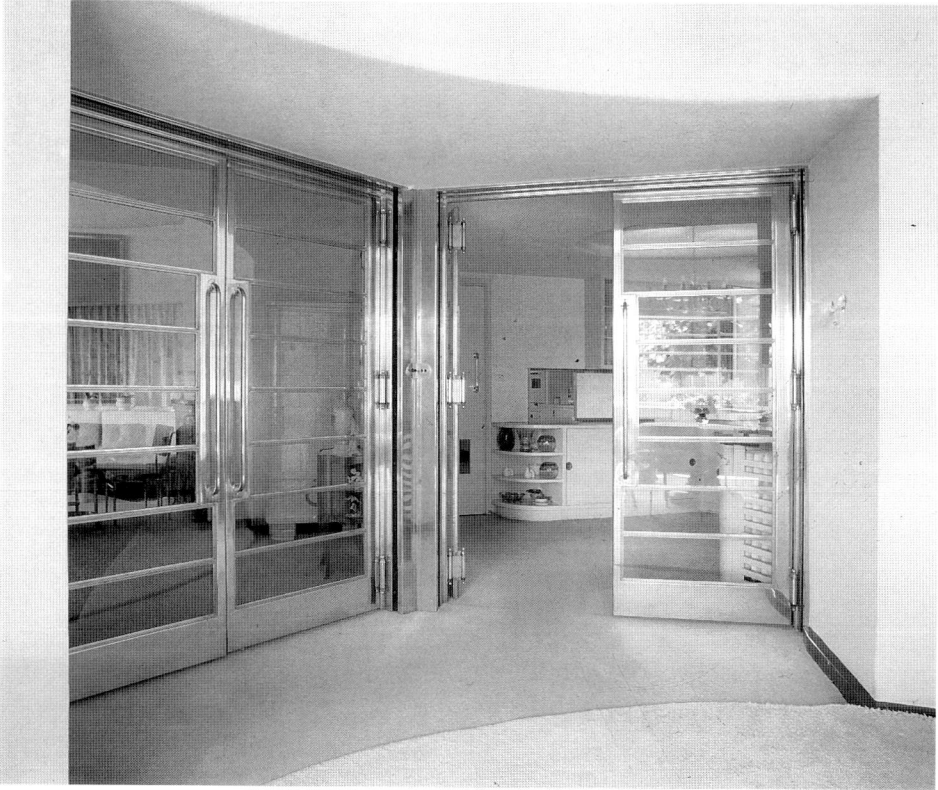

Küche, heutiger Zustand.

Pendeltüren zwischen Eßzimmer, Küche und Wohnraum aus Metall, heutiger Zustand.

Der Wohnraum in einer Abbildung aus den dreißiger Jahren. Die versetzten Opalglaslampen sind wichtiges Element der Raumgliederung.

Der Eingangsbereich im Untergeschoß. Lampen, Armaturen und Garderobe sind in der Originalausstattung erhalten.

Lichtführung räumliche Akzente eindrucksvoll zu unterstreichen. Durch das Wohnzimmer laufen abgetreppte Opalglaslampen, die den Raum zusätzlich geschickt gliedern.

Mit dem Haus Streiff gelang Otto Zollinger ein »magisches Haus, ein abgeklärtes, zweckvolles Kunstwerk persönlichster Prägung«, wie es ein zeitgenössischer Kritiker bezeichnete. Für den Architekten war es einer der wenigen realisierten Entwürfe, alle späteren Großprojekte blieben Papier. Schon früh hatte Zollinger erkannt, wie er 1943 resümierend formulierte, daß es ein Irrtum war, »restlose Zweckerfüllung allein schon als Quell der Schönheit zu preisen«. Ihm ging es um die individuelle Gestaltfindung aus der jeweils gestellten Aufgabe heraus. Er lehnte den reinen Funktionalismus ebenso ab wie den aufkommenden Neoklassizismus, und verbittert nahm er zu Beginn der vierziger Jahre zur Kenntnis, daß für ihn die Aufträge ausblieben, wodurch das Haus Streiff ein frühes Hauptwerk blieb: »Den Prozeß der Kristallisierung, den Weg zur Vollendung, durfte ich nicht zu Ende laufen – die Macht neuer Anschauungen versagte die Aufgaben...«

Le Corbusier

Villa Savoye, Poissy
1929

»Lauter, klar und lächelnd« war für Le Corbusier (1887–1965) die Villa Savoye in Poissy, die zu Recht als einer seiner besten Entwürfe gilt. Oft als Rotonda des 20. Jahrhunderts bezeichnet, wurde die Villa Savoye in Poissy, westlich von Paris, schon früh zum Mekka für Architekten und Architekturbegeisterte. Für Le Corbusier war die Villa ein Glücksfall und der Endpunkt einer zehnjährigen Entwicklung zur »villa assoluta« des Funktionalismus.

Die Eheleute Savoye waren für ihn zunächst einfache Bauherren; sie stellten ihm ein herrliches Grundstück zur Verfügung, mit einem weiten Blick auf das Seinetal, und sie waren mit seinen Vorschlägen meist einverstanden. Erst als der Bau trotz Reduzierungen viel teurer wurde als zunächst veranschlagt, sich in den folgenden Jahren immer wieder Bauschäden einstellten und es an mehreren Stellen Wasserschäden gab, begann sich das Verhältnis zwischen dem Architekten und Pierre Savoye abzukühlen. Ab Herbst 1928

Terrasse im ersten Geschoß.

Die Zugangsrampe zum Dachgeschoß spiegelt sich im großen Schiebefenster des Wohnraumes.

Rampe und Dachgeschoß.

Südwestansicht der Villa Savoye.

hatte Le Corbusier mehrere Varianten vorgelegt, in denen der Entwurf immer weiter reduziert wurde, um den Baupreis zu senken. Die Gesamtkosten betrugen immer noch die stattliche Summe von 815 000 Francs, was auf zahlreiche Änderungen, Einzelanfertigungen und Schwierigkeiten bei der Erstellung der Betonrahmenkonstruktion zurückging. Aber wer sich ein Haus von dem Puristen bauen ließ, wußte, was auf ihn zukam; fast alle seine Häuser wurden erheblich teurer als geplant und wiesen fatale Baumängel auf. Dafür hatte man einen »Le Corbusier«, und immer noch wird seine Architektur zur Offenbarung. Hält man sich nur einige Zeit in der Villa Savoye auf, so erscheinen die so oft gehörten Klagen der mangelnden Bewohnbarkeit schnell gänzlich unwichtig.

Die Villa ist souveräner Höhepunkt und zugleich der Abschluß der »weißen und kubistischen Phase« Le Corbusiers; sie hat von ihrer Faszination bis heute nichts eingebüßt, das Zusammenspiel von geschlossenen und offenen Volumen, von großen Rampen und imposanten Treppen, Prismen und Wandscheiben, organischen Räumen und farbigen Lichteffekten läßt den Menschen zum Mittelpunkt einer begehbaren Skulptur werden.

Waren die früheren Häuser Le Corbusiers meist noch kubisch oder rechteckig geschlossene Körper, so ist die quadratische Grundform in der Villa Savoye nur noch im Mittelgeschoß vorhanden. Sie scheint die plastischen Formen des Daches und das gläserne Oval des Erdgeschosses zu bändigen; die »Kiste« ist zwar noch nicht ganz überwunden – metamorphisch drängt das Innere aber schon nach außen. Die Räume dieser Hauptwohnebene verbergen sich hinter langen Fensterbändern, so daß das Haus auf den ersten Blick von allen Seiten gleich erscheint. Hier liegen die Wohnräume, dem erhöhten »piano nobile« eines Stadthauses vergleichbar. Für den modernen Stadtmenschen war die Villa auch konzipiert, obwohl sie eigentlich als Sommerhaus geplant war und auf dem Lande liegt, und deshalb

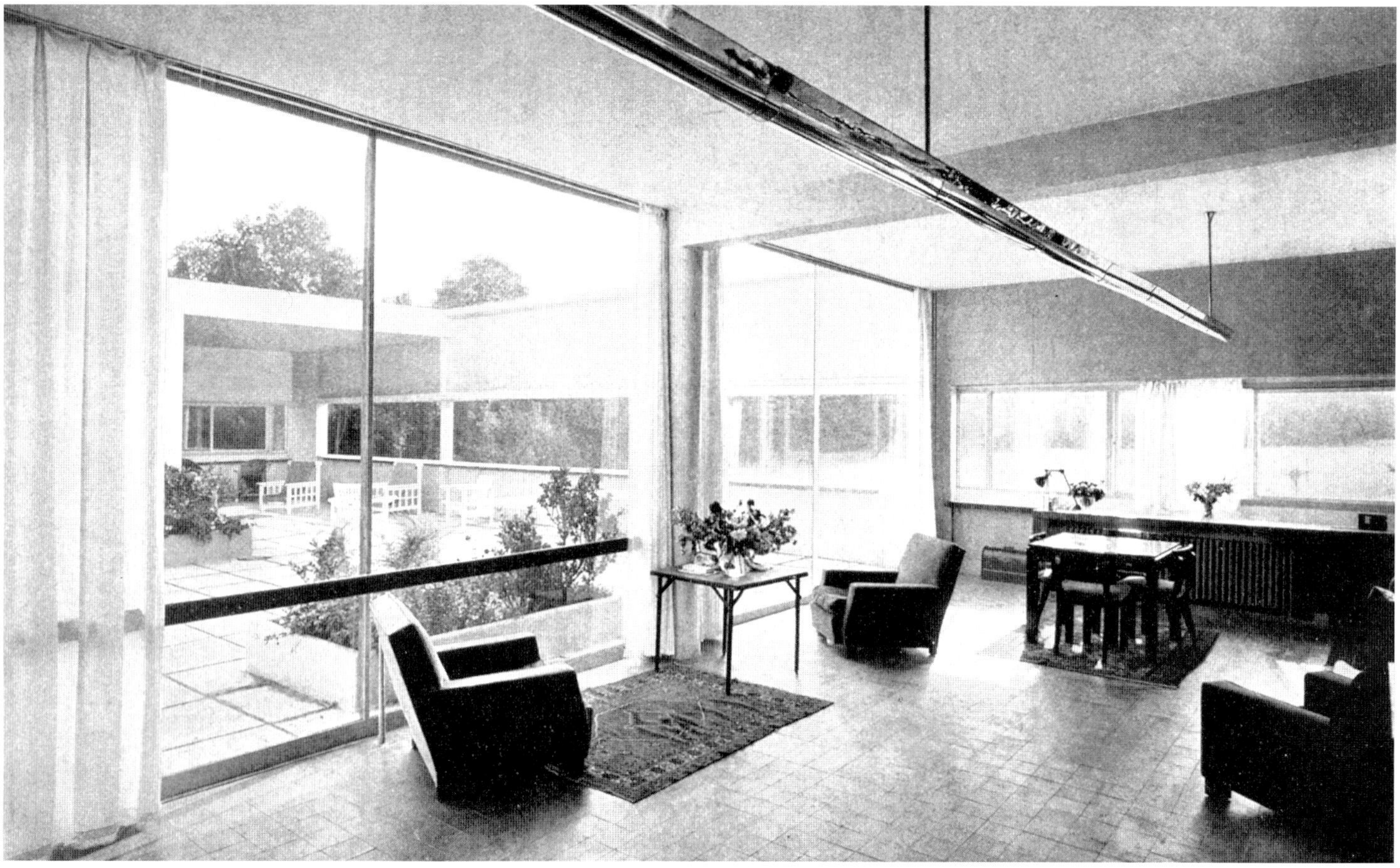

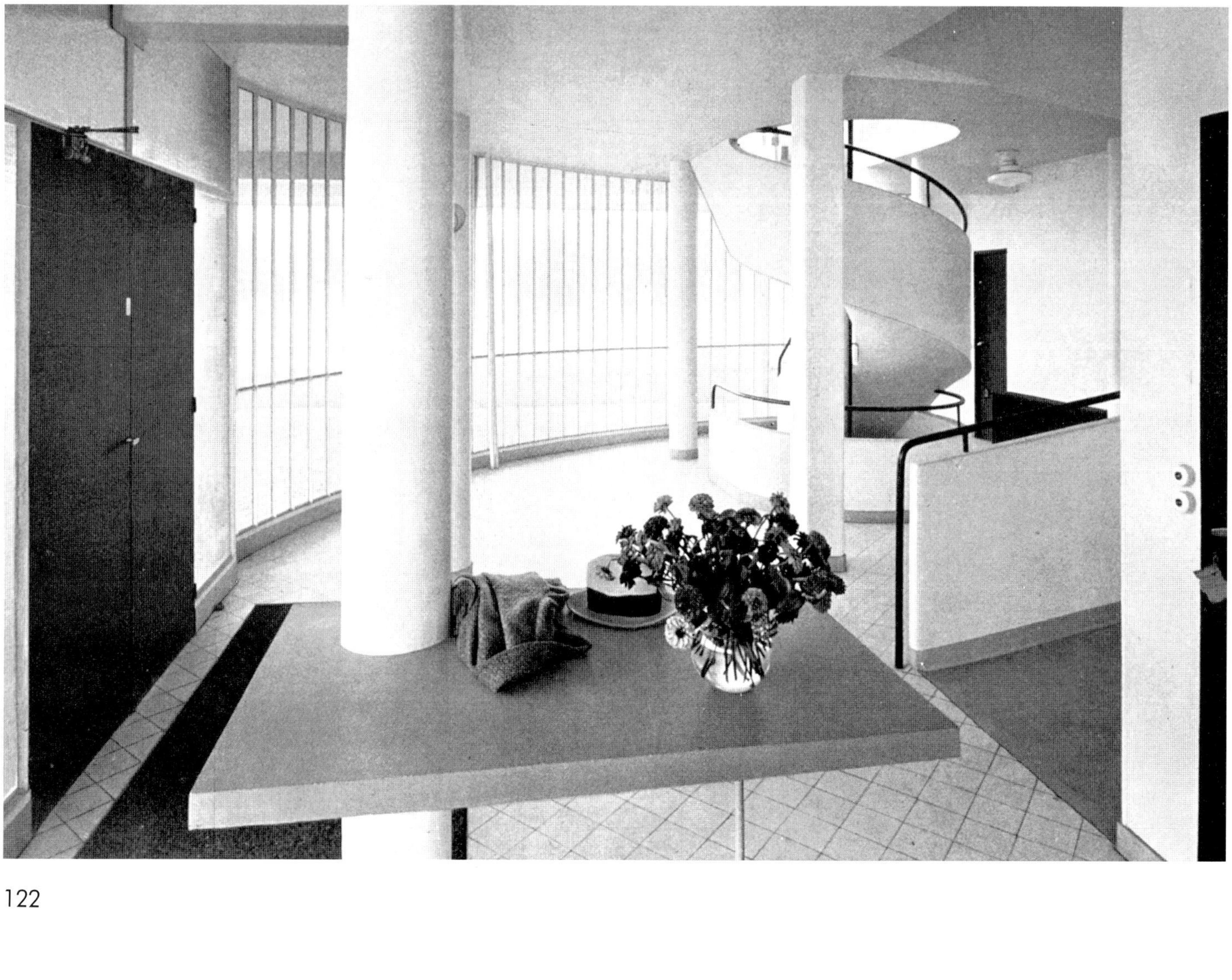

sollte sie nicht nur formal das neue Maschinenzeitalter widerspiegeln. Mit Dachaufbauten, Schornsteinen, Rampen und Gittern gleicht sie eher einer ästhetisierten Fabrik als einer romantischen Landvilla. Ohne Einschränkungen des Grundstücks oder der Landschaft nimmt Le Corbusier auch keinen Bezug auf die Topographie – die Villa ist eher gebaute Architekturtheorie für keinen spezifischen Ort. So deutet Le Corbusier auch generelle Stadtplanungsideen an, wie die Verlegung der Wohnebene nach oben, um Raum für den Verkehr frei zu lassen. Beinahe überinszeniert wirkt bei der Villa Savoye denn auch der Raum für den Verkehr und für die Autos, den Le Corbusier in zahlreichen Varianten sehr genau festlegte: Der Autofahrer kommt auf der einen Seite des Hauses an, fährt unter dem Haus hindurch und kann es, ohne zu wenden, auf der zweiten Zufahrt wieder verlassen.

Auch im Innern bestimmen die Wege – hier zunächst die zentral gelegene Rampe – den Raum. Gleich am Eingang wird der Besucher auf die große Achse der Rampe geführt, die effektvoll mit der organisch geschwungenen Form der Wendeltreppe kontrastiert. Sie führt bis zur Dachterrasse, öffnet die Stockwerke vertikal und verbindet sie auch optisch miteinander. Man kann sich also über die Wendeltreppe direkt bis zum Dach »hochschrauben« oder das Haus über die Rampe langsam erschließen. Diese »promenade architecturale« ist eine Erfindung Le Corbusiers, mit der er Eindrücke von arabischer Bauweise umsetzte, wie er es in dem Gesamtwerk formulierte: »Die arabische Architektur erteilt uns eine wertvolle Lehre. Man erlebt sie

Der Wohnraum in der Originalmöblierung.

Eingangsbereich mit Wendeltreppe und Rampe in einer historischen Aufnahme.

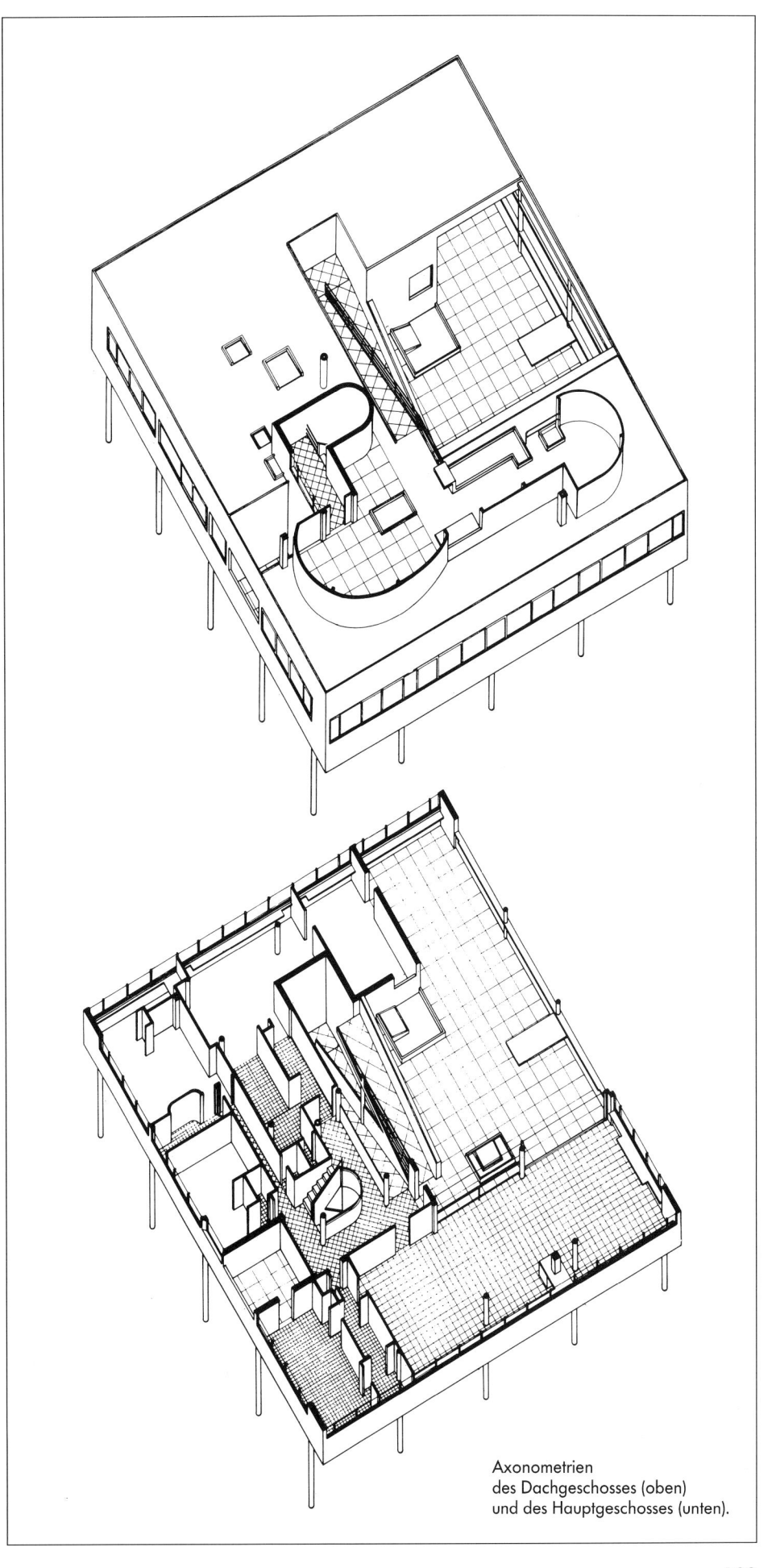

Axonometrien des Dachgeschosses (oben) und des Hauptgeschosses (unten).

123

Der unmöblierte Wohnraum; nach der Renovierung in den achtziger Jahren wurde die Villa Savoye auch in ihrer Polychromie wiederhergestellt.

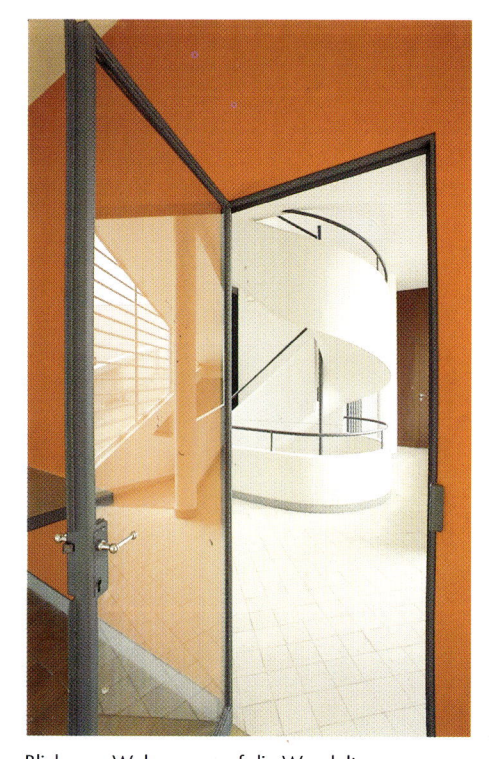

Blick vom Wohnraum auf die Wendeltreppe.

Durchgang zu den Nebenräumen im ersten Geschoß.

Badezimmer

beim Gehen, mit den Füßen. Wenn man sich fortbewegt, sieht man, wie die Regeln der Architektur sich entwickeln.« Mit festen Einbauten, wie Schränken, Schreibtischen und sogar einer gemauerten Badewanne, ist der Wohnvorgang andererseits sehr genau festgelegt. Auch die Stellung der Betten ist fast nur in der vorgesehenen Position möglich. Nur der große Wohnraum kann völlig frei eingerichtet werden. Dafür sorgt der ständige Lichtwechsel – mit Oberlichtern und kontrastierenden Farbwänden – für eine erstaunliche Dynamik. Neben der großen Terrasse der Wohnebene führt die Rampe zu einem Solarium auf dem Dach. Die plastischen Formen auf dem Dach dienen eigentlich nur dem Windschutz, zugleich bilden sie aber den formalen Abschluß des somit in klassischer Manier dreigeteilten Hauses, und sie verweisen auf die amorphen Formen Le Corbusiers, die fortan in seinen Entwürfen immer mehr von innen nach außen zu einer plastisch-organischen Einheit verschmolzen. Noch einmal zeigte er eindringlich, daß ihm der Kunstwert eines Hauses wichtiger war als dessen reiner Nutzwert. Nicht nur in Fachkreisen wurde die Villa Savoye der wohl bekannteste Bau des 20. Jahrhunderts, unzählige moderne sowie postmoderne Zitate haben hier ihren Ursprung. »Zauberkiste« nannte Julius Posener das Haus, und tatsächlich holte der Architekt hier noch einmal alles aus dem Hut, was ihn schon damals weltberühmt – und berüchtigt – gemacht hatte. Die Villa in Poissy ist heute im Besitz der Fondation Le Corbusier und dadurch auch für Besucher zugänglich. Sie wurde vor einigen Jahren auch farblich weitgehend in den Originalzustand gebracht, wodurch endlich die differenzierte Polychromie von Le Corbusiers Arbeiten eindrücklich nachvollziehbar ist.

Die Treppe liegt direkt neben der Rampe.

Eingangsbereich im Erdgeschoß, heutiger Zustand.

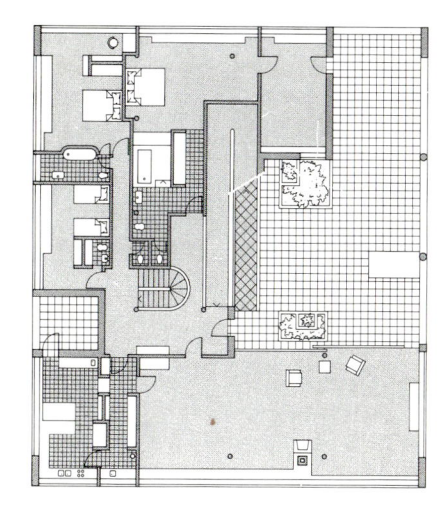

Alexander Ferenczy / Hermann Henselmann

Villa Kenwin, bei Vevey
1929

Die Villa Kenwin befindet sich am Genfer See in bedeutender Gesellschaft: Direkt gegenüber liegt die berühmte Villa Karma von Adolf Loos, und in Corseaux hatte Le Corbusier nur wenige Jahre zuvor seinen Eltern 1924 die »Petite Maison« gebaut, eines seiner ersten modernen Häuser. Aber an der berühmten Nachbarschaft wird es nicht gelegen haben, daß der schlanke, weiße Bau mit den horizontalen Fensterbändern, der auch sonst mit allen Merkmalen der klassischen Moderne ausgestattet ist, bis heute nahezu unbekannt blieb. Es war vielmehr die von einem Unglücksfall überschattete Baugeschichte, die dem Haus einen publizistischen Dornröschenschlaf bescherte. Erst als das Grundstück Anfang der achtziger Jahre verkauft werden sollte und das Haus schon fast zum Abriß freigegeben war, wurde über die Bedeutung der Villa Kenwin wieder nachgedacht.

Der große Wohnraum mit der geschwungenen Galerie war und ist das Zentrum des Hauses. Innen und außen war die differenzierte polychrome Gestaltung von großer Bedeutung für den Architekten.

Die Südseite der Villa ist mit dem Blick ganz auf den Genfer See ausgerichtet.

In den spärlichen Angaben zu dem Haus finden sich zudem abweichende Angaben über die Autorenschaft. Zwar sind die Entwurfspläne von dem ungarischen Architekten Sándor Ferenczy (1896–1931) unterzeichnet; sie wurden aber wohl mehrheitlich von dem damals 24jährigen Berliner Architekten Hermann Henselmann (1905) ausgearbeitet, der in dessen Büro arbeitete. Im März 1931 starb Ferenczy mit 34 Jahren bei einem Autounfall in Berlin, und Henselmann übernahm die Fertigstellung des Hauses, insbesondere die Innenraumgestaltung, die zu diesem Zeitpunkt noch nicht festgelegt war. Einen nicht zu unterschätzenden Anteil an der Ausführung hatte auch der örtliche Bauleiter der Villa, Henri Python.

Ferenczy hatte sich in Budapest als Innenarchitekt mit der Ausstattung von Theaterbauten und der Einrichtung des berühmten Hotels Gellert bereits Anfang der zwanziger Jahre einen Namen gemacht. Dann ging er nach Wien, wo er als begehrter Innenarchitekt Wohnungen betuchter Klienten in unterschiedlichen Stilen ausstattete. Schließlich wurde er Chefarchitekt einer Filmgesellschaft und war für die stilgerechte Ausstattung unterschiedlicher Genres verantwortlich. 1926 ging er dann nach Berlin und arbeitete als Bühnenbildner und Filmarchitekt der UFA. In den Neubabelsberger Studios lernte er seine späteren Bauherren kennen, das aus England stammende Ehepaar Winifred und Kenneth Macpherson. Beide gehörten zur künstlerischen Avantgarde und waren mit Zeitgenossen wie Sergej Eisenstein, Man Ray und Gertrude Stein befreundet. Winifred beschäftigte sich mit Psychologie und Literatur und schrieb selbst unter dem Pseudonym Bryher, während Kenneth Filmregisseur und -kritiker war und die kinematographische Zeitschrift »Close-up« herausgab. Ende 1929 beauftragten sie Ferenczy, der sich inzwischen als Architekt Alexander Ferenczy in Berlin niedergelassen hatte, ein Haus in der Schweiz für sie zu entwerfen. Es sollte ganz modern sein, denn wie Winifred später schrieb, liebte sie den Bauhaus-Stil, horizontale Fenster und die neuen, funktionalistischen Möbel. Da sie aus einer begüterten Reederfamilie stammte, hatte sie nicht nur die Möglichkeit, ein großes und repräsentatives Haus zu bauen; sie machte die Villa in den dreißiger Jahren auch zu einem Zentrum von Künstlern und Literaten, die sich dort trafen, arbeiteten und lebten. Während des Krieges war das Haus auch gelegentlich Unterschlupf und Zwischenstopp für Juden auf dem Weg ins Exil. Im Dezember 1929 waren die Pläne bereits fertig, und 1930 wurde mit den Bauarbeiten der Villa begonnen, die fortan Kenwin hieß, eine Verbindung aus den Namen Ken-neth und Win-ifred.

Die Villa Kenwin entspricht im Innenraum wie in der äußeren Gestaltung ganz den »Fünf Punkten«, die Le Corbusier 1927 in seinen Häusern für die Weißenhofsiedlung in Stuttgart erstmals einer breiteren Öffentlichkeit vorgestellt hatte. Der schmale Baukörper hat die Grundform eines Quaders, mit vorgelagerten Terrassen und einem vertikal gerundeten Treppenhaus an der hinteren Seite. In technisch-konstruktiver Hinsicht finden sich jedoch eher Bezüge zu den Berliner Bauten jener Zeit, besonders zu den bekannten Häusern am Rupenhorn der Brüder Hans und Wassili Luckhardt. Mittelpunkt des Hauses ist der große, zweigeschossige Wohnraum mit einer Galerie und durchgehendem Fensterband, das um die Ecke und um den innenliegenden Träger gezogen ist und so den freien Grundriß und die freitragende Fassade paradigmatisch formuliert. Im oberen Stockwerk gibt es sieben Schlafräume, aufgereiht an dem langen Flur – viel Platz für die

Die mit dünnen Eisensprossen versehene Glaswand schafft eine transparente Verbindung vom Flur zum Treppenhaus und bildet mit der schwarzen, geländerlosen Treppe zur Galerie einen malerischen Durchblick.

Der große Wohnraum mit dem langen, stützenlosen Fenster in der Gegenrichtung.

Ein geflügeltes Rad sollte sich durch die warme Luft der Glühbirne bewegen – keiner weiß, ob die Lampe je funktionierte.

Der Blick in den Wohnraum vom ganz blau gestalteten, gerundeten Treppenhaus.

Der Eingangsbereich auf der Nordseite des Hauses.

zahlreichen Gäste. Die gesamte Dachfläche ist als Terrasse genutzt und bietet einen herrlichen Blick auf den Genfer See. Raumeinteilung und -ausdehnung entsprachen dem mondänen und repräsentativen Lebensstil der Macphersons. Küche und Wirtschaftsräume liegen im Untergeschoß; ein Speiseaufzug führt bis zur Dachterrasse. Neben dem Wohnraum befinden sich einige Arbeitsräume, teils für den Cineasten Kenneth, teils für die psychoanalytischen Sitzungen Winifreds. Neben der Bibliothek gab es sogar einen Raum, der eigens zum Zwecke der Verhaltensforschung für Affen eingerichtet wurde.

Bis zu ihrem Tode hatte Winifred Macpherson-Bryher das Haus fast fünfzig Jahre – die meiste Zeit davon allein – bewohnt; dadurch war es nahezu im Originalzustand erhalten. Als das Haus 1983 verkauft werden sollte, hätte dies bei dem lokalen Grundstückspreis unweigerlich zum Abbruch geführt. Es bestand auch der Plan, die Villa als Gästehaus der benachbarten Firma Nestlé zu nutzen, wodurch entscheidende Eingriffe zur Umnutzung des Hauses eine gesamthafte Sanierung sicher verhindert hätten. Erst nachdem sich die örtliche Architektenvereinigung für den Erhalt des Hauses eingesetzt hatte, wurde nach einem Käufer gesucht, der es mit seinen Nutzungsabsichten im ursprünglichen Sinne erhalten und erst einmal restaurieren sollte. Damit war der Baugrund nicht mehr attraktiv, und es dauerte weitere drei Jahre, bis schließlich ein Architekt das Haus kaufte und es vollständig restaurierte. Sowohl der Besitzer als auch Konservatoren bemühten sich akribisch, anhand der Pläne, der Korrespondenz zwischen Bauherrn und Architekten und genauer Bauanalysen die Volumetrie und Farbigkeit des Hauses zu rekonstruieren. Mit stratigraphischen Proben konnten die alten Farben ermittelt und wieder ergänzt werden, wobei auch Henselmann beratend hinzugezogen wurde.

Seit 1987 steht die Villa Kenwin unter

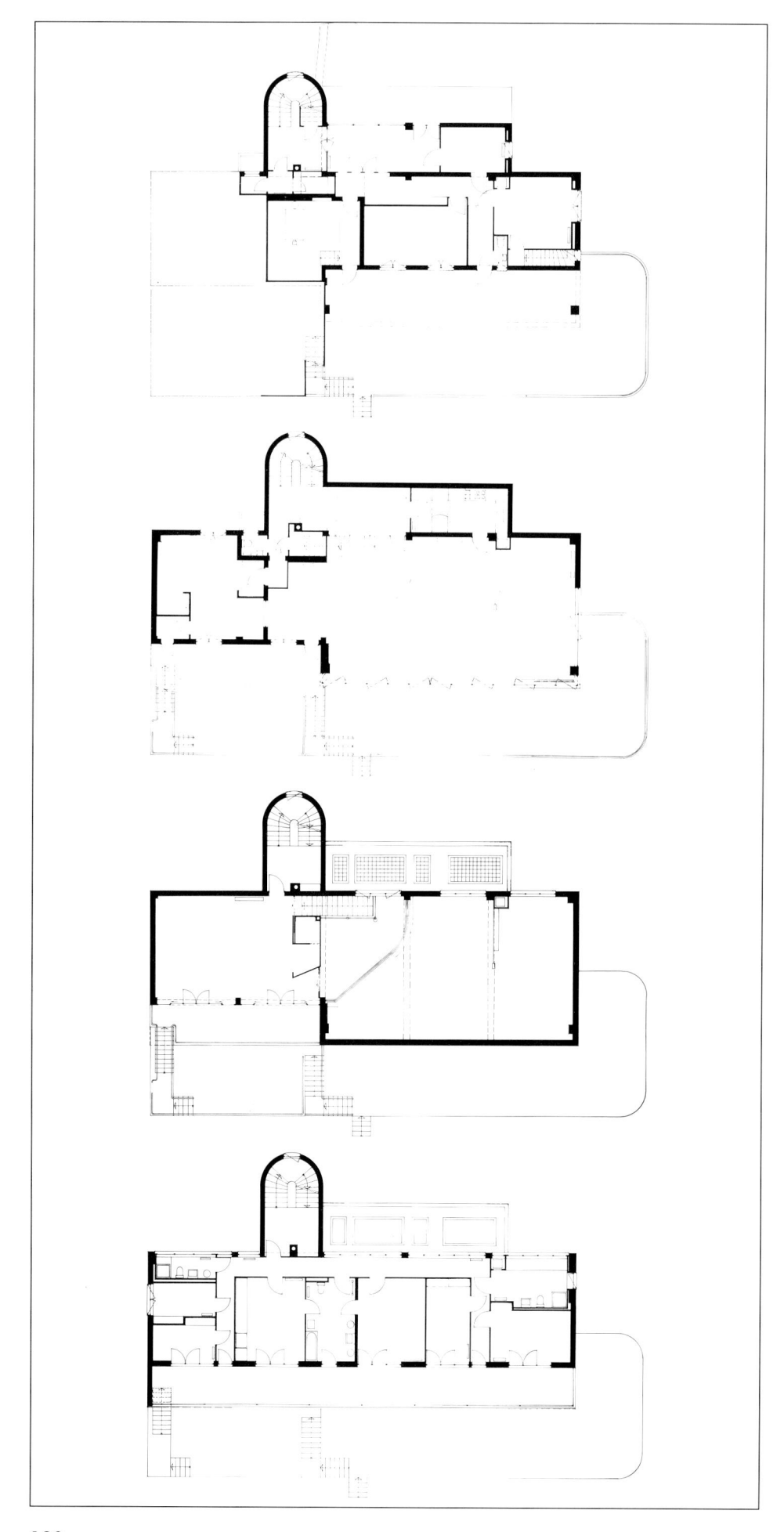

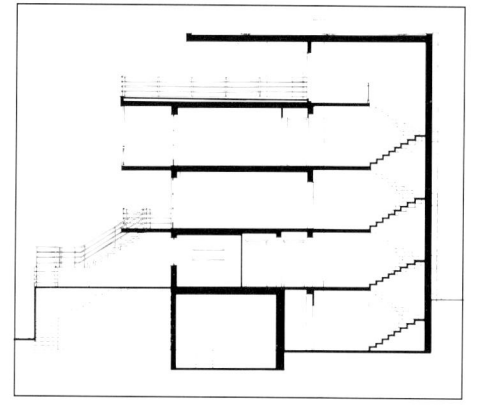

Denkmalschutz und hat nicht nur formal ihren ursprünglichen Ausdruck behalten, sondern auch ihre Funktion als Begegnungsort für kulturelle Aktivitäten, wenn auch in veränderter Weise. So finden heute in der Villa Ausstellungen, Kolloquien und Vorführungen in einem halböffentlichen Rahmen wie ehedem statt. Die Villa Kenwin erstrahlt wieder in altem Glanz und ist auf Anfrage zu besichtigen. Unter den wenigen erhaltenen Zeugen jener experimentierfreudigen Zeit war die Villa Kenwin schon damals das glückliche Ergebnis der Synthese vom Zusammentreffen einer avantgardistischen Wohnvorstellung mit der finanziellen Möglichkeit, diese auch umzusetzen, nicht zuletzt mit einer wohlwollenden Baubehörde, die deren Realisierung ermöglichte.

Schnitt und Grundrisse, Rekonstruktion.

Detail der Fassade auf der Westseite.

Die Nordfassade der Villa Kenwin mit dem schlanken, schwarzen Treppenhausturm. Mit seiner runden und vertikalen Form setzt er einen doppelten Akzent zum kubischen, weißen Körper des Hauses.

Adolf Rading

Haus Rabe, Zwenkau
1930

Adolf Rading (1888–1957) gehört bis heute zu den unbekannteren, fast vergessenen Architekten der Moderne. Er war Professor an der Breslauer Kunstakademie und versuchte zusammen mit Hans Scharoun, sich auch im etwas abgelegenen Schlesien als Avantgardist zu profilieren. Der langjährige Freund und Weggefährte Scharouns, der in Berlin geborene Rading, stand immer etwas in dessen Schatten. Dabei war er es, der den jungen Scharoun 1925 an die Breslauer Kunstakademie vermittelt hatte und ihm neben der Professorenstelle ein erstes architektonisches Schaffensfeld eröffnete.

Rading leitete die Architekturklasse und versuchte auch in Breslau, das Neue Bauen auf einer breiteren Basis umzusetzen. Wichtigstes Ergebnis dieser Bemühungen war die Werkbundsiedlung 1929 in Breslau, die ähnlich angelegt war wie die bekannte Siedlung am Stuttgarter Weißenhof. Die

Breslauer Akademie lag schon räumlich etwas an der Peripherie und fand in den zwanziger Jahren längst nicht soviel Beachtung wie das spektakuläre Bauhaus. Rading und Scharoun entwickelten eine organische, auf das Individuum und die jeweilige Aufgabe bezogene Bauweise, während das spätere Bauhaus in Dessau eher die gute technische Form und die typisierte kubische Architektur forderte. Der Architekt Heinrich Lauterbach bezeichnete den Bauhausstil treffend als die »adressierte Formgebung eines Äußeren«, während sich die Breslauer Akademie um die »unadressierte Selbstdarstellung eines Innerlichen« bemühte. Besonders in den späten zwanziger Jahren führte die zunehmend dogmatische Ausrichtung des Bauhauses zu Unzufriedenheiten unter den Bauhausmeistern. So verließ der Maler Oskar Schlemmer 1929 das Bauhaus und ging nach Breslau. Kurze Zeit später folgte ihm Georg Muche. Nicht zuletzt durch Schlemmers Umzug von Dessau nach Breslau entstand eines der eindrucksvollsten Häuser des Neuen Bauens, weil hier Architektur, Malerei und Plastik in selten erreichter Eintracht miteinander verschmolzen. Von dem kunstbeflissenen Arzt Dr. Rabe hatte Adolf Rading den Auftrag erhalten, für dessen Familie und Praxis ein funktionsgerechtes Haus zu bauen, das nicht sehr teuer sein durfte. Das Grundstück lag in Zwenkau bei Leipzig und war recht klein. Deshalb entschied sich Rading für einen dreistöckigen Bau; im Erdgeschoß liegen die Praxisräume, darüber der Wohnbereich. Die Treppe ist von der Praxis und von außen her erreichbar und erschließt den Wohnbereich im ersten Stockwerk. Das Haus wurde in Mischbauweise erstellt; im Innern hat es ein Rahmenwerk aus Eisen, während die äußere Hülle von zweischaligen Mauern gebildet wird. Der hell verputzte Flachdachbau hat eine geschlossene Würfelform, Höhe, Breite und Tiefe weichen nur wenig voneinander ab. Entsprechend einfach ist das Haus von außen gestaltet. Einzige Gliederungselemente sind der überdachte Eingang, die schmale Terrasse an der Rückseite und die Fenster. Sie schließen meist bündig mit der Fassade ab und richten sich in Form und Zuordnung ausschließlich nach der Raumaufteilung. Mittelpunkt ist die doppelgeschossige Wohnhalle, gleichzeitig Eßzimmer und Verbindungsglied zu allen übrigen Räumen. Zum Garten öffnet sich der Raum mit einem großen Fenster über beide Etagen. Dieses Raumkonzept erinnert an

Wandmalereien im Treppenhaus von Oskar Schlemmer.

Die Nordfassade des annähernd quadratischen Hauses.

Erdgeschoß

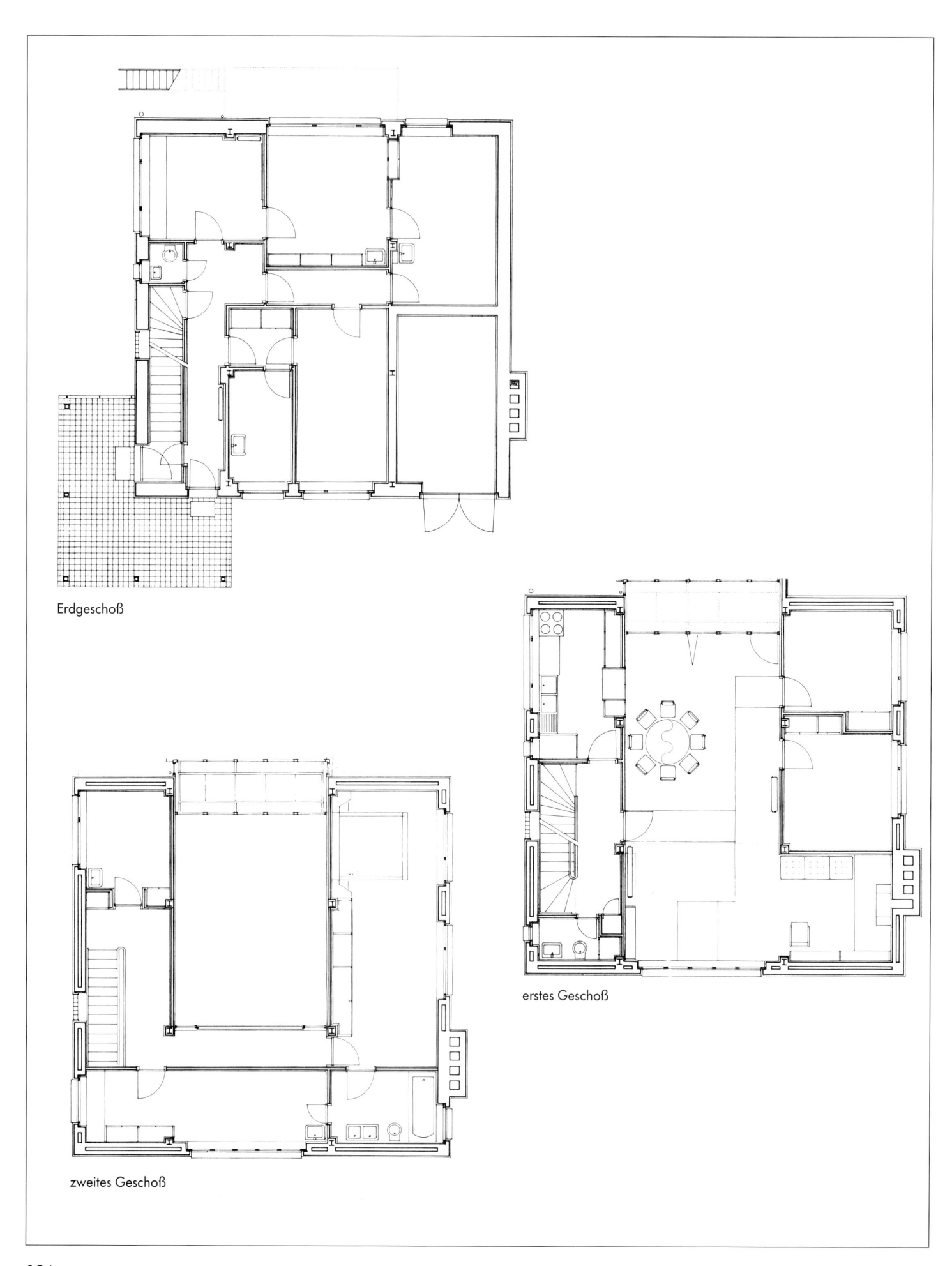

erstes Geschoß

zweites Geschoß

Ostwand des großen, L-förmigen Wohnraumes.

die frühen Maisonnette-Häuser Le Corbusiers. Allerdings ergibt sich die Einteilung hier aus dem Wohnvorgang und ist nicht Prinzip; auch sind bei Rading die einzelnen Räume klar voneinander getrennt. Bei der Innengestaltung ließ der Bauherr dem Architekten völlig freie Hand. Rading engagierte für die künstlerische Ausstattung Oskar Schlemmer und stimmte die Farben und die Möblierung mit ihm ab. Neben Einbauschränken aus Birkenholz und farbigen Schleiflackflächen wählte Rading für den Wohnraum leichte Stahlrohrmöbel. Der runde Eßtisch steht direkt neben der Küche, in die L-förmige Verlängerung des Wohnraumes wurde eine Kaminecke eingebaut. An dieser Stelle ist die Raumhöhe halbiert, darüber sieht man die Abschlußwand des eingezogenen Kinderzimmers.

Wohl einzigartig ist in diesem Haus die Verbindung architektonischer Elemente mit den »Materialkompositionen« Oskar Schlemmers – wie es der Künstler selbst nannte. Die architektonische Wandgestaltung war eines der großen Themen Schlemmers, mit dem er sich sein Leben lang beschäftigte. Für viele Häuser bekannter Architekten lieferte er Entwürfe, so für das Wohnhaus Erich Mendelsohns, das meiste blieb jedoch nur Projekt. Zwar hatte Schlemmer schon Wandreliefs und Malereien für das Bauhausgebäude in Weimar angefertigt, aber dabei handelte es sich um ein bestehendes Gebäude. Hier in Zwenkau war es ein modernes Haus, das seinen Vorstellungen genau entsprach, und so entstand im Haus Dr. Rabe Schlemmers gelungenste Wandgestaltung. An die Wände des Treppenhauses malte Schlemmer schattenhaft mythische Figuren, für die Halle entwarf er die Drei-Figuren-Gruppe erstmals auch in Metall. »Zehn Jahre bewegte ich die Idee in meinem Kopf«, so Schlemmer, bis er einen geeigneten Auftrag bekam. Dabei erhielt Schlemmer auch Anregungen von Architekten, die, wie damals üblich, herkömmliche Wandmalerei für Wohnhäuser ablehnten. Das große Gesichtsprofil ist den beiden anderen Figuren zugewandt, von denen die größere eine kleine auf der Hand trägt. Das menschliche Profil war Schlemmers Thema, ebenso die Reduktion des menschlichen Körpers auf geometrische Formen. Die Zahl drei hatte für Schlemmer symbolische Bedeutung, sie findet sich auch in seinem berühmten »Triadischen Ballett«; allerdings legte er sich bei der Interpretation seiner Kompositionen nicht fest. Metaphorisch stehen die drei Figuren hier für die kosmische Dreiheit aus Geist, Natur und Seele, wie es interpretiert wurde, sie könnten allerdings auch die gelungene Zusammenarbeit zwischen Bauherrn, Architekt und Künstler bezeugen.

Schon vor der politischen Wende stand das Haus unter Denkmalschutz und wurde von der Tochter Erich Rabes erhalten, sogar die originale Einrichtung der Stahlrohrmöbel ist noch vorhanden. Mittlerweile soll das Haus verkauft werden, und es bleibt zu hoffen, daß für dieses wohl einzigartige Ensemble von Kunst und Architektur der zwanziger Jahre eine angemessene Nutzung gefunden wird.

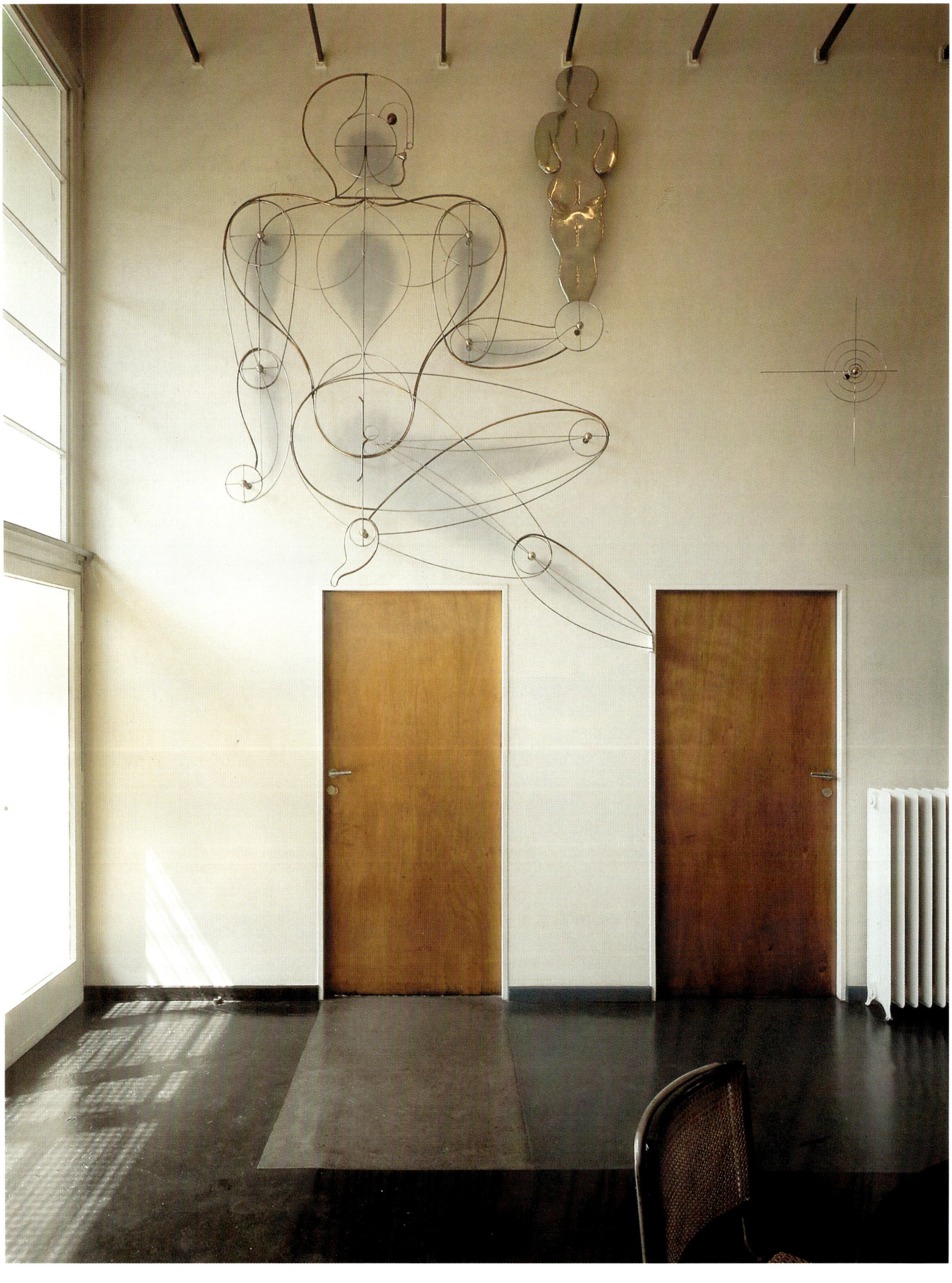

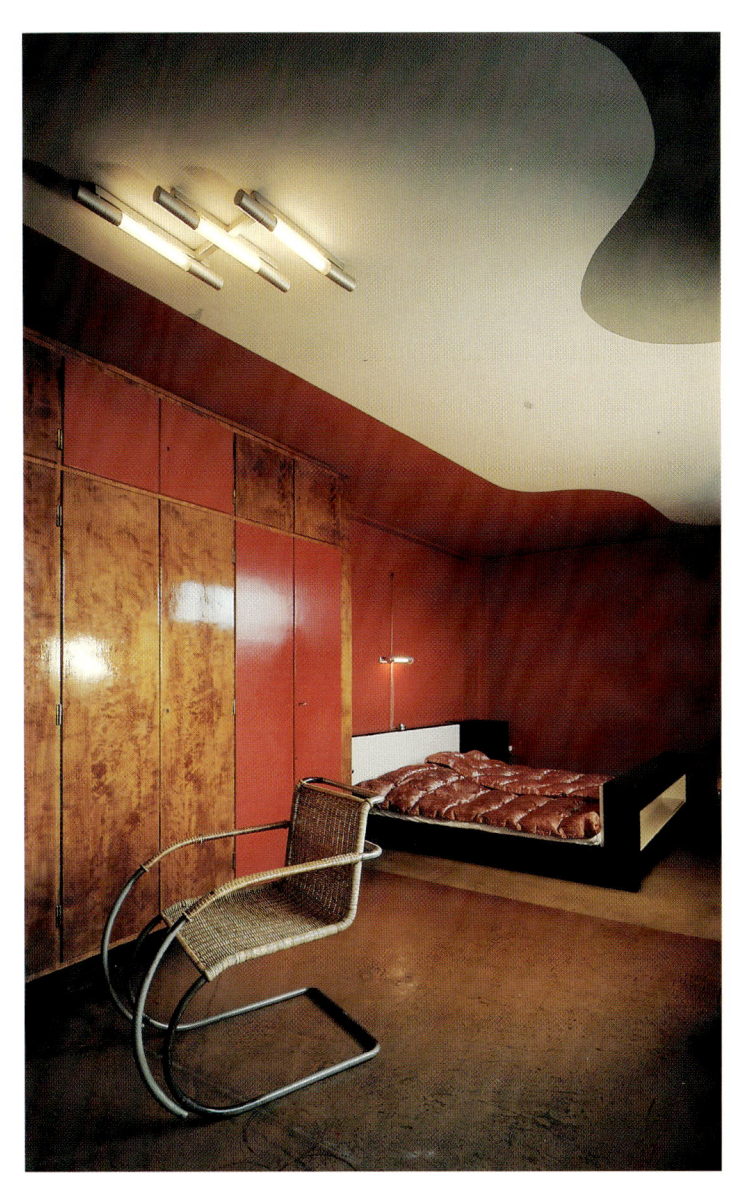

Schlafzimmer.

Verbindungspunkt zwischen dem ein- und zweigeschossigen Bereich des Wohnraumes.

Das Treppenhaus von der Galerie aus gesehen.

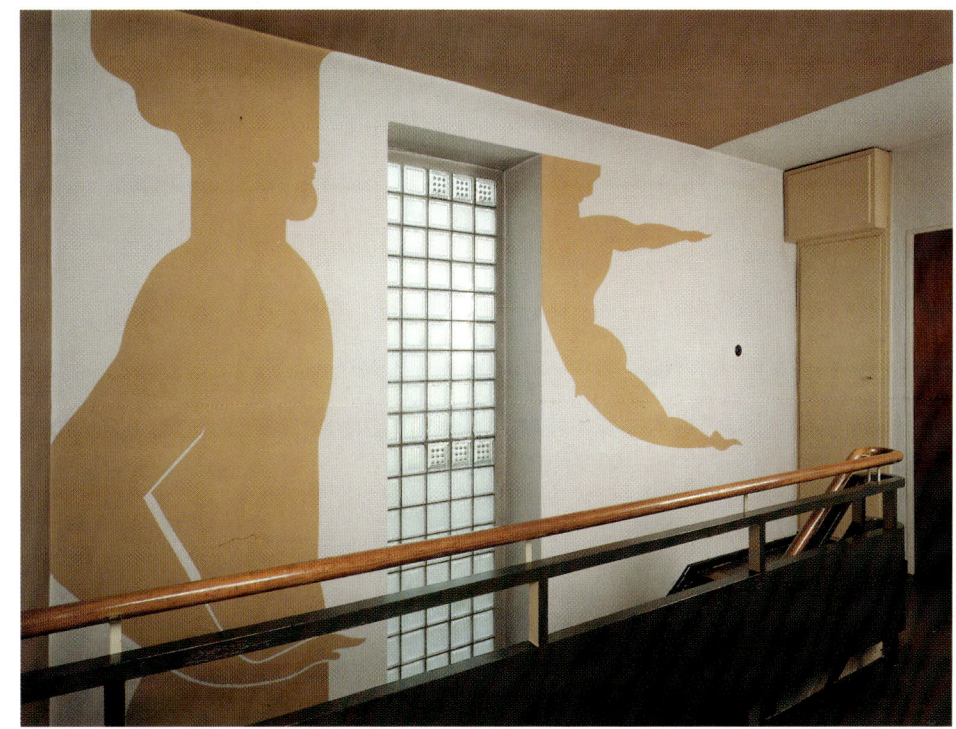

Die Metallplastik von Oskar Schlemmer, zusammen mit den Weiß-, Graublau-, Schwarz- und Rottönen des Raumes ein wohl einzigartiges Zusammenspiel von Plastik, Farbe und Raumkonzept.

Die teils doppelgeschossige Wohnhalle, im Vordergrund Möbel nach den Entwürfen von Adolf Rading.

Die Wohnhalle mit angrenzender Kaminecke, an der Wand das Metallrelief von Oskar Schlemmer.

Ludwig Mies van der Rohe

Haus Tugendhat, Brno (Brünn)
1930

Mit erstaunlicher Stringenz hatte Mies van der Rohe (1886–1969) schon zu Beginn seiner Laufbahn versucht, moderne Architektur mit zeitgemäßen Formen und Materialien mit dem universellen Anspruch einer klassischen Architektur zu verbinden. Zunächst arbeitete er als Steinmetz im väterlichen Betrieb in Aachen und ging dann zu Peter Behrens nach Berlin, wo er sich später mit 26 Jahren selbständig machte. Beeinflußt vom Berliner Klassizismus Karl Friedrich Schinkels, konnten ihm die modischen Stilformen seiner eigenen Zeit wenig anhaben. Weder expressionistische Details finden sich bei seinen Entwürfen in den zwanziger Jahren noch die so typischen organischen Linien später in den fünfziger Jahren. Mies ging konsequent seinen Weg auf der Suche nach einer Einheit von modernen Konstruktionsprinzipien und freier Raumgestaltung mit möglichst wenigen, aber ausgesuchten Materialien. Von ihm stammt der bekannte Satz »Weniger ist mehr«, und in der Tat sind seine Bauten nicht zu reduzieren, ohne dabei die gesamte Struktur zu verändern.

Das Haus Tugendhat konnte Mies van der Rohe auf der Höhe seiner Laufbahn vor dem Zweiten Weltkrieg realisieren. 1927 war er vom Deutschen Werkbund zum Leiter der Weißenhofsiedlung bestellt worden, 1929 vertrat er Deutschland mit seinem berühmten Barcelona-Pavillon auf der Weltausstellung, und 1930 schließlich wurde er als Nachfolger von Hannes Meyer zum Direktor des Bauhauses berufen. Zur selben Zeit erhielt er den Auftrag für die großzügige Villa in Brno (Brünn), die schon bald nach ihrer Fertigstellung ein Klassiker wurde. Für Mies ist es ein frühes Symbol seiner Architekturlehre der Einheit von Raum, Konstruktion und Material, zugleich der letzte Entwurf, den er vor seiner Emigration nach Chicago realisieren konnte. Es ist der Idealtypus einer funktionalistischen Villa der Vorkriegszeit, zugleich der Höhepunkt der Miesschen Entwicklungslinie des Entwurfsprinzips der räumlichen Komposition, das er in den frühen zwanziger Jahren begonnen hatte und das er nun vorerst abschloß. Schon zu Beginn der zwanziger Jahre hatte Mies, beeinflußt von den abstrakten Bildern Piet Mondrians, begonnen, Raum-

Terrasse im oberen Geschoß an der Südwestseite vor den Schlafräumen.

Nordansicht

Das Hauptgeschoß ist an der Westseite ebenfalls durchgehend verglast.

Gartenansicht des Hauses Tugendhat. Die Bilder zeigen den heutigen Zustand nach der Restaurierung.

kompositionen zu entwerfen, die aus unverbundenen, rechtwinklig zugeordneten Mauerscheiben bestanden. Raumbezüge und -funktionen sollten weitgehend vom Nutzer gefüllt werden und nicht durch die Architektur determiniert sein. Die Trennung von Wand und Tragstruktur symbolisiert gleichzeitig das Verhältnis von Volumen und Fläche, dessen freie Komposition Mies in seinen Entwürfen manifesthaft in Architektur umzusetzen suchte.

Das Haus Tugendhat liegt an einem Hang, im Norden von Brünn, zu dem es parallel angeordnet ist, mit dem Blick auf die Stadt. Das langgestreckte Haus vermittelt durch die Terrassen im oberen Geschoß, die Auskragungen der Dächer und die vorgezogene Treppe zum Garten den Eindruck einer freien Komposition von gestaffelten Volumen. Zugleich ist mit der Risalitbildung der zum Garten gewandten Schlafräume im Obergeschoß, der gesimshaften Betonung der horizontalen Wandstreifen und der betonten Sockelzone ein abstrahiertes, klassisches Vokabular auch bei diesem Entwurf von Mies van der Rohe noch umgesetzt. Das Haus wird vom Obergeschoß betreten, dort befinden sich die Schlafräume, Gästezimmer, die Garage und Chauffeurwohnung, der räumliche Mittelpunkt ist jedoch der Wohnbereich im unteren Stockwerk. Hier ist es die offene Raumgestaltung, unter der Mies »einen behüteten und nicht einen umschließenden Raum« verstand. Die Raumzonen des Studios, des Wohn- und Eßzimmers sind lediglich mit einer freistehenden Onyxwand und einer halbkreisförmigen Wand aus Makassarholz abgeteilt. Neben diesen »Wandparavents« wird der Raum nur durch das Stützenraster gegliedert, das die Stahlskelettkonstruktion in beiden Stockwerken sichtbar werden läßt. Wie auch gelegentlich bei den Häusern Le Corbusiers aus jener Zeit, wird dieses technische Raster zum architektonischen Selbstzweck bei Mies van der Rohe. Schon von außen werden die kreuzförmigen Stützen im Eingangsbereich und auf den Terrassen gleichsam als ikono-

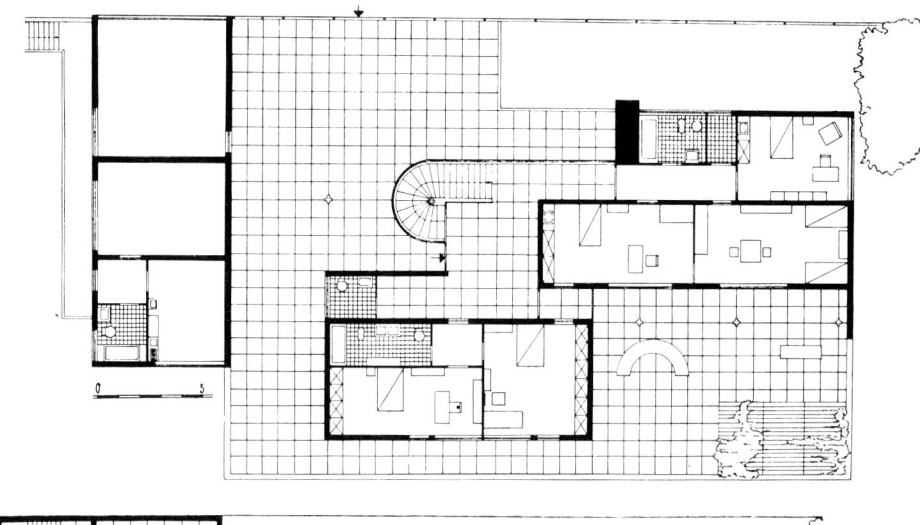

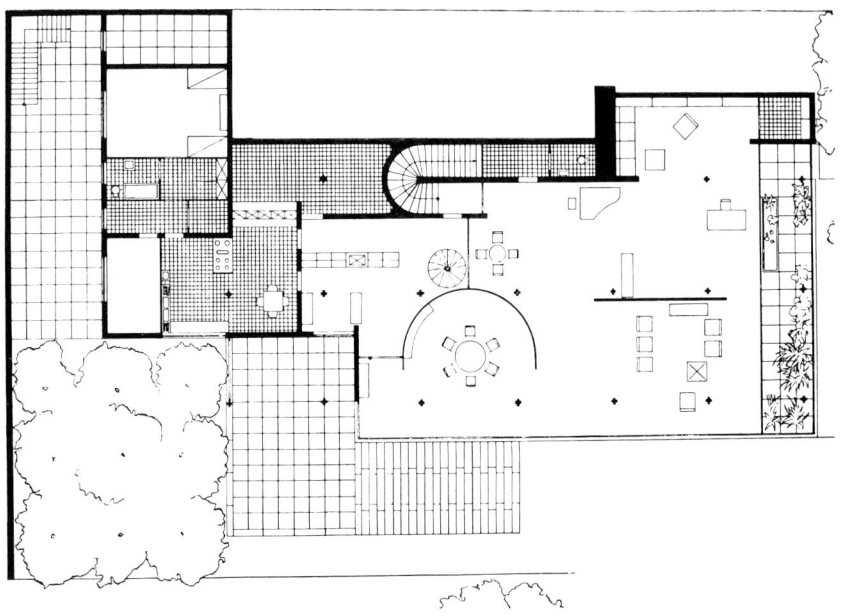

Die klaren Grundrisse des Hauses Tugendhat: Im oberen Geschoß befinden sich die Schlafräume; da das Haus am Hang liegt, wird es von dort erschlossen (oben). Die Wohnräume liegen im unteren Geschoß (unten).

142

Axonometrien.

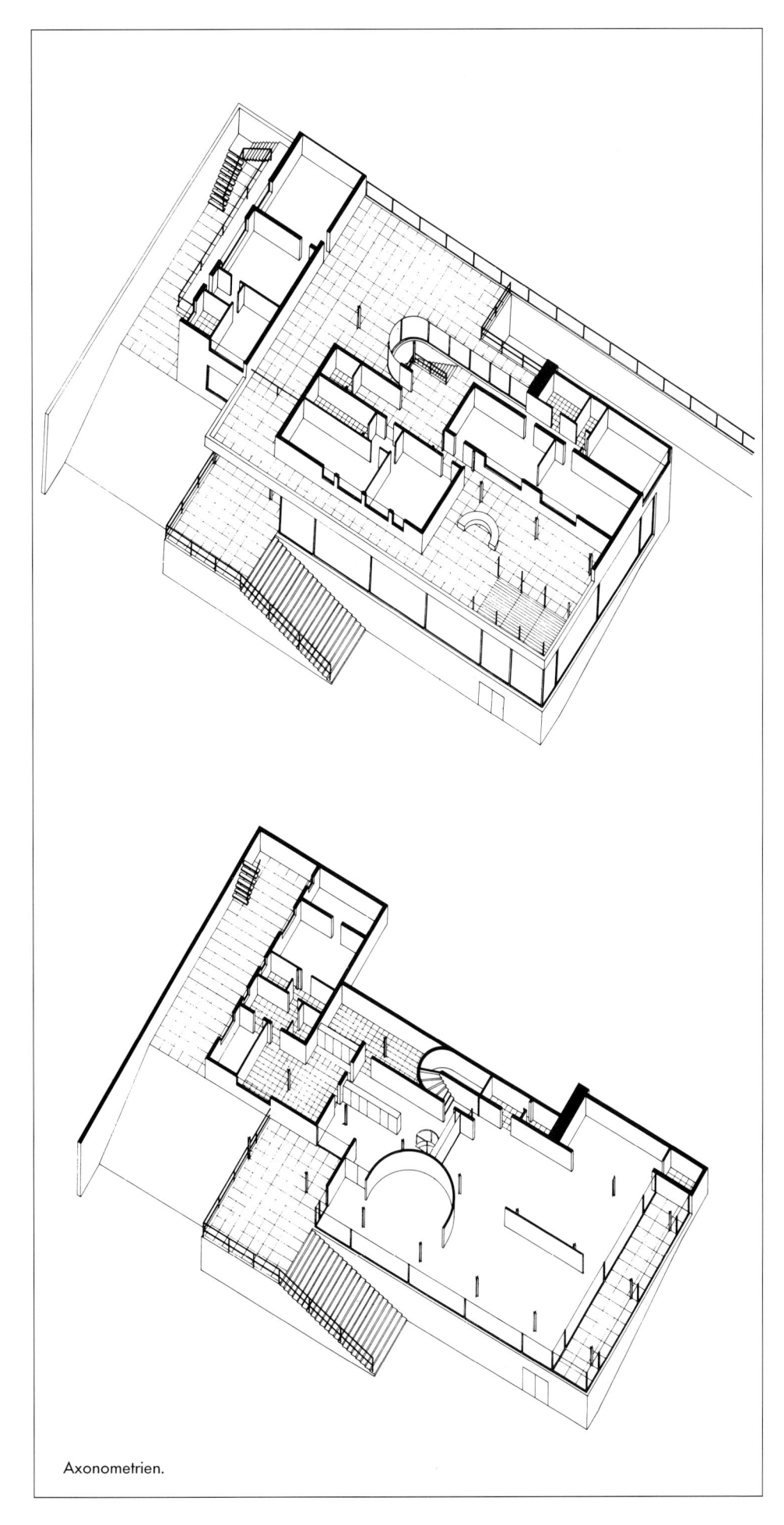

grafisches Zeichen des Hauses sichtbar und setzen sich im Innern fort, wobei sie hier elegante verchromte Verkleidungen erhielten. Das Dogma der Trennung von Konstruktion und Wand, das mit einem frei einteilbaren Grundriß, dem »plan libre«, legitimiert wurde, kehrt sich hier beinahe ins Gegenteil um. Die Stützen legen die Wohnbereiche fest und befinden sich teilweise seltsam unmotiviert mitten im Raum. Folgerichtig legte sie Mies bei späteren Bauten vor die Fassaden, um einen völlig stützenlosen Raum zu erhalten. Auf die Bedenken des Bauherrn, Fritz Tugendhat, durchgehende Türen von der Decke bis zum Boden einzubauen, war die lapidare Antwort Mies van der Rohes: »Dann baue ich nicht.« Diese Anekdote, von Grete Tugendhat noch Jahre später zum besten gegeben, steht für die Kompromißlosigkeit Mies van der Rohes, durch welche nicht zuletzt gerade sein Beitrag zur modernen Architektur sich durch die Eindeutigkeit der formalen und architektonischen Sprache auszeichnet. An seinen Bauten mußte jedes Detail genau stimmen, für Mies war Architektur in erster Linie Baukunst. An seinen Entwürfen entzündete sich die bis heute geführte Debatte um die Bewohnbarkeit und die Autonomie der puristischen Architektur, die oft nur aus Haut und Knochen, sprich Eisen und Glas, bestand, mit kaum abgegrenzten Räumen. Während das Ehepaar Tugendhat mit seinem Haus überaus zufrieden war, wurde Mies van der Rohe in den fünfziger Jahren von einer amerikanischen Klientin tatsächlich verklagt, weil ihr sein Entwurf unbewohnbar erschien. Fortan entschloß er sich, auf den Bau von Einfamilienhäusern zu verzichten.

Nachdem das Haus Tugendhat durch Krieg und Besatzungszeit stark zerstört und später verändert worden war, ist es in den letzten Jahren mit viel Aufwand nahezu originalgetreu restauriert worden und konnte rechtzeitig zum 100. Geburtstag des Architekten eingeweiht werden. Es ist eine bis heute seltene Symbiose zwischen Architekt und künstlerisch gleichgesinntem privaten Bauherren, wie sie Mies

Das klassische Motiv Mies van der Rohes: Nur die Onyxwand als Einteilung und die verchromten Stützen im freien Raumkontinuum.

Blick von der Sitzgruppe in den Garten.

Treppenhaus

Wohnraum, im Hintergrund der mit einer gerundeten Wand aus Makassarholz abgetrennte Eßbereich.

nicht wiederfand. Emphatisch schrieb Fritz Tugendhat seinerzeit: »Wahrheit – man kann verschiedene Anschauungen haben, aber jeder, der diese Räume sieht, wird früher oder später zu der Erkenntnis kommen, daß hier wahre Kunst ist. Dies danken wir Herrn Mies van der Rohe.«

Westansicht

Hans Scharoun

Haus Schminke, Löbau
1930

Einige der signifikantesten Entwürfe des Neuen Bauens aus den zwanziger und dreißiger Jahren wären ohne großzügige Mäzene nicht realisiert worden. Der Teigwarenfabrikant Fritz Schminke aus Löbau, einem kleinen Städtchen in Sachsen, bot Hans Scharoun (1893–1972) 1930 die Möglichkeit, sein prägnantestes und zugleich großzügigstes Einfamilienhaus vor dem Krieg zu realisieren. Scharoun stammte aus Bremerhaven, war Mitglied des »Ringes« in Berlin und gehörte zum Lehrkörper der Breslauer Akademie, bevor er sich in Berlin niederließ. Für den späteren Planer des Kulturforums in Berlin, mit der Philharmonie und der Staatsbibliothek, war das Haus Schminke in Löbau/Sachsen ein frühes Beispiel seiner organisch-funktionalen Architektur. Für Scharoun war es zugleich eines der letzten Häuser, das er frei von Einschränkungen und Bauauflagen durch das Dritte

Die Südseite des Hauses in den dreißiger Jahren mit dem schrägen Fenster des Wintergartens.

Die dynamische Nordseite und die durchgehenden Fenster der Wohnräume, zum Garten gelegen.

Die Nordostansicht der Villa Schminke, kurz nach der Fertigstellung in bautechnisch einwandfreiem Zustand. Die dynamisch auskragenden Terrassen, die Farbe und die filigranen Geländer erinnern an Motive aus der Dampferarchitektur.

Das Haus Schminke mehr als fünfzig Jahre nach der Errichtung: Baufällig, aber weitgehend im Originalzustand.

Reich realisieren konnte; es war 1933 bezugsfertig.

Zunächst hatte Fritz Schminke auch Hans Poelzig den Auftrag angeboten, eine Villa für ihn nahe der Fabrik zu bauen. Scharoun nahm schließlich den Auftrag an, denn die Bedingungen waren nahezu optimal: Er sollte das Haus auf einem großen Grundstück hinter der Fabrik erstellen und hatte sowohl in architektonischer als auch in finanzieller Hinsicht weitgehende Freiheit. Er konnte seine Raumideen mit sehr differenzierten Natur- und Lichtbezügen voll entfalten, und etwas von der expressiv-funktionalen Dynamik spiegelt das Haus bis heute wider. Das Schiffsmoment wurde von der Gartengestalterin Herta Hammerbacher noch gesteigert, indem sie ein Wasserbassin vor die Stirnseite des Hauses legte. Durch die suggestiven Fotos aus den dreißiger Jahren ist die Schiffsmetapher immer wieder betont worden, für Scharoun lag die Verbindung eher in der Technik. Das Haus hat eine freiliegende Stahlskelettkonstruktion mit ähnlichen Profilen, wie sie im Schiffsbau verwendet werden. Die Ausfachungen wurden mit rheinischem Bimsstein gemauert, die Isolierungen erfolgten mit Celotex-Platten, und die Fenster waren aus Eisen. Scharouns Wohnhäuser sind keine variablen Mehrzweckgebäude, vielmehr sind sie sehr spezifisch für den jeweiligen Nutzen und Zweck einer Funktion oder eines Inhalts entworfen. So erarbeitete er in der für ihn typischen Manier aus der schwierigen Topographie des Geländes den Entwurf: Das Grundstück öffnet sich mit der Blickrichtung nach Norden. Demzufolge ist der Grundriß langgestreckt, die Räume an den Längsseiten öffnen sich nach beiden Seiten. Die Ecken sind um etwa 30 Grad gedreht, vorne nach Süden, im hinteren Teil nach Norden, und mit dieser Zweiachsigkeit schaffte Scharoun ungewöhnliche Raumstrukturen. Die ineinander übergehenden Wohnräume scheinen sich aus der

Funktion und der Landschaft wie selbstverständlich zu ergeben. Beim Betreten des Hauses wird der Besucher von der Bewegung der Räume in den Wohnbereich geführt. Wichtiges gliederndes Element ist die Treppe. Sie verläuft flach geneigt nach oben, bildet kein Treppenhaus, sondern einen großzügigen, eigenständigen, doppelgeschossigen Raum.

Die Idee der Doppelachsigkeit liegt dem Haus zwar zugrunde, jedoch erhob Scharoun sie nicht zum geometrischen Prinzip. Er durchbrach das Raster, wo es der Raum verlangte, und auch außen ist der Raumkörper nicht geschlossen, das Eßzimmer »schiebt« sich dort aus der Fassade, wo der Raum benötigt wird. Und auch der spitze Winkel der Terrasse verläuft konträr zum Abschluß des Daches, die diagonal hochführende Außentreppe hebt die horizontale Gliederung der drei Ebenen wieder auf. Der östliche Teil des Hauses ist fast vollständig verglast. Dieser »Sommerraum« läuft sinnfällig im kleinen Wintergarten aus, dessen schräge Glaswand – ein frühes, typisches Scharoun-Motiv – auf diese Weise eine bessere Sonnenbestrahlung der Pflanzen ermöglicht. Julius Posener erkannte bereits früh die Bedeutung dieses Entwurfes und bezeichnete ihn 1935 als »... eine der subtilsten Schöpfungen der Architektur unserer Epoche«. Zu jener Zeit fanden die berühmten Häuser von Le Corbusier weitaus mehr Beachtung, als die Villa Savoye, die in ihrer stringenten formalen Ästhetik zum Prototyp des Internationalen Stils wurde. Das Haus Schminke hingegen ist ein wichtiger Schritt zum organisch-funktionalen Bauen. Es folgt keinem primärgeometrischen Prinzip, sondern läßt Wohnbereiche durch Funktionsabläufe entstehen, die nicht vom rechten Winkel oder Kubus bestimmt sind und so eher zu Lebensräumen werden. Obwohl Scharoun sich der Materialien und formalen Mittel des Neuen Bauens bediente, verweist seine Arbeit hier bereits auf das später noch klarer werdende Entwurfsprinzip seiner »organischen« Häuser. Vielleicht geriet das Haus Schminke gerade deshalb

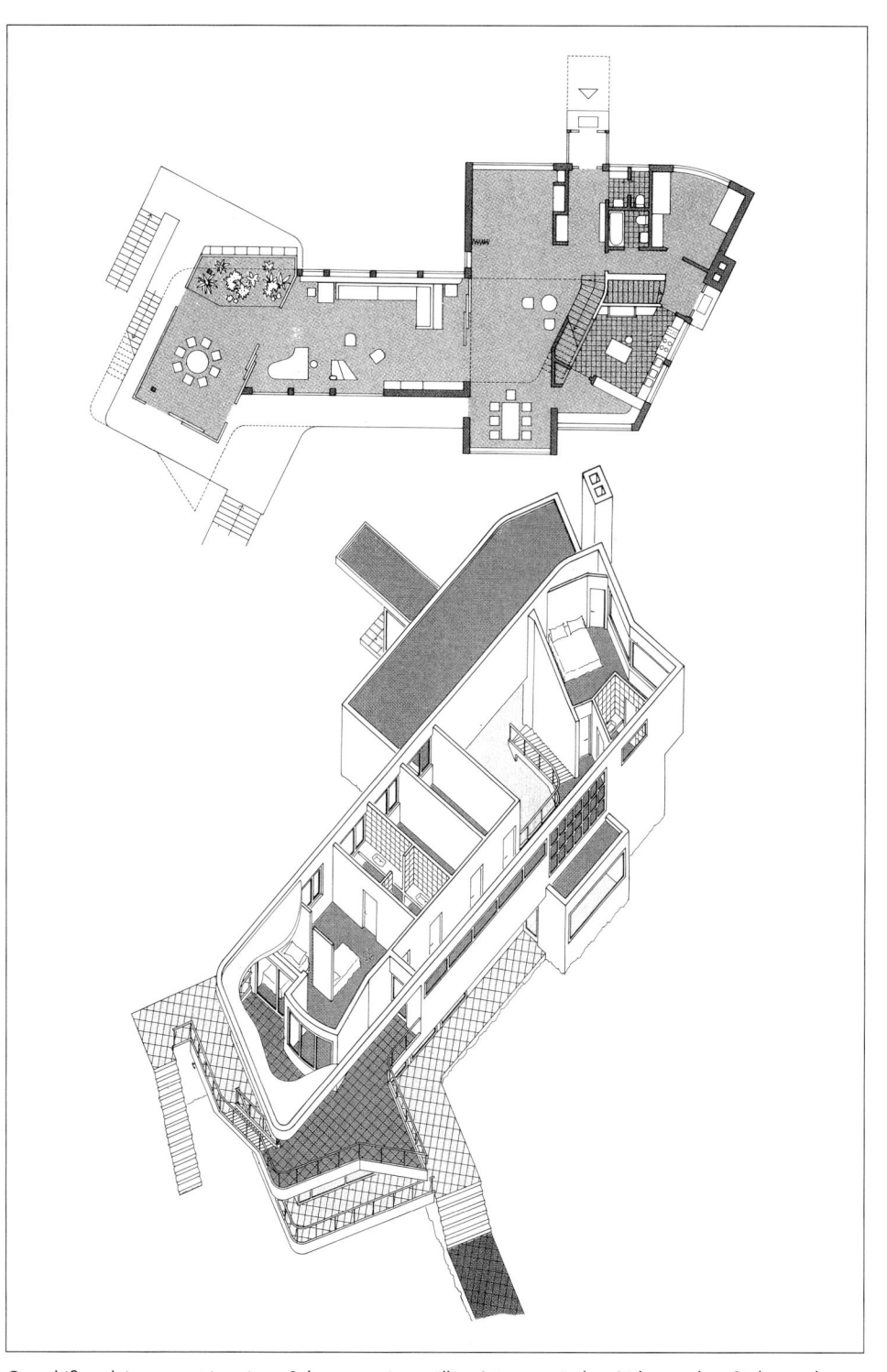

Grundriß und Axonometrie zeigen Scharouns eigenwillige Lösung, mit dem Licht aus dem Süden und dem im Norden gelegenen Garten architektonisch umzugehen.

in die kuriosen Fußangeln eines Rezensenten, der 1934 versuchte, ein »Neues Deutsches Baugefühl« am Haus Schminke festzumachen. Da das Haus innen behaglich und heiter sei und nicht nach »unfruchtbarer Sachlichkeit« strebe, zeige es einen überaus deutschen Baugedanken, führte er in der Zeitschrift »Innen-Dekoration« aus. Nur blieb die Frage unbeantwortet, wo im Äußeren des Hauses die deutsche Gestaltung auszumachen sei. Es wäre übertrieben, dem Autor zu unterstellen, er würde im Haus Schminke bereits die Baugesinnung des Dritten Reiches sehen, jedoch zeigt dies einmal mehr, mit welcher Ratlosigkeit und Unbefangenheit die Frage nach dem »deutschen« Baugefühl zeittypisch gestellt wurde. Wie

Der freistehende Kamin und die schon damals eigenwilligen Leuchtkörper bei Scharoun im Wohnraum.

Der Wintergarten in der Nordostseite des Hauses mit einer Deckenbeleuchtung, die bereits auf die sogenannte »Himmelschaft« der Staatsbibliothek in Berlin verweist.

Der Eingangsbereich mit der Diele vom offenen Eßplatz aus gesehen. Mit der schräggestellten Treppe entsteht ein Bereich von beachtlicher räumlicher Qualität.

Adolf Behne in den dreißiger Jahren oftmals versuchte, vermittelnd architekturtheoretisch einzugreifen, so wurde er auch hier nur einige Seiten weiter mit einer eher sachlichen Beschreibung des Hauses beauftragt. Behne sah treffsicher einen romantischen Zug in dem Haus und bei Scharoun das Bestreben, dem Eindeutigen, dem Klassischen auszuweichen und der Vieldeutigkeit und dem Improvisierten eine Qualität abzugewinnen: »Ein Haus ohne Dogmatismus, ohne modischen Ehrgeiz und ohne Philistrosität, ein Haus, nicht nur zum Leben, zum glücklichen Leben, ein bürgerliches, ein familiäres Sanssouci.«

Es mag Ironie des Schicksals sein, daß das Haus Schminke in den letzten Jahren ausgerechnet als Haus der Pioniere diente – es wurde dadurch nur um eine weitere geschichtliche Dimension bereichert. Zwar ist das Wasserbassin heute, beinahe fünfzig Jahre später, fast verschwunden, der Schiffscharakter hat sich jedoch erhalten: Auf der Suche nach dem Haus in Löbau, nahe der polnischen Grenze, wissen die Anwohner sogleich, wo »das komische Haus, das so aussieht wie ein Schiff«, zu finden ist. Lange Zeit machten Haus und Garten – oder das, was davon übriggeblieben war – einen jämmerlichen Eindruck, das Schiff schien gestrandet. Das Eisen der Treppen war verrostet, der Putz vielfach abgefallen oder feucht. Rostige Eisenträger kamen zum Vorschein. Wandöffnungen waren nach Bedarf teilweise zugemauert und die Fassade dadurch verändert worden. Nichts wies darauf hin, daß es sich hier um ein Architekturdenkmal ersten Ranges handelte. Aber es war noch weitgehend im Originalzustand erhalten und hatte den letzten Funktionswandel auch im Inneren überstanden. Nach der Wende ist sichergestellt, daß das Haus renoviert wird, und es bleibt zu hoffen, daß sich eine geeignete Nutzung finden läßt und daß die historische Bedeutung des Hauses Schminke mit einer umfassenden Sanierung angemessen gewürdigt wird, die auch die differenzierte polychrome Fassung beinhalten sollte.

Heinrich Lauterbach

Haus Hasek, bei Jablonec (Gablonz)
1930/31

Heinrich Lauterbach (1893–1973) gehörte zu den Architekten, die mit dem Neuen Bauen im ehemaligen Schlesien untrennbar verbunden waren. In Breslau geboren, hatte er dort 1911/12 an der Staatlichen Akademie für Kunst und Kunstgewerbe bei Hans Poelzig studiert, wo später Hans Scharoun und Adolf Rading die Architekturklassen leiteten. Danach ging er für zwei Jahre an die Technische Hochschule in Darmstadt, um nach dem Ersten Weltkrieg in Dresden, wiederum bei Poelzig, sein Studium abzuschließen. Nach einiger Zeit bei verschiedenen Architekten kehrte er nach Breslau zurück, um sich dort selbständig zu machen. Er konnte einige Bauten in Breslau realisieren und war 1929 mit der Organisation der Werkbund-Ausstellung »Werkraum und Wohnung« (Wuwa) betraut, auf der er auch selbst einige Reihenhaus-Einheiten und ein Wohnhaus erstellte. Jenes Haus hatte dem Industriellen Jaroslav Hasek so gut gefallen, daß er Lauterbach den Auftrag für eine Villa auf dem Lande

Nordwestansicht mit der halbkreisförmigen Abschlußwand des Wohn- und Eßzimmers.

Die Südseite mit dem aufgeständerten Wohnraum.

Ostansicht, die Glassteine aus Opalglas zeichnen den Verlauf der Treppe nach.

Das geschwungene Treppenhaus, dessen Volumen von Glasprismen gezeichnet wird; ein beliebtes Motiv jener Zeit.

Die Westansicht des Hauses, die Bilder zeigen den Zustand aus den dreißiger Jahren.

bei Gablonz a. N. (Jablonec) übertrug.

Es scheint fast ein Markenzeichen der Architektur aus Breslau gewesen zu sein, ihre Häuser mit gerundeten Wänden, mit Glas oder Glasbausteinen, aufgelöst oder geschlossen, zu versehen. Auch das Haus in der Weißenhofsiedlung von Hans Scharoun hatte sich mit einer gerundeten Glasscheibe zur Landschaft geöffnet und auf der gegenüberliegenden Seite das gerundete Treppenhaus gleichsam als »Spurform« in das Haus »geschraubt«. Beide Elemente finden sich im Haus Hasek wieder, das im Grundriß ähnlich aufgebaut ist. Dieser ist hier L-förmig angelegt, wobei Hanglage und Himmelsrichtung optimal ausgenutzt sind, um die Räume funktional zu organisieren, was im Haus Hasek wohl beispielhaft gelungen ist.

Am Gelenkpunkt der beiden Flügel liegt im Nordosten der Eingang des Hauses. Er befindet sich im unteren Geschoß, neben der Garage und der hangseitig gelegenen Chauffeurwohnung. Im Hauptgeschoß ist das Treppenhaus der Verteiler zwischen dem großen Wohnraum mit dem halbrunden Eßzimmer, den dahinter angeordneten Küchen und Wirtschaftsräumen und dem im Süden gelegenen Trakt mit den Schlafräumen. Von dem Vorraum führt noch eine Treppe in das dritte Geschoß, das nur aus zwei Räumen und einer großen Dachterrasse besteht.

Wie selbstverständlich ist das Haus in die Landschaft gestellt, nimmt deren topographische Linien auf und bildet dennoch eine betont eigenständige Kompositionseinheit. Mit dem aufgeständerten Wohnraum, der Platz für eine gedeckte Terrasse bietet, dem

Die kleine Eingangshalle im ersten Stock als Verteiler: Die Treppe links führt zum Eingang, rechts neben der Garderobe liegt der Wohnraum.

Wohnraum.

äußeren Laufgang und der kubischen Form unterstrich Lauterbach sein modernistisches Entwurfsprinzip. Schon die Verteilung der Bauteile nach den Wohneinheiten, was bis zur Darstellung der Treppenstufen auf der Ostseite geht, ist ein beinahe orthodoxes Prinzip des Neuen Bauens, das sich insbesondere an der sogenannten »Breslauer Schule« herausgebildet hat: die strenge Anwendung einer funktional-organischen Entwurfsweise. Das Haus ist nicht nur konsequent nach den Wohnvorgängen gestaltet, diese sind auch in der äußeren Form des Hauses klar nachvollziehbar und ablesbar. Damit stand die »Breslauer Schule« schon damals im kollegialen Gegensatz zu der eher abstrakt-kubistischen Entwurfsvorgabe, wie sie am Bauhaus und insbesondere von Walter Gropius vertreten wurde. In den dreißiger Jahren wurde jene Breslauer Linie der Moderne vergleichsweise weniger publiziert; aber dennoch hob die Zeitschrift »Innen-Dekoration« die Qualität des Hauses Hasek und die differenzierte Entwurfsweise Heinrich Lauterbachs bereits 1932 besonders hervor: »Es herrscht hier überall der Eindruck einer kühnen, hellen Modernität, die sich aller Gewaltsamkeit und Gewagtheit enthalten kann, weil sich in ihr Empfindungstiefe und Geistigkeit ausdrückt. Diese Paarung stempelt Heinrich Lauterbach zu einem der feinsten und reifsten Baukünstler der Zeit. Und man wünschte, hoffen zu dürfen, daß die Sicherheit und Vielseitigkeit seines Talents bald einmal für die Heranbildung kommender Architekten fruchtbar gemacht wird.«

Zu diesem Zeitpunkt war Lauterbach bereits Lehrbeauftragter in Breslau, jedoch wurde die Schule noch im gleichen Jahr aufgrund der notverordneten Sparmaßnahmen geschlossen. Während des Krieges mußte auch er sich von größerer Bautätigkeit zurückziehen, konnte aber doch einige Bauten realisieren, die sich nun vermehrt mit örtlichen Bautraditionen auseinandersetzten. Nach dem Zweiten Weltkrieg ging Lauterbach zunächst an die Technische Hochschule in Stuttgart und war dann von 1950 bis 1958 Pro-

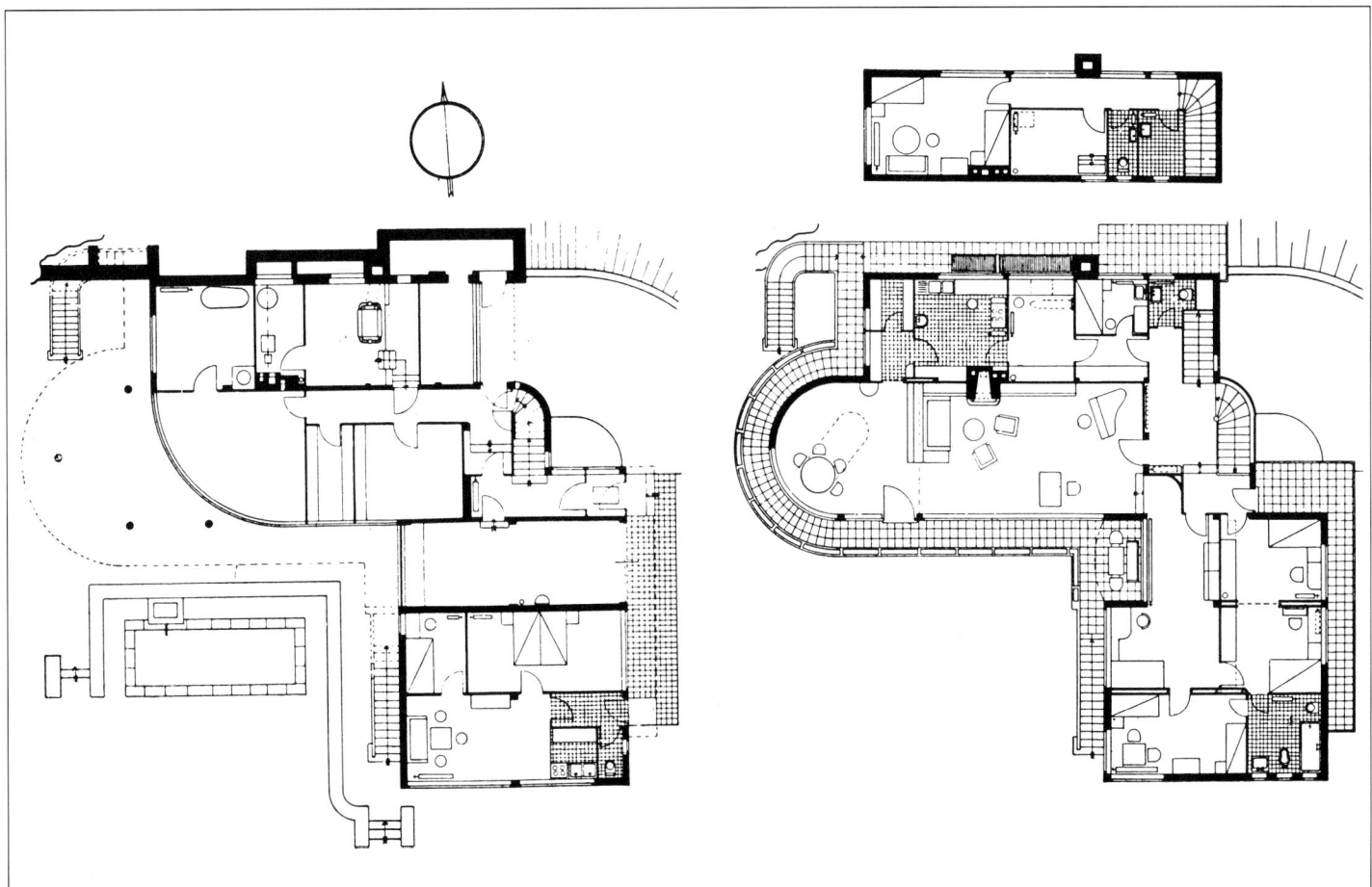

Das gerundete Speisezimmer mit Panoramablick.

Wohn- und Eßzimmer mit einem Geschirrschrank als Raumteiler.

Grundrisse: Das Sockelgeschoß mit Einliegerwohnung (links). Im Hauptgeschoß liegen Wohn- und Schlafräume, im Obergeschoß zwei zusätzliche Zimmer (rechts).

fessor für Baukunst an der Hochschule für bildende Künste in Kassel. Lauterbach, der sich unermüdlich für seinen einstigen Mentor Hugo Häring einsetzte, konnte mit seinen eigenen Nachkriegsbauten nicht mehr an frühe Erfolge anknüpfen. Dennoch gibt es einige Schulbauten von ihm, die mit ihrem bescheidenen Ausdruck durchaus eine zeittypische und allemal aussagefähige Fortsetzung der Moderne in den fünfziger Jahren zu behaupten suchten.

153

Louis H. De Koninck

Haus Dotremont, Brüssel
1931

Für die Leistungen der frühen Moderne Belgiens stehen in erster Linie die berühmten »Jugendstilarchitekten« Henry van de Velde und Viktor Horta. Lange Zeit war es kaum über die Grenzen des Königreiches hinaus bekannt, daß es in Brüssel zahlreiche bemerkenswerte Häuser des Neuen Bauens, des »L'Effort Moderne« gibt. Einer der interessantesten Architekten, Louis Herman De Koninck (1896–1984), wurde von der Historiographie der Architektur zunächst weitgehend übersehen. In den frühen Anthologien zur modernen Architektur von B. Zevi, S. Giedion, H. R. Hitchcock, D. Sharp und anderen taucht seine Arbeit nicht auf.

De Konincks modernistische Architektursprache resultiert einerseits aus seinem Interesse für technische Innovationen des Bauens, auf der anderen Seite aus der abstrahierenden Umsetzung der Architekturtradition seines Heimatlandes. Letzteres mag an dem Einfluß Josef Hoffmanns gelegen haben, von dessen bekanntem Palais Stoclet er bereits während seines Studiums an der Brüsseler Académie des Beaux Arts, wo er von 1912 bis 1916 studierte, eine Aufnahme gesehen hatte. Beeindruckt von diesem Haus, verband De Koninck in vergleichbarer Manier die kubische Form des Art déco mit der modernen Linienführung der De Stijl-Gruppe. Erst später gelangte er zu einer ganz eigenständigen Sprache, die am ehesten mit den Entwürfen Mallet-Stevens' zu vergleichen ist.

In den 20er und 30er Jahren baute De Koninck in Brüssel zahlreiche Einfamilienhäuser, von denen viele heute noch stehen. Bereits 1924 schockierte er die Öffentlichkeit mit dem Entwurf seines eigenen Hauses, das vollständig mit der Tradition gebrochen hatte und kompromißlos modern war. Es hatte eine einfache kubische Form mit einer Betonkonstruktion, und das in einem Land, in dem immer noch die Vorliebe für Ziegel und Stein vorherrschend war. Das Haus hatte Metallfenster, eine neuartige Luftheizung und war für

Historische Aufnahme der Straßenseite.

Die Axonometrie zeigt die zweigeschossige Halle mit der freistehenden Stütze und der Galerie.

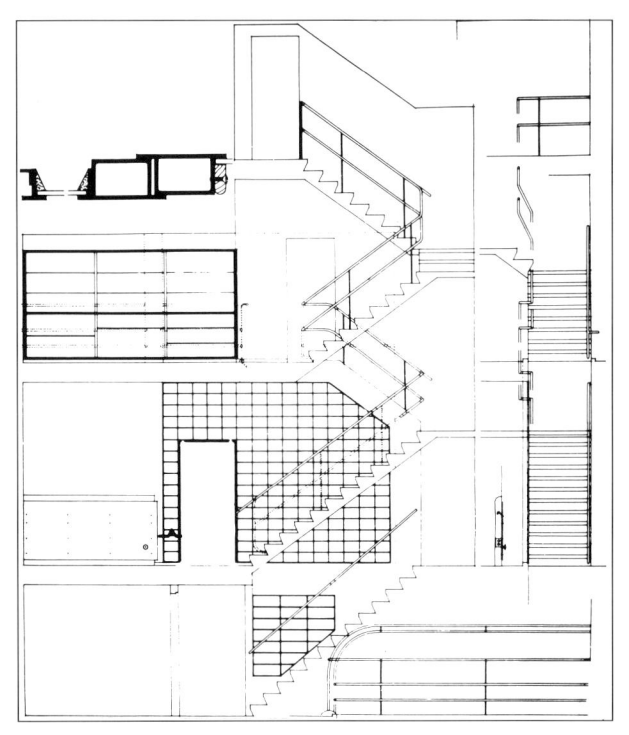

Schnitt

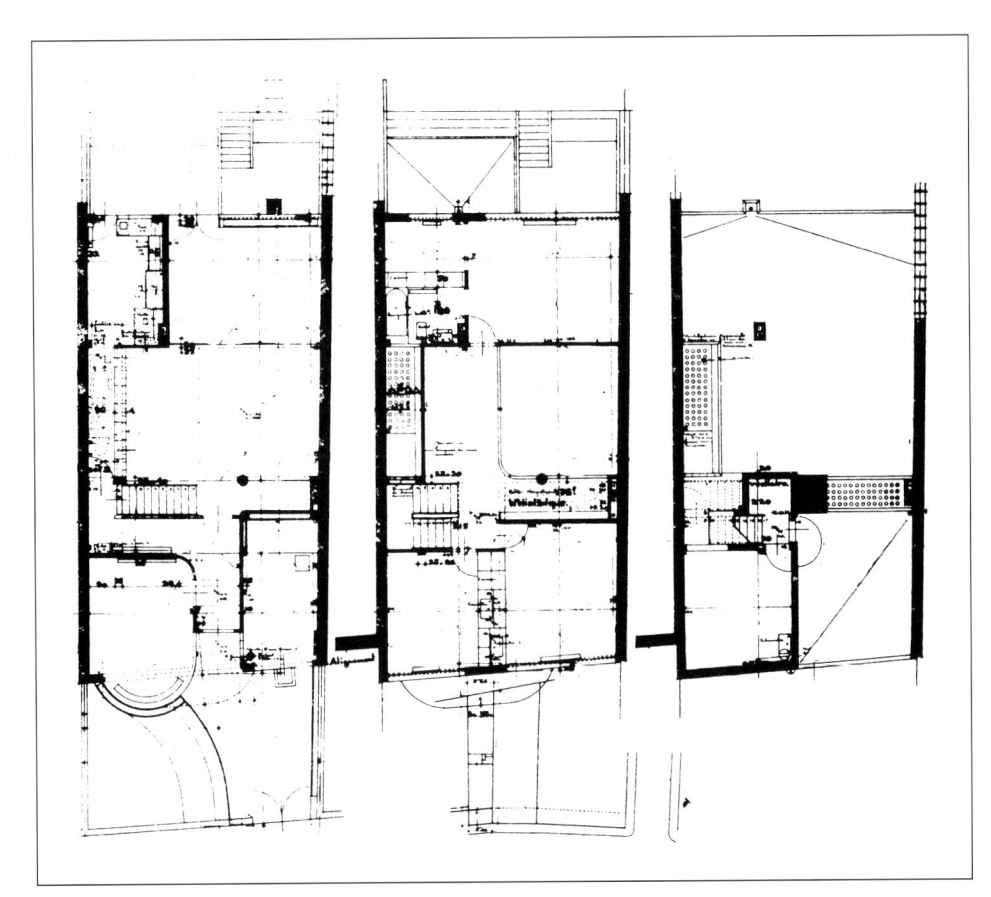

Grundrisse

Der Vergleich der Fassaden zeigt oben die eingereichte und unten die realisierte Version.

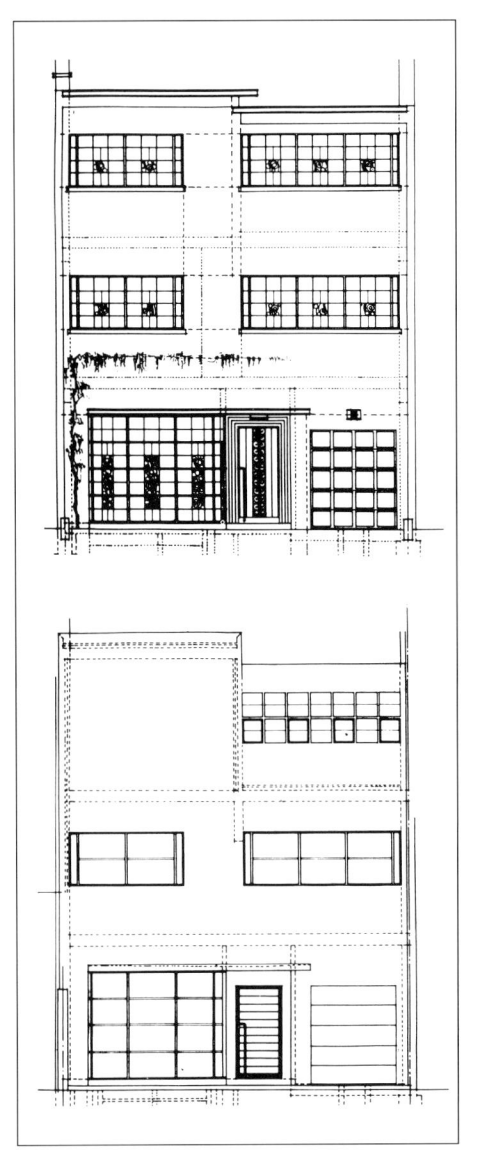

De Koninck zunächst ein technisches Testobjekt. Zwar erhielt er daraufhin zwei Jahre keine weiteren Aufträge, er wurde sogar vor seinem eigenen Haus beschimpft, aber sein architektonischer Weg stand von nun an fest. Bis er wieder Aufträge bekam, mußte er sogar anonym Arbeiten für Kollegen übernehmen. Aber er beschäftigte sich fortan weiter vorrangig mit neuen Bautechniken und -materialien, experimentierte mit der Präfabrikation und errichtete 1928 sogar das erste Haus in Belgien mit einem Curtain-wall aus Eisenbeton. Zwar experimentierten auch andere Architekten mit innovativen Bautechniken, die dem neuen Formenvokabular und den veränderten Wohnbedürfnissen gerecht werden sollten, die Umsetzung gelang jedoch nicht immer, und so ist die schlechte Bausubstanz vieler Häuser aus jener Zeit sowohl auf unerprobte Techniken als auch auf die Unerfahrenheit der Architekten zurückzuführen. De Koninck hingegen war für seine Detailbesessenheit und für die gute Bauausführung seiner Projekte bekannt. Nicht zuletzt deshalb ist sein 1931/32 errichtetes Haus Dotremont immer noch in sehr gutem Zustand. Als der jetzige Besitzer das Haus Ende der 70er Jahre erwarb, hatte es über zehn Jahre leer gestanden und mußte dennoch nur geringfügig renoviert werden. Als der Kunstsammler und Direktor der Staatlichen Zuckergesellschaft, Philippe Dotremont, an De Koninck herantrat, um sich ein neues Haus zu bauen, war er zwar skeptisch wegen des schlechten Rufs des Architekten, aber es kam dennoch zu einer sehr fruchtbaren Zusammenarbeit. Mit einem Trick hatte De Koninck zunächst die Baugenehmigung für das Haus erhalten. Er reichte einen Fassadenplan ein, der symmetrische Fenster mit Sprosseneinteilungen im Stil der Wiener Sezession zeigte. Trotz tiefem Mißtrauen der Behörden erhielt er die Baugenehmigung; später wurde dann der Entwurf geändert, es verschwanden die Ornamente und die Fassaden und Fenster wurden von Applikationen befreit.
Das schmale Stadthaus hat eine Stahlbetonkonstruktion, wodurch die Fas-

Die zentrale Halle des Hauses nach der Renovation.

Die Galerie im ersten Geschoß.

saden und die Grundrisse frei entwikkelt werden konnten und sturzlose Horizontalfenster und vertikale Raumbezüge möglich wurden. Mittelpunkt des Hauses ist die offene Halle mit der umlaufenden Galerie, die von einem freistehenden Pfeiler getragen wird. Um die Halle zu belichten und transparent erscheinen zu lassen, sind die Wände größtenteils aus Glasbausteinen nach einem Entwurf Berlages hergestellt, die wiederum von De Koninck in ihrer transluzenten Wirkung verbessert worden waren. Die Geländer der Treppen und der Empore unterstreichen dieses Moment und betonen gleichzeitig den Schiffscharakter dieses Raumes. Auch mit der geschickten Auswahl der Baustoffe und der eleganten Linienführung der Treppen und Wände wird die Schwere herkömmlicher Materialien aufgehoben und den Räumen eine technische Dynamik verliehen, die gleichzeitig einheitlich durchgestaltet ist und von ihrem Reiz bis heute nichts eingebüßt hat. Nach dem Tode Dotremonts stand das Haus lange Zeit leer und geriet zunächst, ebenso wie der Architekt, gänzlich in Vergessenheit. Ende der 70er Jahre erwarb wiederum ein Kunsthändler das Haus und sanierte es noch mit der Beratung De Konincks, in der Absicht, es wiederherzustellen und so weit wie möglich im Originalzustand zu belassen. Es ist heute allerdings neu möbliert im Sinne der klassischen Moderne, so daß Innen und Außen zu einer Einheit verschmolzen sind, die den Zeitgeist von damals spüren läßt. Auch nach dem Tode von Louis Herman De Koninck ist für seinen Nachruhm bisher wenig getan worden. Das Lexikon der Architektur des 20. Jahrhunderts verschweigt ihn nach wie vor, wie es sogar Belgien als Stichwort ausläßt – zu Unrecht, wie das Haus Dotremont beweist.

Peter Behrens

Haus Ganz, Kronberg
1931

Der in Hamburg geborene Architekt Peter Behrens (1868–1940) begann seine Karriere zunächst als Jugendstilmaler. Er hatte nie Architektur studiert, bezeichnete sich als Autodidakt, und dennoch erlangte er gerade mit seinen Industriebauten zunächst Beachtung. Fast am Ende seiner Laufbahn baute er eine Villa in der Nähe von Frankfurt am Main, die noch einmal die Souveränität jenes einflußreichen Architekten offenbarte. Peter Behrens erreichte nicht die Popularität der Architekten der klassischen Moderne wie Walter Gropius, Mies van der Rohe und Le Corbusier; sein Einfluß auf die jüngere Generation ist jedoch nicht zu unterschätzen. Bekannt wurde Behrens bereits um die Jahrhundertwende mit seinem Wohnhaus auf der Darmstädter Mathildenhöhe; bekannt war er spätestens nach seinem epochalen Entwurf der Turbinenhalle für die AEG 1909 in Berlin. Behrens gehörte noch zu den

Der Wohnraum mit Kamin in der Originaleinrichtung.

Südostansicht der Villa kurz nach der Fertigstellung.

Architekten, die virtuos in verschiedenen »Stilen« bauten, sein Formenrepertoire geht vom Jugendstil über den Klassizismus und den Expressionismus bis zur Neuen Sachlichkeit der Moderne. Obwohl er seine Wohnhäuser meist in klassischer Manier entwarf, konnte auch er sich in den späten zwanziger Jahren nicht dem Neuen Bauen entziehen. So baute er fast am Ende seiner Laufbahn – im Alter von 63 Jahren – ein Haus, das eigentlich an die Handschrift eines seiner berühmten Schüler erinnert.

Für das weite Hanggrundstück im Taunus entwarf Peter Behrens einen langgestreckten, kubischen Baukörper mit versetzten Terrassen, relingartigen Geländern und großzügigen, ineinander übergehenden Wohnräumen. Die Dynamik des Hauses wird durch die horizontale Fassadengestaltung noch gesteigert. Geschickt nutzte Behrens die herrliche Lage, um mit gestaffelter Terrassierung des Geländes den Bezug zwischen Innen und Außen herzustellen und gleichzeitig die rechtwinklige Architektur bewußt der Natur gegenüberzustellen. Erscheint das Haus zunächst im modernen Gewand der zwanziger Jahre, so verrät der Blick auf die Details, daß hier anders gestaltet und entworfen wurde als in den puristischen Häusern jener Zeit. Im Gegensatz zum hellen Wandverputz der modernistischen Fassaden ist die Villa Ganz mit gelblichen dünnen Platten aus Kalkstein verkleidet. Auch im Innern gibt es kaum weiße Wände und spartanische Einrichtungen, sondern großbürgerliche Noblesse. Die Villa Ganz gehört eher zu den luxuriös ausgestatteten Villen der frühen dreißiger Jahre. Auch sind die Wände traditionell aufgemauert und nicht von großen und vielen Fensterflächen durchbrochen, wodurch auch dieses Haus die gediegene Monumentalität erhält, die den Entwürfen von Peter Behrens zugrunde liegt. Die Wände des Wohnraumes waren sorgsam mit Pergament bezogen, der Fußboden aus Sumpf-

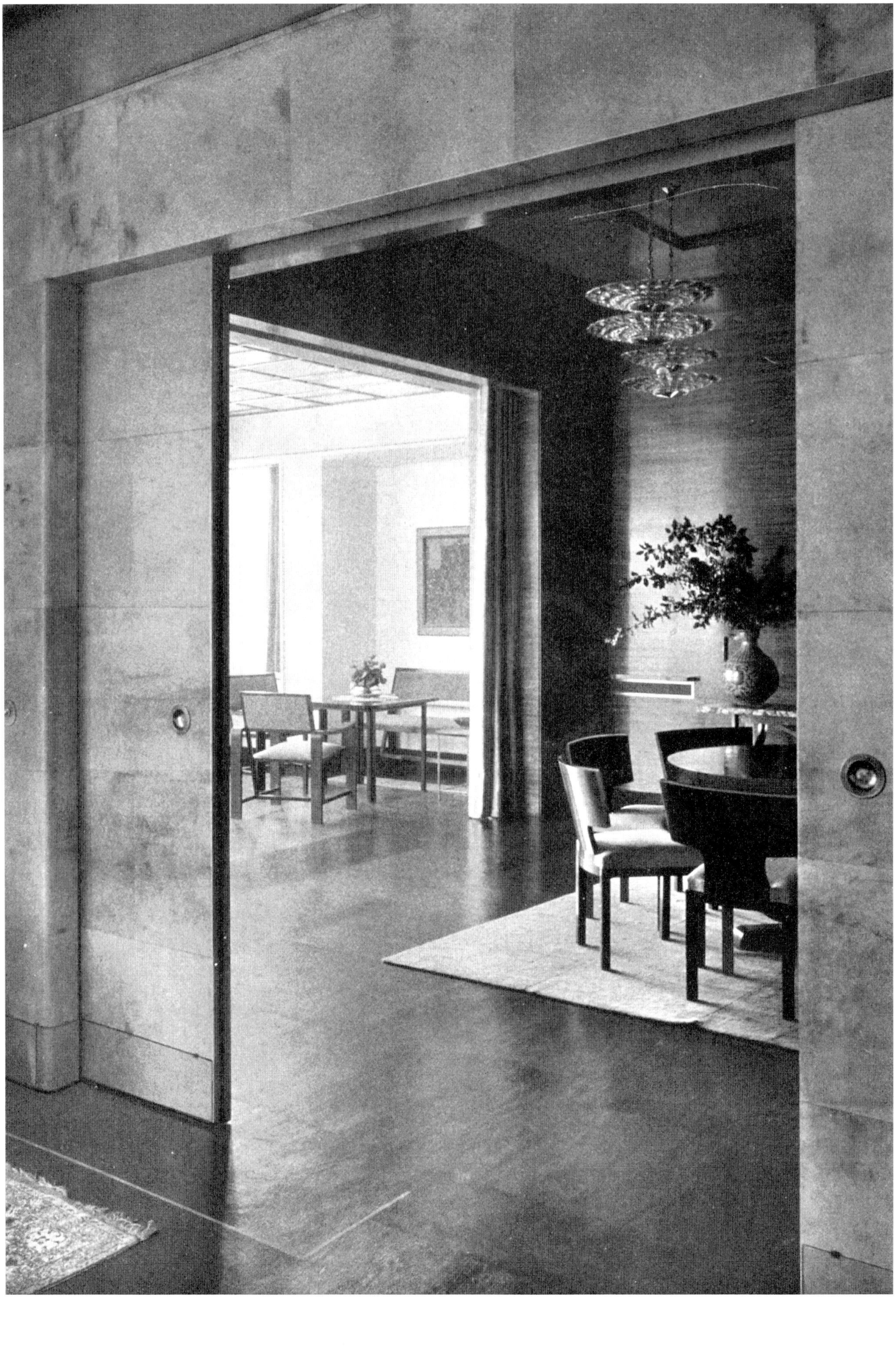

Ostansicht nach der Renovierung.

Ein Teil der Ostansicht im Originalzustand.

Blick vom Wohnzimmer durch das Speisezimmer zur Veranda.

161

eiche mit einem linearen Muster aus Ahornintarsien und das Speisezimmer gar mit Rosenholz getäfelt. Behrens entwarf nicht nur die Möbel für das Haus, auch der grün gekachelte Kamin mit vergoldeten Fugen entstammt seiner Feder. Leider ist von der einstigen Pracht so gut wie nichts mehr erhalten, lediglich das edle Treppengeländer aus Neusilber. Es war lange Zeit eingemauert und ist erst von den heutigen Besitzern wiederentdeckt worden. Original ist auch noch der Handlauf aus elfenbeinfarbenem Bakelit.

Neben der wertvollen Ausstattung steckte das Haus voll ungewöhnlicher technischer Details. Das große Wohnzimmerfenster ließ sich mechanisch öffnen, so daß der Raum vollständig mit der Terrasse verbunden wurde. Außer der Zentralheizung hatte das Wohnzimmer eine separate Umluftheizung, damit kein Heizkörper den ästhetischen Gesamteindruck des Raumes störte. Die Bauherrin hatte klare Vorstellungen von ihrem zukünftigen Haus, so mußte Behrens mehrere Entwürfe anfertigen, bis Frau Ganz endlich zufrieden war. Bei der Innenausstattung entstand vieles in der intensiven Zusammenarbeit des Architekten mit seiner Klientin.

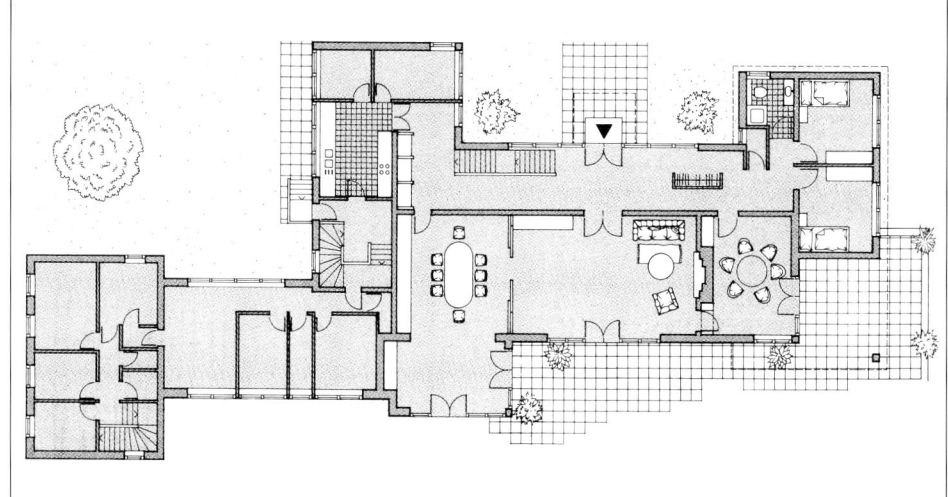

Nach dem Krieg begann eine leidvolle Geschichte für die Villa. Nachdem kurze Zeit Dwight D. Eisenhower hier residiert hatte, wurde sie geplündert, stand lange Zeit leer und verfiel immer mehr. Für das große Haus ließ sich lange Zeit kein neuer Besitzer finden. Erst vor einigen Jahren haben sich drei junge Familien des Hauses angenommen, es für ihre Bedürfnisse umgebaut und dabei den Rest der alten Bausubstanz weitgehend erhalten.

Der Blick auf die Terrasse. Das große Fenster war früher versenkbar.

Das Treppengeländer ist aus Neusilber geschmiedet.

Der große Wohnraum nach der Renovierung.

Erdgeschoßgrundriß.

Egon Eiermann

Haus Hesse, Berlin
1931

Egon Eiermann (1904–1970) war einer der meistbeschäftigten deutschen Architekten der Nachkriegszeit. Mit seiner auf technische Perfektion und kantige Eleganz angelegten Architektur hatte er in den fünfziger und sechziger Jahren großen Erfolg; lang ist die Reihe seiner Büro- und Verwaltungsbauten. Sein bekanntestes Werk ist der Neu- und Anbau der Berliner Gedächtniskirche, auch der Entwurf des »Langen Eugen« – das Abgeordnetenhaus in Bonn – stammt von seiner Hand.

Eines seiner ersten Entwürfe war das Haus Hesse, das 1933 in Berlin gebaut wurde. Von Bäumen umgeben, eingewachsen bis zum Dach und von der Straße kaum auszumachen, liegt das kleine Haus in der Siemensstraße; so hatte sich Egon Eiermann die Begrünung seiner Häuser immer vorgestellt. Es unterstreicht die Maxime des damals 27jährigen, der das Haus 1931 mit seinem Partner Fritz Jaenecke ent-

Die Südwestseite des Hauses mit Terrasse.

warf: keine große Gebärde nach außen, kühle Sachlichkeit und durchdachte, großzügige Räume im Innern. Auch die Denkmalpflege nahm von dem Haus kaum Notiz und stellte es erst spät unter Schutz. Von einer Brandbombe stark beschädigt, erhielt es nach dem Krieg ein Satteldach, von dem es inzwischen befreit wurde. Heute befindet sich das Haus weitgehend wieder im Originalzustand, abgesehen vom fünfteiligen Fenster in der Fassade, der ausgebauten ehemaligen Garage – eine Konzession an die veränderte Funktion: Das Haus war einst für das kinderlose Ehepaar Hesse gebaut, heute bewohnt es eine vierköpfige Familie.

Bereits mit 23 Jahren hatte Eiermann sein Studium – unter anderem bei Hans Poelzig – beendet, und nach kurzem Angestelltendasein machte er sich mit 26 Jahren in Berlin selbständig. Das kleine Haus war einer der ersten Aufträge und wurde ein großer Wurf. Es gibt kaum einen zweiten Grundriß Eiermanns für ein Einfamilienhaus, der so einfach und subtil durchgestaltet ist. Schon der Blick auf die langgestreckte Terrasse verdeutlicht den detaillierten Zusammenklang von Material und Farbe unter dem Primat der Wohnfunktion. Die roten Ziegel stehen im Prüßverband, zwei waagerechte neben zwei senkrechten. An der fensterlosen Rückseite der Garage bilden vorkragende Steine ein feststehendes Raster für Blumentöpfe. Im Kontrast zum dunklen Ziegel stehen die weißen Fenster und Türen mit

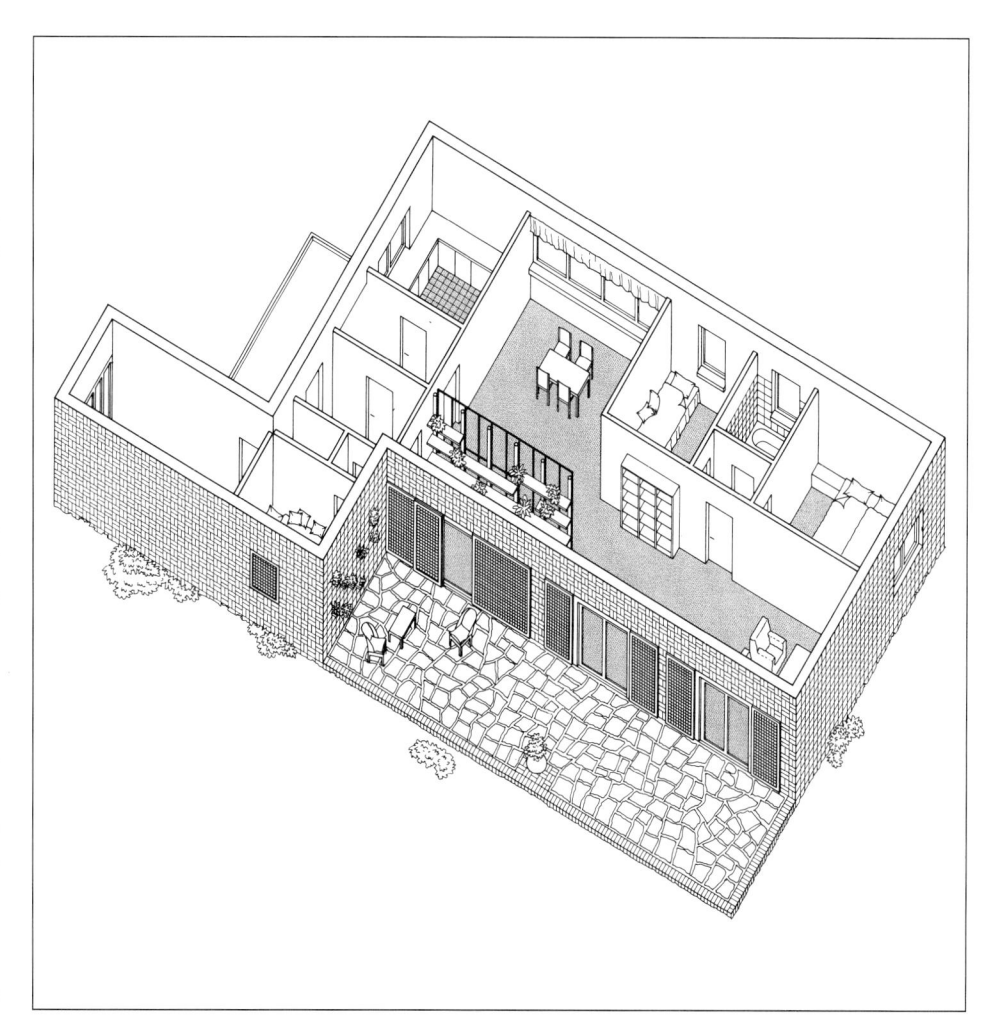

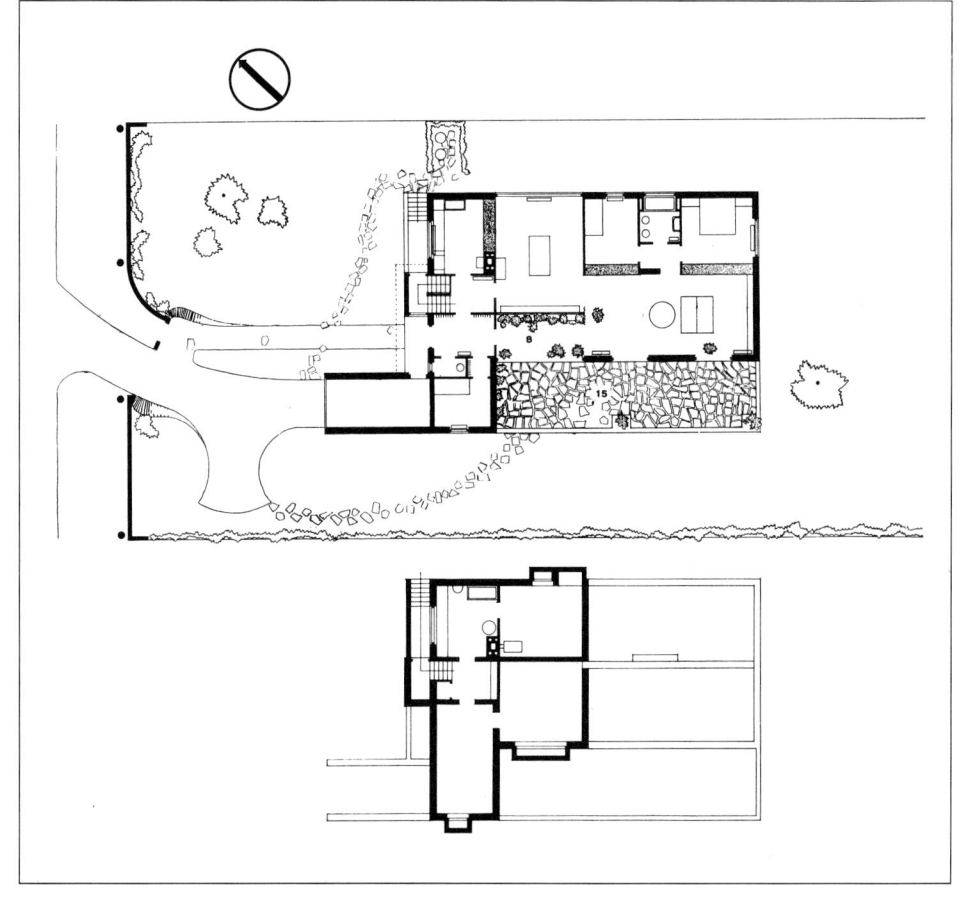

Grundrisse der Erd- und Kellergeschosse.

Der Wohnraum an der Südostseite des Hauses in der Originaleinrichtung.

Die Nordwestansicht, heutiger Zustand; aus der ehemaligen Garage wurde ein Wohnraum.

Nordwestansicht

Blick vom Wohnraum in den Eingangsbereich mit dem eingebauten Eisenregal.

Detail der Südwestansicht, die Ziegel stehen im Prüßverband.

ebenfalls weißen Gitterrahmen. Sie zeigen Eiermanns früh ausgeprägte Liebe zum Detail und seinen Sinn für die Lösung technischer Probleme. Die Gitter bieten andererseits Schutz gegen Einbruch, die Türen lassen sich bei geschlossenem Gitter öffnen, gleichzeitig filtern die kleinen Maschen starkes Sonnenlicht. Mit der einfachen Form eines schmalen Rechtecks richtet sich das Haus ganz nach dem länglichen Grundstück. Nur die neben dem Eingang liegende ehemalige Garage mit angrenzendem Mädchenzimmer bildet einen vorgelagerten Bauteil und eine geschützte Ecke für den Eingang und die Terrasse.

Schon beim Eintreten vermittelt das äußerlich recht kleine Haus überraschende Großzügigkeit und angenehme Raumwirkung. Um die Kontinuität zwischen Wohn- und Eßbereich zu erhalten, den Eßtisch aber auch optisch abzutrennen, entwarf Eiermann als transparenten Raumteiler ein Bord aus Eisen und Glas. Vom Eßtisch aus wirkt es wie ein gläserner Paravent und schafft einen fast fernöstlichen Raumeindruck. Gleichzeitig teilt es den Raum in die verschiedenen Bereiche und schirmt den Zugang zum Schlafbereich ab. Der Blick geht durch diese gerasterte Glaswand auf die Terrassentüren mit dem dahinterliegenden Gitterwerk. Diese schrittweise Durchdringung von Wandflächen und Eisenraster – hier noch experimentell – wurde später ein immer wichtiger Bestandteil von Eiermanns Architektur. Es wurde seine spezielle Handschrift, Technik und Konstruktion ästhetisch und rational in architektonische Form umzusetzen. Mit technischer Präzision und funktionalen Betriebsabläufen entwickelte Eiermann zahlreiche Fabrikanlagen und Verwaltungstürme. Sein Beitrag zur modernen Architektur ist nicht von Ideologie und Theorie geprägt, sondern vom Pragmatismus der jüngeren Generation. Darin liegen die Stärke und zugleich die Schwäche seiner Architektur. Mit den formal sich selbst zurücknehmenden Rastern baute Eiermann so überzeugende Räume wie die Gedächtniskirche in Berlin. Leider ermöglichten sie auch so fragwürdige Fassaden, wie die der Horten-Kaufhäuser, die auch der Phantasie Egon Eiermanns entsprungen sind.

Marcel Breuer

Haus Harnischmacher, Wiesbaden
1932

Der aus Pécs in Ungarn stammende Marcel Breuer (1902–1981) kam bereits 1920 an das soeben gegründete Bauhaus in Weimar, um dort zu studieren. Nachdem er 1924 sein Studium abgeschlossen hatte, holte Walter Gropius ihn nach einem Jahr zurück und übertrug ihm die Leitung der Tischlerei der Möbelwerkstatt in den neuen Gebäuden des Bauhauses in Dessau. Schon während seines Studiums entwickelte sich Breuer zu einem der wichtigsten Designer des Bauhauses; die meisten Möbel, die in den frühen Jahren an der Schule entstanden waren, stammten von Breuer, und auch die ersten Häuser aus dem Bauhaus – meist im Bauatelier Gropius entworfen – waren mit den kubischen Holzmöbeln von Breuer ausgestattet. Ab 1925 wandte sich Breuer einem neuen Material zu, und es entstanden die ersten Prototypen der Stahlrohrmöbel. Sein berühmter Was-

Südwestansicht des Hauses mit aufgeständerten Terrassen an beiden Seiten des L-förmigen Baukörpers kurz nach der Fertigstellung.

Blick von der Terrasse des Südflügels.

Blick durch die Eisenfenster auf die Terrasse, deren Brüstungen mit Eternitplatten versehen sind.

sily-Stuhl begründete eine ganze Epoche bis heute produzierter und reproduzierter Möbel aus gebogenem Eisen.

Als Gropius das Bauhaus Anfang 1928 verließ, sah auch Breuer unter den veränderten Verhältnissen in Dessau für sich keine Zukunft mehr. Zudem wollte er verstärkt selbständig arbeiten. So verließ er fast gleichzeitig die Schule und eröffnete in Berlin ein Büro. Die Tantiemen seiner Stühle sicherten ihm ein kleines Einkommen. Darüber hinaus versuchte Breuer an Aufträge zu gelangen, was ihm zumindest auf dem Sektor der Innenraumgestaltung und -ausstattung auch gelang. Er beteiligte sich an mehreren Ausstellungen und entwarf zahlreiche Interieurs von Häusern und Appartements in Berlin für private Auftraggeber, die modernem Design zugetan waren, unter anderem für den Regisseur Erwin Piscator. Einer seiner Kunden war der Direktor der Erdal-Schuhpflegemittelfabrik, Dr. Harnischmacher, dessen Wohnung in Wiesbaden Breuer 1929 einrichtete. Hierfür entwarf Breuer erstmals wieder Möbel aus Holz, unter anderem einen kubischen Sessel mit Stoffbespannung aus Ebenholz. Zu dem Zeitpunkt hatte es bereits Pläne für den Bau eines Einfamilienhauses gegeben, das von Gropius gebaut werden sollte. Nachdem Gropius Dessau verlassen hatte, wurde das Projekt nicht weiterverfolgt. Schließlich ging der Auftrag für den Bau einer Villa in Wiesbaden 1932 an Breuer, der zunächst nur für die Innenausstattung vorgesehen war und durch die Einrichtung der Wohnung den Kontakt zu den Harnischmachers aufrechterhalten hatte. Zwar gibt es von Breuer zahlreiche Projekte aus jener Zeit, beispielsweise die berühmte Arbeit für ein Theater in Charkow (1931), ein Hospital in Eberfeld (1928), oder eine Fabrik in Frankfurt (1929), aber aufgrund der Rezession in Deutschland wurde kaum etwas realisiert, so daß die Villa Harnischmacher sein erster ausgeführter Entwurf wurde.

Anfang 1932 entworfen, im Juli begonnen, war das Haus am 20. Dezember bezugsfertig. Während des Sommers lebte Breuer in Wiesbaden, um die Ausführung, die von der Firma Philipp Holzmann übernommen wurde, zu leiten. Fast die gesamte Innenausstattung stammte von Breuer, und so handelt es sich bei der Villa um eine der Bauten der Moderne, die insgesamt vom Architekten entworfen wurden. Das Haus liegt an einem flachen Hang und öffnet sich mit drei Geschossen nach Süden, zur Talseite. Die zweigeschossige Nordseite ist, ebenso wie die Ostseite, fast ganz geschlossen. Die Erschließung erfolgt von der Nordseite ins Hauptgeschoß; über den Flur als Verteiler gelangt man in den großen Wohnraum als Mittelpunkt des Hauses. Um den Wohnraum gruppieren sich die Bibliothek mit angrenzender Terrasse im Westen und südöstlich die Küche mit Eßzimmer und Terrasse. Der Grundriß zeigt also eine betont funktionale Einteilung mit klar abgeschlossenen Räumen. Der kubische Körper des Hauses wird durchbrochen von doppelgeschossigen, aufgeständerten Terrassen an den beiden Eckpunkten, die dem Haus den signifikanten Ausdruck verleihen. Es verdeutlicht Breuers Auffassung, ein Haus bewußt plastisch zu gestalten und die Raumbeziehungen volumetrisch wirksam werden zu lassen. Dazu benutzte er auch die Treppen und Brüstungen als wichtige architektonische Motive. Hier im Haus Harnischmacher erstmals formuliert, findet man sie auch in seinen späten Arbeiten. Durch die großen Fensterflächen wurde das Haus von der Sonne stark aufgeheizt, deshalb waren vor allen größeren Fenstern und an den Terrassen demontierbare Stoffmarkisen angebracht. Die Möbel für das Haus wurden weitgehend aus dem Appartement der Harnischmachers übernommen, und wie der Blick in den Wohnraum zeigt, weist es den gleichen beinahe spartanischen Stil auf, der noch durch die Linienführung der schmalen

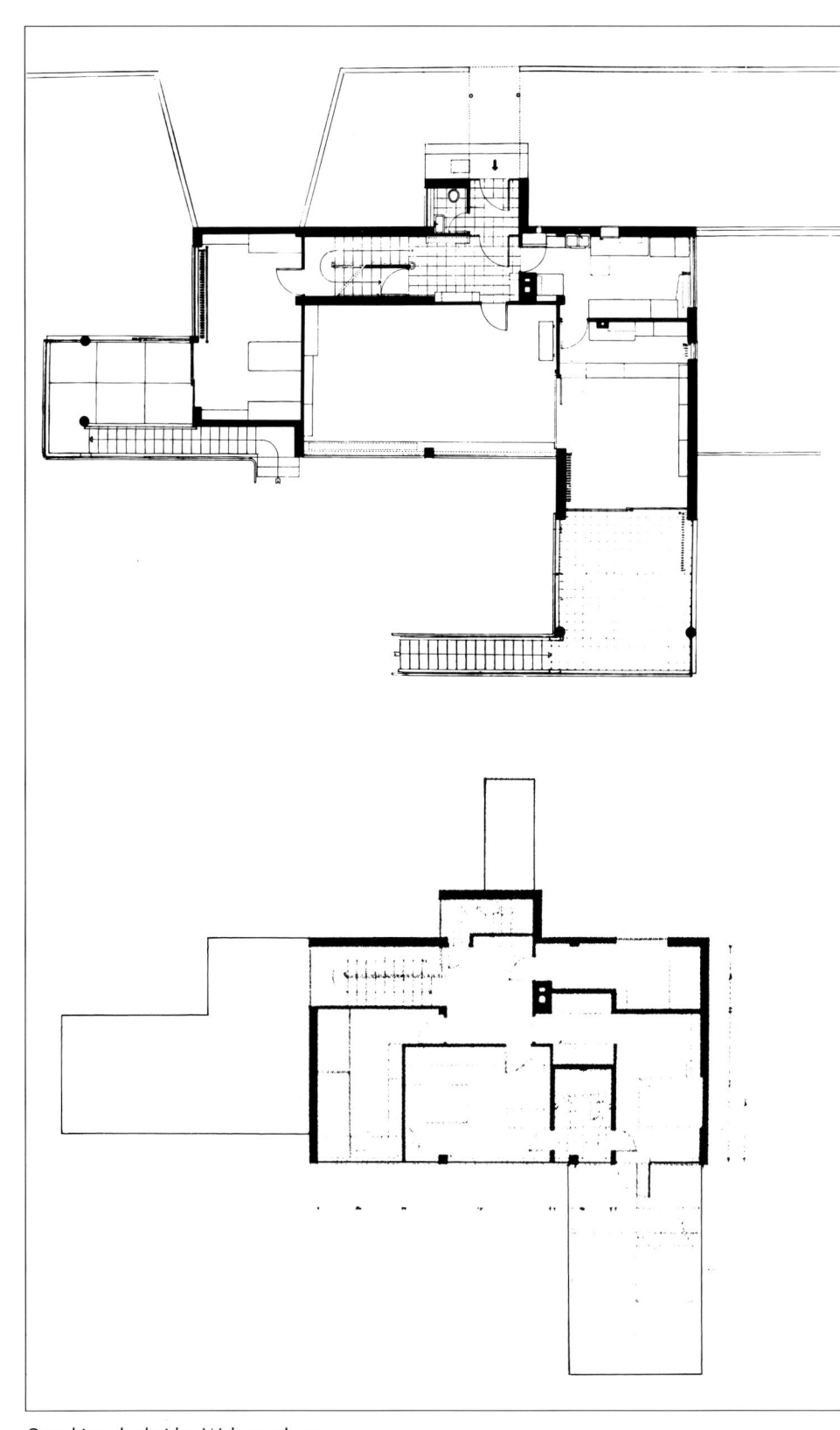

Grundrisse der beiden Wohngeschosse.

Schreibplatz des Schlafzimmers im Obergeschoß.

Eisenfenster und die helle Farbgebung der Wände unterstrichen wurde.

In einer Stahlkonstruktion wurde das Haus für 35 000 Reichsmark errichtet. Die Wände bestehen aus Schwemmstein und Heraklith, die Deckenplatten aus Beton wurden mit normierten Schalungen ohne Armierung zwischen die Träger gespannt. Die Glasschutzwände der oberen Terrassen waren, um sie möglichst filigran gestalten zu können, ohne Stützen konstruiert. Statt dessen wurden sie von verspannten Zugseilen stabilisiert, und auch diese Konstruktionsweise findet man bei den späten Häusern Breuers in Amerika immer wieder. Auch die Vorliebe für Natursteine, die sich verstärkt erst in den amerikanischen Häusern von Gropius und Breuer ausmachen läßt, deutet sich hier bereits an. Die langen Terrassierungen und die Abschlußmauern des Grundstücks wurden aus groben Feldsteinen errichtet. Sie bilden einen gezielten Kontrast zu den scharfkantigen und artifiziellen Formen des Hauses.

Für Breuer war das Haus weit mehr als ein Prototyp: die erste Manifestation seiner Architektur, gleichzeitig auch die Emanzipation von der ideologisierten Institution des Bauhauses wie auch von seinem Mentor Walter Gropius. Erst über das Gebrauchsdesign und seine ersten Studien in der Bildhauerei in Wien kam Breuer mehr als Autodidakt zur Architektur und hatte bereits 1924 mit dem Entwurf für ein scheibenförmiges Hochhaus einen völlig neuen Typus kreiert. Und obwohl er mit dem Haus Harnischmacher viel Aufsehen erregte, blieb es beinahe sein einziger realisierter Bau in Deutschland. Erst kurz vor seinem Tode konnte noch ein Industriebau in Limburg nach seinen Plänen ausgeführt werden. Durch die Freundschaft zu Sigfried Giedion kam er nach dem Bau des Hauses Harnischmacher des öfteren in die Schweiz und errichtete zwei Jahre später die bekannten Häuser im Doldertal in Zürich, zusammen mit Alfred und Emil Roth, und war schließlich an der Einrichtung des »wohnbedarf« beteiligt, eines Ladens für moderne Inneneinrichtung.

Blick vom Wohnraum in den Garten.

Der Likörschrank im Wohnzimmer mit herausziehbarem Grammophon.

Bereits 1935 verließ Breuer den deutschsprachigen Raum und folgte Walter Gropius über England nach Amerika, wo er sich endgültig als Architekt etablierte, zunächst wieder zusammen mit Walter Gropius. Das Haus Harnischmacher steht noch, ist aber nach Beschädigungen im Krieg in veränderter Form ergänzt worden.

Der Arbeitsraum ist durch eine Glasschiebewand mit der Terrasse verbunden.

Der lange Wohnraum mit Drehfenstern und der zeittypischen, kargen Einrichtung von Marcel Breuer.

Anhang

Einführende Literatur

Sigrid Achenbach, Erich Mendelsohn 1887–1953, Ideen – Bauten – Projekte, Ausst. Kat., Berlin 1987.
Peter Adam, Eileen Gray, architect/designer, New York 1987.
Akademie der Künste, Hrsg., Tendenzen der zwanziger Jahre, Ausst. Kat., Berlin 1977.
Akademie der Künste, Hrsg., Bruno Taut, 1880–1938, Ausst. Kat., Berlin 1980.
Akademie der Künste, Hrsg., Brüder Luckhardt und Alfons Anker, Berlin 1990.
Daniele Baroni, Ursprung des modernen Möbels, das Werk Rietvelds, Stuttgart 1979.
Adolf Behne, Der moderne Zweckbau, München 1926.
Adolf Behne, Neues Wohnen – neues Bauen, Leipzig 1927.
Adolf Behne, Eine Stunde Architektur, Stuttgart 1928.
Walter Curt Behrendt, Der Kampf um den Stil im Kunstgewerbe und in der Architektur, Stuttgart und Berlin 1920.
Walter Curt Behrendt, Der Sieg des neuen Baustils, Stuttgart 1927.
Peter Behrens, Heinrich de Fries, Vom sparsamen Bauen, ein Beitrag zur Siedlungsfrage, Berlin 1918.
Timothy J. Benton, Le Corbusiers Pariser Villen aus den Jahren 1920 bis 1930, Stuttgart 1984.
Peter Blake, Marcel Breuer, Architect and Designer, New York 1949.
Peter Blake, Hrsg., Marcel Breuer, Sun and shadow, the philosophy of an architect, London 1956.
Werner Blaser, Mies van der Rohe – Möbel und Interieurs, Stuttgart 1980.
Frits Bless, Rietveld (1888–1964), Amsterdam 1982.
Carel Blotkamp, Hrsg., De beginjaren van De Stijl 1917–1922, Utrecht 1982.
W. Boesiger, O. Storonov, Max Bill, Hrsg., Le Corbusier und Pierre Jeanneret, Œuvre complète, (Gesamtwerk), Zürich 1930–1970.
Jürgen Bredow, Helmut Lerch, Materialien zum Werk des Architekten Otto Bartning, Darmstadt 1983.
Tilmann Buddensieg, Die Kaiserlich Deutsche Botschaft in Petersburg von Peter Behrens, in: Martin Warnke, Hrsg., Politische Architektur in Europa, Köln 1984.
J. Christoph Bürkle, Hans Scharoun, Zürich 1993.
J. Christoph Bürkle, Ruggero Tropeano, Ein Prototyp des Neuen Bauens in Zürich, Die Rotach-Häuser, Ausst. Kat., Zürich 1994.
Centre Georges Pompidou, Hrsg., Le Corbusier, une encyclopédie, Paris 1987.
Joseph Connors, The Robie House of Frank Lloyd Wright, Chicago 1984.
Robert-L. Delevoy, Maurice Culot; L. H. De Koninck – architecte, Ausst. Kat., London–Brüssel 1973.
Dominique Deshoulières, Hrsg., Rob Mallet-Stevens, Brüssel 1980.
Magdalena Droste, Manfred Ludewig; Marcel Breuer, Köln 1992.
Giovanni Fanelli, Stijl-Architektur: der niederländische Beitrag zur frühen Moderne, Stuttgart 1985.
Curt Fensterbusch, Hrsg., Vitruv, Zehn Bücher über Architektur, Darmstadt 1964.
Kenneth Frampton, Hrsg., Le Corbusier 1933–1960, Cambridge 1980.
Josef Frank, Architektur als Symbol, Elemente Deutschen Neuen Bauens, Wien 1931.
Milred Friedman, Hrsg., De Stijl, 1917–1931: visions of utopia, Ausst. Kat., Oxford 1982.
Heinrich de Fries, Mordernde Villen und Landhäuser, Berlin 1924.
Heinrich de Fries, Hrsg., Frank Lloyd Wright, aus dem Lebenswerk eines Architekten, Berlin 1926.
Heinrich de Fries, (Einleitung), Karl Schneider, Bauten, Berlin, Leipzig, Wien 1929.
Yukio Futagawa, Hrsg., Villa Savoye, Poissy, France, 1929–31, Tokyo 1972.
Yukio Futagawa, Hrsg., Frank Lloyd Wright, Monograph 1902–1906, Band 2, Tokyo 1987.
Philippe Garner, Eileen Gray, design and architecture 1878–1976, Köln 1993.
Eileen Gray, Jean Badovici, E 1027-Maison en Bord de Mer, Extrait de L'Architecture Vivante, Paris 1929.
Walter Gropius, Internationale Architektur, München 1925.
Walter Gropius, Adolf Meyer, Weimar-Bauten, Berlin 1923, (Reprint München 1980).
Walter Gropius, Bauhausbauten Dessau, München 1930, (Reprint Mainz, Berlin 1974).
Walter Gropius, Apollo in der Demokratie, Mainz, Berlin 1967.
Walter Gropius und Laszlo Moholy Nagy, Hrsg., Bauhausbauten in Dessau, München 1930.
M. E. Haefeli, Baubeschreibung, in: Das neue Heim, Musterhäuser an der Wasserwerkstraße, Ausstellungsführer, Zürich 1928.
Erich Haenel, Heinrich Tscharmann, Hrsg., Das Einzelwohnhaus der Neuzeit, Leipzig 1907.
Hermann Henselmann, Drei Reisen nach Berlin . . ., Berlin/DDR 1981.
Henry-Russel Hitchcock, Philip Johnson, The International Style, Architecture since 1922, New York 1932.
Fritz Hoeber, Peter Behrens, München 1913.
Donald Hoffmann, Frank Lloyd Wright's Robie House, New York 1984.
Karl-Heinz Hüter, Das Bauhaus in Weimar, Berlin 1976.
Norbert Huse, »Neues Bauen« 1918 bis 1933, Moderne Architektur in der Weimarer Republik, München 1975.
Norbert Huse, Le Corbusier in Selbstzeugnissen und Bilddokumenten, Reinbek 1976.
Reginald R. Isaacs, Walter Gropius: der Mensch und sein Werk, 2 Bde, Berlin 1983/84.
Alberto Izzo, Camillo Gubitosi, Frank Lloyd Wright Drawings 1887–1959, Ausst. Kat., Florenz 1977.
H. L. C. Jaffe, De Stijl, 1917–1931: der niederländische Beitrag zur modernen Kunst, Berlin 1965.
Charles Jencks, Die Sprache der Postmodernen Architektur, Stuttgart 1978.
J. Stewart Johnson, Eileen Gray, designer, London 1984.
Philip C. Johnson, Mies van der Rohe, New York 1953.
Peter Blundell Jones, Hans Scharoun: Eine Monographie, Stuttgart 1979.
Paul Klopfer, Das Wesen der Baukunst, Leipzig 1919.
Robert Koch, Eberhard Pook, Hrsg., Karl Schneider, Leben und Werk (1892–1945), Hamburg 1992.
Walter Köhler, Wassili Luckhardt, Lichtarchitektur, Licht und Farbe als raumgestaltende Elemente, Berlin 1956.
Arthur Korn, Analytische und utopische Architektur, in: Das Kunstblatt, Heft 11/12, 1923.
Arthur Korn, Architektur, Bauten und Entwürfe, Berlin 1924.
Arthur Korn, Glas im Bau und als Gebrauchsgegenstand, Berlin 1929.
Heinrich Kulka, Hrsg., Adolf Loos, Wien 1931.
Udo Kultermann, Wassili und Hans Luckhardt, Bauten und Entwürfe, Tübingen 1958.
Le Corbusier, Vers une architecture, Paris 1923.
Le Corbusier, L'Art décoratif d'aujourd'hui, Paris 1925.
Adolf Loos, Ins Leere gesprochen 1897–1900, Paris, Zürich 1921.
Adolf Loos, Trotzdem 1900–1930, Innsbruck 1931.
Hans und Wassili Luckhardt und Alfons Anker, Zur neuen Wohnform, Berlin 1930.
Paul Mebes, Um 1800, München 1918. (Erstauflage 1908)
Erich Mendelsohn, Erich Mendelsohn, das Gesamtschaffen des Architekten; Skizzen – Entwürfe – Bauten, Berlin 1930.
Erich Mendelsohn, Neues Haus, neue Welt, Berlin 1932.
Erich Mendelsohn, Der schöpferische Sinn der Krise, Berlin 1986.
Peter Meyer, Die Musterhäuser an der Wasserwerkstraße, Zürich, Ausstellung »Das Neue Heim«, 1928, in: SBZ, Jg. 1928, Bd. 92, Nr. 4, 44.

Caroline Mierop, Anne van Loo; Louis Herman de Koninck, architecte des annees modernes, Brüssel 1989.
Gisela Moeller, Peter Behrens in Düsseldorf, Weinheim 1991.
Stanislaus von Moos, L'Esprit Nouveau, Le Corbusier und die Industrie 1920–1925, Ausst. Kat., Zürich 1987.
Georg Muche, Das Versuchshaus des Bauhauses, in: W. Gropius, L. Moholy-Nagy (Schriftleitung), A. Meyer (Zusammenstellung), Ein Versuchshaus des Bauhauses in Weimar, München 1925.
Ludwig Münz, Gustav Künstler, Der Architekt Adolf Loos, Wien, München 1964.
Bertus Mulder, Gerrit Jan de Rook; G. J. Rietveld, Schröder Huis 1925–1975, Utrecht, Antwerpen 1975.
Hermann Muthesius, Das englische Haus, Berlin 1908.
Hermann Muthesius, Wo stehen wir?, in: Die Durchgeistigung der deutschen Arbeit, Jahrbuch des Deutschen Werkbundes, Jena 1912.
Winfried Nerdinger, Rudolf Belling und die Kunstströmungen in Berlin 1918–1923, Berlin 1981.
Winfried Nerdinger, Walter Gropius, Ausst. Kat., Berlin 1985.
Winfried Nerdinger, Hrsg., Bauhaus-Moderne im Nationalsozialismus: zwischen Anbiederung und Verfolgung, München 1993.
Fritz Neumeyer, Mies van der Rohe, Das kunstlose Wort, Gedanken zur Baukunst, Berlin 1986.
Nijmeegs Museum, Hrsg., Haus Wylerberg, Ein Landhaus des Expressionismus von Otto Bartning, Nijmeegs Museum 1988.
Christian Norberg-Schulz, Casa Tugendhat House, Brno, Rom 1984.
Dagmar Nowitzki, Hans und Wassili Luckhardt, Das architektonische Werk, München 1992.
Adolf Opel, Hrsg., Adolf Loos, Die potemkin'sche Stadt: verschollene Schriften 1897–1933, Wien 1983.
Friedrich Ostendorf, Sechs Bücher vom Bauen, 3. Auflage, Berlin 1918.
Paul Overy, u. a., The Rietveld Schroeder House, Wiesbaden 1988.
Amédée Ozenfant, Für Erich Mendelsohn, in: Erich Mendelsohn, Neues Haus – neue Welt, Berlin 1932.
Friedrich Paulsen, Beispiele neuester Formgebung in der Baukunst, in: Bauwelt, Heft 27, 1925.
Wolfgang Pehnt, Die Architektur des Expressionismus, Stuttgart 1973.
Peter Pfankuch, Hrsg., Hans Scharoun, Bauten, Entwürfe, Texte, Berlin 1974. Erweiterte Neuauflage, Berlin 1993.
Jean-Francois Pinchon, Robert Mallet-Stevens, architecture, mobilier, decoration, Paris 1986.
Gustav Adolf Platz, Die Baukunst der neuesten Zeit, Berlin 1927.
Ernst Pollak, Monographie der Schaffenden, Band 1, Der Baumeister Otto Bartning, Bonn 1926.
Regine Prange, Das Kristalline als Kunstsymbol, Berlin 1990.
Hartmut Probst, Christian Schädlich, Walter Gropius, 3 Bde., Berlin 1986/88.
Gerrit Thomas Rietveld, Schröder Huis, 1924, von Gerrit Thomas Rietveld, Hilversum 1963.
Max Risselada, Hrsg., Raumplan versus plan libre: Adolf Loos and Le Corbusier, 1919–1930, New York 1988.
Alfred Roth, Begegnungen mit Pionieren, Basel 1973.
Burkardt Rukschcio, Roland Schachel; Adolf Loos. Leben und Werk, Salzburg, Wien 1982.
Burkardt Rukschcio, Red., Adolf Loos, Ausst. Kat., Wien 1989.
Hans Scharoun (Einführung), Heinrich Lauterbach, Bauten 1925–1965, Berlin 1971.
Karl Scheffler, Moderne Baukunst, Berlin 1907.
Wulf Schirmer, Hrsg., Egon Eiermann 1884–1970, Stuttgart 1984.
Paul Schmitthenner, Die Gartenstadt Staaken, Berlin 1917.
Paul Schmitthenner, Baugestaltung erste Folge: Das deutsche Wohnhaus, Stuttgart 1932.
Paul Schmitthenner, Die Baukunst im neuen Reich, Stuttgart 1934.
Karl Schneider, Bauten (1921–1928), Berlin, Leipzig, Wien 1929.
Herman Sörgel, Handbuch der Architektur, Leipzig 1927.
Johannes Spalt, Hermann Czech, Josef Frank, 1885–1967, Wien 1981.
Oswald Spengler, Der Untergang des Abendlandes, München 1923.
S. Frederick Starr, Melnikov. Solo Architect in a Mass Society, Princeton (N. J.) 1981.
Beate Szymanski, Der Architekt Adolf Rading (1888–1957), Arbeiten in Deutschland bis 1933, München 1992.
Bruno Taut, Alpine Architektur in 5 Teilen und 30 Zeichnungen, Hagen 1919.
Bruno Taut, Die Stadtkrone, Jena 1919.
Bruno Taut, Die Auflösung der Städte, Oder: Die Erde, eine gute Wohnung, Oder auch: der Weg zur Alpinen Architektur in 30 Zeichnungen, Hagen 1920.
Bruno Taut, Ein Wohnhaus, Stuttgart 1927.
Wolf Tegethoff, Ausst. Kat., Die Villen und Landhausprojekte von Mies van der Rohe, Essen 1981.
Wegleitungen des Kunstgewerbemuseums der Stadt Zürich, Beilage zu Nr. 75, Zürich 1928. (Zum Haus von Max Ernst Haefeli)
Paul Westheim, Rudolf Belling, Potsdam 1924.
Iain Boyd Whyte, Bruno Taut – Baumeister einer neuen Welt, Architektur und Aktivismus 1914–1920, Stuttgart 1981.
Karin Wilhelm, Walter Gropius – Industriearchitekt, Braunschweig, Wiesbaden 1983.
Christopher Wilk, Marcel Breuer: Furniture and Interiors, London 1981.
Frank Lloyd Wright, Modern architecture: being the Kahn Lectures for 1930, Princeton 1931.
Frank Lloyd Wright, An organic architecture, the architecture of democracy, London 1939.
Frank Lloyd Wright, An Autobiography, New York 1943.
Frank Lloyd Wright, The natural house, New York 1954.
Frank Lloyd Wright, The Robie House, Historic American Buildings Survey, Washington 1967.
Otto Zollinger, Lebenskeime der Architektur, Stuttgart 1943.

Zeitschriften

archithese, Heft 4, Zürich 1991. (Zum Haus von Eileen Gray)
C. H. Baer, Magie eines Hauses, in: Das ideale Heim, H. 2, Februar 1932, S. 49f. (Zum Haus von Otto Zollinger)
Gilles Barbey, Ein Restaurationsversuch, in: Werk, 10/1990, S. 2. (Zum Haus von Ferenczy/Henselmann)
Bauwelt, 24. Jg. 1933, Heft 37, S. 1. (Zum Haus von Egon Eiermann)
Adolf Behne, Nationales und Internationales im Neuen Bauen, in: Moderne Bauformen, H. 5, Mai 1931.
Adolf Behne, Haus Schminke in Löbau, in: Innen-Dekoration, 45. Jg., Darmstadt 1934.
Peter Behrens, Die Zukunft unserer Kultur, in: Frankfurter Zeitung, 14. April 1909, 53. Jahrgang, Nr. 103.
Peter Behrens, Was ist monumentale Kunst? in: Neue Hamburger Zeitung vom 9. März 1908.
E. Briner, Ein Wohnhausblock von Arch. M. E. Haefeli Jr., Zürich, in: Die Kunst, 30. Jg., Nr. 1, 1928.
A. Buschmann, Die Bauhaussiedlung von Walter Gropius in Weimar, in: Deutsche Bauzeitung, 56. Jg., 1922, H. 64.
Walter Cohen, Das Haus Lange in Krefeld, in: Museum der Gegenwart, 1. Jg., H. 4, 1931, S. 159–168.
Das ideale Heim, H. 1, Januar 1928, S. 7f. (Zum Haus von Otto Zollinger)
Sigfried Giedion, Bauhaus und Bauhauswoche zu Weimar, in: Das Werk, 10. Jg., H. 9, Zürich 1923.
Ludwig Hilberseimer, Der Wille zur Architektur, in: Das Kunstblatt, 7. Jg., 1923, Heft 6.
Innen-Dekoration, Jg. 43, 1932, S. 87–88. (Zum Haus von Otto Zollinger)
Gotthard Jedlicka, Das Werk, Jg. 14, 1927, H. 7, S. 211f. (Zum Haus von Otto Zollinger)
L. H. de Koninck, Quelques considerations sur L'Habitation en beton armé, in: l'Epoque, Nr. 7, 1933.
L. H. de Koninck, L'Architecture devant les Problemes nouveaux, in: La Maison, Nr. 2, 1945.
L. H. de Koninck, L'Habitation et le Civisme, in: La Maison, Nr. 5, 1945.
Arthur Korn, Der neue Bau, Veröffentlichung »Der Ring«, in Bauwelt, Heft 36, 1926.
Alfons Leitl, Wohnhaus Hesse in Lankwitz, in: Wasmuths Monatshefte für Baukunst und Städtebau, 17. Jg. 1933, Heft 10, S. 441. (Zum Haus von Egon Eiermann)
Julius Meier-Graefe, Peter Behrens – Düsseldorf, in: Dekorative Kunst, VIII. 10. Juli 1905.
K. Nonn, Das staatliche Bauhaus in Weimar, in: Zentralblatt der Bauverwaltung, 44. Jg., Berlin, 6. 2. 1924, H. 6.
K. Nonn, Staatliche Müllzufuhr. Das staatliche Bauhaus Weimar, in: Deutsche Zeitung, Berlin, 24. 4. 1924, Nr. 178.
K. Nonn, Zusammenfassendes über das Weimarer und Dessauer »Bauhaus«, in: Zentralblatt der Bauverwaltung, 47. Jg., Berlin, 9. 3. 1927, H. 10.
Edith Nowak-Rischowski, Das Wohnhaus eines Arztes, in: Innendekoration, 43. Jg., Heft 6, Darmstadt, Juni 1932. (Zum Haus von Adolf Rading)
Edith Nowak-Rischowski, Ein Haus im Vorgebirge, in: Innen-Dekoration, 43. Jg., Heft 11, Darmstadt, November 1932. (Zum Haus von Heinrich Lauterbach)
O. Verf., Gegen die überhandnehmende Bauhausreklame, in: Deutsche Bauhütte, 31. Jg., 23. 3. 1927, Nr. 7.
O. Verf., Ein verzweifeltes Spiel um die bauliche Führung in Deutschland, in: Deutsche Bauhütte, 31. Jg., 4. 5. 1927, Nr. 10.
O. Verf., Innen-, Außenaufnahmen und Entwurfsskizzen zum Haus Goldstein, in: Deutsche Bauhütte, 1927, S. 51.
O. Verf., Architekt Dipl.-Ing. Erich Mendel-

sohn, Haus am Rupenhorn in Berlin-Pichelsdorf, in: Bauwelt, H. 46, Berlin 1931.
O. Verf., Haus Harnischmacher, Wiesbaden, in: Werk, 1934, Jg. 21, Heft 7. (Zum Haus von Marcel Breuer)
O. Verf., Mr. Robie knew what he wanted, in: Architectural Forum 109, October 1958. (Zum Haus von Frank Lloyd Wright)
Friedrich Paulsen, Beispiele neuester Formgebung in der Baukunst, in: Bauwelt, H. 27, 1925. (Zum Haus von Arthur Korn)
Gustav Adolf Platz, Das Haus Erich Mendelsohn, in: Innen-Dekoration, Jg. 43, Darmstadt Juli 1932.
Julius Posener, l'architectured'aujourd'hui, Boulogne sur Seine 1935, S. 71. (Zum Haus von Hans Scharoun).
Hanspeter Rebsamen, Schnellgaststätten-Architektur, in: werk/archithese, 65. Jg., Nov./Dez. 1978, H. 23/24, S. 20–22. (Zum Haus von Otto Zollinger)
Otto Riedrich, Haus einer Dame im Taunus, in: Kunst, Band 66, Heft 3, März 1932. (Zum Haus von Peter Behrens)
Paul Schmitthenner, Das fabrizierte Fachwerkhaus, in: Wasmuths Monatshefte für Baukunst, 1929.
Schweizerische Bauzeitung, Jg. 1927, Bd. 90, Nr. 11, 147, Nr. 21, 273. (Zum Haus von Max Ernst Haefeli)
Vladimír Slapeta, Hrsg., Breslau, Rassegna, Heft Nr. 40/4, Dezember 1989. (Zum Haus von Adolf Rading)
Vladimír Slapeta, Hrsg., Breslau, Rassegna, Heft Nr. 40/4, Dezember 1989. (Zum Haus von Heinrich Lauterbach)
Paul Westheim, Arthur Korn, in: Das Kunstblatt, Heft 11/12, 1923.
Paul Westheim, Die Ausstellung des Staatlichen Bauhauses in Weimar, in: Das Kunstblatt, 7. Jg., 1923, H. 11.
Paul Westheim, Für und Wider. Architekturbetrachtungen, in: Das Kunstblatt, 9. Jg., 1925, H. 12.
Das Werk, Jg. 10, 1923, H. 9, S. 235f. (Zum Haus von Otto Zollinger)

Abbildungsnachweis

S. 2: Adolf Behne, Eine Stunde Architektur, Stuttgart 1928; S. 38.
S. 30, 31, 33: Frank Lloyd Wright Foundation, Taliesin West, Scottsdale Arizona.
S. 32, 47, 97, 123, 143, Axonometrien: Hideaki Haraguchi, A Comparative Analysis of 20th-Century Houses, London 1988.
S. 34, 35, 36, 37, 46, 48 oben, 49, 50 oben, 51 links, 52, 53 oben, 54 oben, 56, 57, 59, 68, 69, 76, 77, 79, 82, 83, 86, 87, 94, 95, 96 oben, 100 links oben, 103, 104, 105, 106, 114, 116 links, 117 links, 118, 119 rechts, 120, 121 Mitte und unten, 124, 125, 126, 127, 128, 129, 131, 146, 147 links, 161 oben, 162 oben, 163 unten, 166 links unten, 167, 168, 169, 170, 172, 173: J. C. Bürkle
S. 36, 53, 78, 83, 85, 107, 112 Axonometrie, 125, 148, 162, 165: Axonometrien und Grundrisse wurden gezeichnet von: Norbert Schrowe, Amory Dunker, Cornelia Krause. Mit freundlicher Genehmigung der Jahreszeiten-Verlags GmbH.
S. 39: Knut Niederstadt, Berlin.
S. 38, 40, 41: Arthur Korn, Architektur, Bauten und Entwürfe, Berlin 1924; Friedrich Paulsen, Beispiele neuester Formgebung in der Baukunst, in: Bauwelt, H. 27, 1925; Deutsche Bauhütte, 1927.
S. 42: Ernst Scheel, ca. 1925.
S. 43 links oben und Mitte, 45: Wulf Brackrock, Hamburg.
S. 43, 44: Karl Schneider, Bauten (1921–1928), Berlin–Leipzig–Wien 1929.
S. 48 unten, 50 unten, 51 rechts, 121 oben, 122: Fondation Le Corbusier, Paris.
S. 54 unten, 55 unten: Otto Bartning-Archiv, Technische Universität Darmstadt.
S. 55 oben: Ernst Pollak, Monographie der Schaffenden, Band 1, Der Baumeister Otto Bartning, Bonn 1926.
S. 58: Giovanni Fanelli, Stijl-Architektur, Stuttgart 1985.
S. 60, 61, 62: Bauhaus-Archiv Berlin.
S. 63: Laszlo Moholy-Nagy, in: Walter Gropius, Bauhausbauten Dessau, München 1930 (Reprint Mainz, Berlin 1974).
S. 64, 65, 66, 67: Bruno Taut, Ein Wohnhaus, Stuttgart 1927.
S. 70: Eileen Gray Archives, London.
S. 71, 74 unten: Eileen Gray, Jean Badovici, E-1027-Maison en Bord de Mer. Extrait de L'Architecture Vivante, Paris 1929.
S. 73, 74 oben, 75: Christian Müller, Stefan Hecker, Zürich.
S. 78 oben: Walter Cohen, Das Haus Lange in Krefeld, in: Museum der Gegenwart, 1. Jg., H. 4, 1931.
S. 80, 81: Archiv Eva Auer, Wien.
S. 84, 85: Jean-Francois Pinchon, Robert Mallet-Stevens. Architecture, mobilier, decoration, Paris 1986.
S. 88, 90, 91, 92: Martin Gasser, Christoph Eckert, Zürich.
S. 89, 93: Archiv Haefeli, Moser und Steiger, Institut gta, ETH Zürich.
S. 93 Axonometrie: Cristina und Ruggero Tropeano, Zürich.
S. 96 unten, 97 oben: Adolf Loos-Archiv (Albertina), Wien.
S. 97 Grundrisse: Heinrich Kulka, Hrsg., Adolf Loos, Wien 1931.
S. 98, 100, 101, 132, 147 rechts oben und unten, 149, 150, 151, 152, 153: Akademie der Künste, Berlin.
S. 99: Hans und Wassili Luckhardt, Alfons Anker, Zur neuen Wohnform, Berlin 1930.
S. 102: Lotte Meitner-Graf.
S. 108, 109, 110, 111, 113: Kunstbibliothek, Berlin.
S. 112 Grundrisse: Erich Mendelsohn, Neues Haus, neue Welt, Berlin 1932.
S. 115: C. H. Baer, Magie eines Hauses, in: Das ideale Heim, Heft 2, Februar 1932.
S. 116 rechts, 117 rechts und unten, 119 links: Baugeschichtliches Archiv des Hochbauamtes der Stadt Zürich.
S. 130: Giovanni Pezzoli, La-Tour-de Peilz.
S. 133, 135, 136, 137, 138, 139, 140, 141, 144, 145: Pavel Stecha, Prag.
S. 134: Josef Zangger, Jürg Rehsteiner, Lehrstuhl Arthur Rüegg, ETH Zürich.
S. 142: Arthur Drexler, Ludwig Mies van der Rohe, Ravensburg 1960.
S. 154: Archives D'Architecture Moderne, Brüssel.
S. 155: Robert-L. Delevoy, Maurice Culot; L. H. De Koninck – architecte, Ausst. Kat., London–Brüssel 1973.
S. 156, 157: John Vaughan.
S. 158, 161 unten, 163 oben: Franz Göllner.
S. 164, 165 unten, 166: Institut für Baugeschichte, Universität Karlsruhe (TH).
S. 171: Haus Harnischmacher, Wiesbaden, in: Werk, 1934, Jg. 21, Heft 7.